온전한 복음과 은혜의 삶

하나님이 계획하신 그리스도인의 삶

| 최병태 편저 |

쿰란출판사

온전한
복음과
은혜의
삶

"너희 안에서 행하시는 이는 하나님이시니
자기의 기쁘신 뜻을 위하여
너희에게 소원을 두고 행하게 하시나니"

빌립보서 2:13

감사의 글

지극히 부족한 내게 소원을 주시고 이루신
신실하신 아버지 하나님과
나의 구주가 되시고 생명이시며 삶이신
예수 그리스도와
하나님의 말씀이
예수 그리스도의 몸 된 형제와 자매들을 통하여
이 책에 쓰여지도록 진리를 가르쳐 주신 성령님께
깊이 감사드립니다.

프롤로그

　사람들은 흔히 일이 잘못되거나 결혼 생활에 문제가 있을 때 결혼에 관한 책이나 그 일에 관계된 책을 사서 보고, 자존감이 낮아질 때 그것에 관련된 책을 사서 본다. 그러나 그리스도인들이 실제로 안고 있는 문제는 '어떻게 하면 내가 좀 더 그리스도인답게 살 수 있을까?' 하는 기본적인 것이다. 우리가 여러 가지 문제를 놓고 해결의 실마리를 찾으려 고심하다 보면 결국은 같은 문제에 봉착하게 된다.

　언제인지 확실히 기억나지 않지만, 다음과 같은 내용의 설교를 들은 적이 있다. "당신의 문제는 당신에게 어떤 문제가 있는지 모른다는 데 있다. 당신은 그 문제가 바로 당신의 문제라고 생각한다. 그러나 당신의 문제는 그것이 아니라, 바로 이것이다."

　정말 어떤 문제가 있는 것인가? 문제는 당신이 자신의 힘으로 그리스도인으로 사는 것이 어려운 것이 아니라, 그것이 아예 불가능하다는 것을 아직도 깨닫지 못했다는 데 있다.

　하나님은 당신 스스로 그리스도인의 삶을 살아갈 수 있도록 의도하신 적이 한 번도 없으시다. 그렇기 때문에 당신이 스스로 그리스도인의 삶을 살려고 노력하면 할수록 좌절에 빠질 것이다. 그러나 포기하지 말라! 이 좌절의 상황이야말로 당신의 연약함과 간절함을 통하여, 성령께서 당신을 위해 오신 예수님에 대해 가르치시려는 바로 그 순간이기 때문이다.

예수님은 그리스도인다운 삶을 사신 유일한 분이고, 바로 당신을 통해서 오늘날도 살아 계신 유일한 분이시다. 비록 그리스도인들 대부분이 아직 체험하고 있지는 못하지만 이것이 바로 하나님이 알려 주시는, 당신이 평생 그리스도인으로서 승리하는 삶과 생명의 풍성한 삶을 누릴 수 있는 비밀스러운 방법이다.

요즘은 평범한 사람이 그리스도인으로의 삶을 온전히 살기가 매우 힘든 시대다. 따라서 당신은 평범한 보통 사람들과는 다르게 준비하고 무장해야 한다. 지금도 예수님은 당신이 혼자서 견딜 수 없는 상황에서뿐만 아니라, 매 순간 당신과 협력하며 당신을 통해서 그분의 삶을 살고 또 나타내시기 위해 당신 안에 거하신다.

나의 경우, 이 점을 인정하지 않은 것이 실수였다. 나는 '힘과 지식'을 총동원하여 주님을 성가시게 하지 않고 내 힘으로 살려고 노력했다. 그러나 내 삶의 짐은 등 뒤로 자꾸만 쌓여 갔고, 마침내 한계를 넘어서고 말았다. 정신을 차리고 깨달음을 얻기까지는 많은 시간이 걸렸다. 우리 인간들은 뭔가를 깨닫고 배우는 데 참 많은 시간이 걸리는 것 같다.

요즘 사람들은 대부분 문제의 원인보다는 겉으로 드러나는 증상만을 없애고자 한다. 특히 상담에 있어서 그런 경우가 많다. 그러나 이 같은 생각은 실제로 도움이 되지 못한다.

당신의 자녀가 병에 걸려 고열에 시달리며 고통스러워하고 있는데, 열을 내리기 위해 당신이 얼음찜질만 계속한다면 이 얼마나 우스꽝스러운 일이겠는가? 물론 열은 내릴 수 있겠지만 진짜 문제는 고열이 아니다. 그것은 다만 겉으로 드러난 증상에 불과하다.

의사는 증상보다는 원인을 치료한다. 의사는 증상을 보고 문제의 본질을 파악하는 데 초점을 맞춘다. 일단 문제를 파악하면 그 문제의 치료에 착수한다. 만일 문제가 해결된다면 증상의 많은 부분이 개선되거나 사라질 것이다.

당신의 증상은 무엇인가? 결혼 생활이 곤경에 처해 있는가? 더 이상 그 생활을 꾸려 나갈 수 없을 것 같은가? 새로운 시도를 할 수 없을 정도로 지쳐 있는가? 상대방에게 무엇인가를 주려고 노력했지만 이제 더는 줄 수 없을 것 같은가? 혹시 탈출을 생각하고 있지는 않은가?

어쩌면 당신은 직장에서 어려움을 겪고 있는지도 모르겠다. 그렇다고 당신의 상사가 당신을 딱하게 여기는 것도 아니고, 좀 더 나은 직장이 기다리고 있는 것은 더더욱 아니다. 어느 날 당신은 마라나타(Maranatha)라는 말이 '주여, 어서 오시옵소서'라는 의미임을 깨닫고 여느 때와는 달리 이 문구로 당신의 기도를 마무리하고 있는지도 모르겠다.

당신은 교회에서 이미 집사의 직분을 받았거나, 직업이 교사 혹은 목사일 수도 있다. 당신 자신에 대한 태도는 아마도 다음과 같을 수 있다.

'다른 사람들이 나를 볼 때 좋아하고 존경하고 싶은 마음이 들 정도로 내가 완전히 다른 사람으로 변화될 수만 있다면 얼마나 좋을까? 하지만 이런 것들이 다 무슨 소용이람. 내게는 아무런 희망도 없어. 그동안 나를 바꾸기 위해 책도 보고 유튜브나 여러 사이트에서 관련 영상도 시청했지만 나를 바꾸지는 못했어. 나는 정상이 아니야. 난 도저히 나 자신을 참을 수가 없어!'

그래서 모든 것을 내려놓고 세상을 끝내고 싶은 생각을 해 보았을지도 모르겠다.

사랑하는 여러분, 여러분이 이 책을 보게 된 것은 결코 우연이 아니다. 때가 온 것이다. 좋으신 하나님께서는 이 책을 통해 여러분에게 아름다운 치유의 말씀을 전하고자 하신다. 위에 열거한 너절한 생각들은 당신이 쉽게 생각할 수 있는 증상에 불과하다. 이러한 증상이 나타나게 된 데는 두 가지 문제가 있다.

첫째, 당신을 위해 또한 당신을 통해 어떻게 예수님과 협력하여 그리스도인의 삶을 살 수 있는지 이해하려고 노력하기보다는, 당신의 힘으로 살려고 노력했다는 것이다. 둘째, 이미 예수님 안에 거하고 있는 당신이 새로운 피조물로서의 참다운 자기 신분을 어떻게 실현해 나가야 할지 이해하지 못하고 있다는 것이다. 당신은 아직도 옛 자아인 채로 오늘을 살고 있다.

여러분은 "그렇지만 저는 그것을 이해할 수가 없어요"라고 말할 수도 있다. 나도 연단 받을 때 그랬다. 그러나 지금 나는 자유하다. 주님께서는 내가 연단을 통과하도록 인도해 주셨다. 큰 연단이었다. 하나님은 나에게 구원의 예수님을 보내 주셨다.

당신은 사람이 겪을 수 있는 모든 문제에 대한 해결책이 예수님을 당신 안에 채우고 당신이 그분 안에 거하는 데 있다는 것을 모르는가? 우리가 예수님 안에 있는 승리를 직접 체험할 수 있는 열쇠는, 성경 말씀에 있는 '새로운 생명 안에서 사는 방법'(은혜의 삶)을 배우는 것이다.

은혜로우신 하나님은 어떻게 그리스도 안에 숨겨진 생명으로 나를 채우며, 또한 어떻게 그것을 쉽게 성경에 근거한 문구로 설명할 수 있는지를 나에게 가르쳐 주셨다. 그리고 예수님이 나를 통해 어떻게 살고 주님의 영광을 나타내시는지를 볼 수 있도록 인도해 주셨다. 그리고 주님의 몸 된 교회에 사랑으로 나누도록 소원을 주셨다.

나는 이번 책에서 사람의 의견이 아니라 오직 하나님의 말씀에 의한 가르침들을 적고자 힘썼다. 논문처럼 부분마다 저명한 학자들의 작품들을 언급하려고 하지도 않았다. 보통 사람이 보통 사람들에게 말하듯이 썼으므로 일반 성도들이 읽기에 좋을 것이다.

이 책은 예수 그리스도를 믿는 성도로서, 신학생으로서, 목회자로서 수년간 품었던 신앙의 갈등과 고민에 대해 성경공부와 멘토들을 통해 들은 내용, 신앙 서적들을 읽고 많은 목회자의 설교를 듣고 목회자로서 상담하면서 깨달은 것들, 그리고 성경적 자료들과 성령님의 내밀한 증거에 근거한 견해들을 연구하여 만든 것이다.

이 책을 신학적 계통의 지침서처럼 만든 것은 아니지만, 나는 하나님이 말씀하신 확실하고 심오한 진리들을 간결하게 설명하려고 했다. 예수 그리스도와 살아 있는 유대 관계를 맺고 주와 동행하고자 하는 열정을 지닌 모든 주님의 제자들이 바로 내 목표 대상이다.

예수 그리스도 안에서
당신을 사랑하는 최병태

프롤로그 ·· 6

1장 무능력하고 비참한 그리스도인 ·· 15

2장 그리스도의 복음에는 죄 사함 이상의 것이 있다 ·· 27

3장 그리스도인의 비포 앤 애프터(before and after) ·· 49

4장 하나님이 계획하신 그리스도인의 삶, 은혜의 삶 ·· 93

5장 은혜의 삶과 그리스도인의 믿음으로 사는 삶 ·· 125

6장 은혜의 삶과 성령을 따라 사는 삶(성령 충만한 삶) ·· 139

7장 육체로부터 자유하다는 의미와 깨어진 삶 ·· 174

목차 Contents

8장   그리스도인은 율법으로부터 자유롭다 ·· 198

9장   새로운 언약(신약)의 시작은 어디인가 ·· 235

10장 그리스도인은 감정을 어떻게 다루어야 할까 ·· 268

11장 왜 그리스도인이 죄를 짓게 되는가 ·· 285

12장 그리스도인이 새로운 신분으로 사는 승리의 삶 ·· 315

에필로그 ·· 348
주 ·· 351
참고문헌 ·· 357

1장
무능력하고 비참한 그리스도인

"수고하고 무거운 짐 진 자들아 다 내게로 오라 내가 너희를 쉬게 하리라 나는 마음이 온유하고 겸손하니 나의 멍에를 메고 내게 배우라 그리하면 너희 마음이 쉼을 얻으리니 이는 내 멍에는 쉽고 내 짐은 가벼움이라 하시니라"(은혜의 삶으로 초대, 마 11:28-30).

당신은 이 말씀처럼 예수 그리스도를 믿고 그분 안에서 쉼과 승리의 삶을 살고 있는가? 나는 예수 그리스도를 믿고 이 삶을 살기까지는 오랜 시간이 걸렸다.

❦ 신실하신 예수 그리스도와의 첫사랑

초등학교 1학년인 나는 동네 친구를 따라 교회에 처음 출석했다. 그리고 중학교 2학년 때 예수 그리스도를 나의 구주와 주님으로 믿고 세례를 받았다. 그때 그 감격은 나를 하나님께 서원하게 했다.

"하나님! 제가 목사가 되어서 아버지께서 기뻐하시는 일을 하겠습니다."

그러나 삶과 환경이 바뀌면서 그 약속은 내 기억에서 사라졌다. 하나님의 약속 외에 사람이 하는 약속은 믿을 수가 없다. 조실부모하고 가난한 시절을 살았던 나는 무조건 돈을 많이 벌어서 가난을 대물림하지 않겠다는 생각으로 앞만 보고 최선을 다해 살았다. 열심히 살고 검소한 삶을 사니 젊어서 사업도 하고 집도 사고 가정도 꾸릴 수 있었다. 어느 정도 생활에 여유가 생기니까, 하나님을 떠난 삶은 그렇게 쉽게 망가질 수 있다는 것을 증거라도 하듯 나의 삶은 엉망이 되고 말았다. 마치 성경 속의 탕자와 같은 삶을 살았다.

내가 하나님을 떠난 세월이 오래되었으나 신실하신 하나님은 나를 버리지 않고 여전히 사랑하셨고, 크신 손으로 나를 그분의 품으로 이끌어 안으셨다. 하나님을 떠난 불순종의 결과는 내가 감당할 수 없는 상황에까지 이르게 했다. 가정의 평화가 깨지고 사업은 접어야 했다. 설상가상으로 나는 중병으로 대학병원에 입원하게 되었다. 담당 의사는 더 이상 이 땅의 삶은 약속할 수 없다고 말했다. 이렇게 되자, 나는 하나님께 완전히 두 손을 들고 항복할 수밖에 없었다. 하나님 앞에 완전히 깨어진 내게 하나님께서 은혜의 손을 내밀어 주셨다. 하나님의 도우심으로 수술이 잘 되었고 한 달 동안 입원으로 회복되었다.

이 기간이 내게는 축복의 시간이었다. 왜냐하면 내가 하나님을 인격적으로 만났기 때문이다. 이때부터 나는 하나님과 올바른 관계를 갖고 예배하고 그분의 말씀인 성경을 읽었다. 어렸을 때는 목사님의 설교만을 들었는데 이제는 살아 계신 하나님의 말씀을 내가 직접 읽고 말씀 속에서 얼굴을 드러내신, 나를 사랑하사 기꺼이 십자가에 달리신 예수님을 만나게 되었다. 그 기쁨은 말로 표현할 수 없는 것이었다. 하나님의 그 크신 사랑과 은혜로 예수 그리스도의 십자가와 부활과 승천, 그리고 오순절 성령 강림을 나를 위한 하나님의 구원 능력(방법)으로 믿게 되었고, 예수 그리스도를 나의 구주, 내 삶의 주인으로 영접했다.

이때부터 나는 예수 그리스도를 인격적으로 만나서 그분과 첫사랑에 빠졌다. 예수님과의 첫사랑은 나의 삶을 항상 기쁨과 평안과 자유와 승리 그리고 만족함으로 이끌었다.

영적 롤러코스터(roller coaster)의 삶

목욕탕에서 미끄러운 비누 조각을 손으로 잡으려고 한 적이 있는가? 비누 조각을 손에 쥐자마자 곧 손에서 빠져나간 경험을 했을 것이다. 예수를 믿는 나의 삶이 이와 같은 때가 있었다. 예수님과 첫사랑의 관계에 있을 때 나의 신앙과 헌신은 참으로 기쁘고 즐거웠다. 무엇을 하더라도 그리스도께서 사랑으로 함께하셔서 무엇보다 즐거웠다. 예수님과 함께 사는 삶은 참된 쉼과 기쁨의 삶이었다. 이 사랑의 관계가 계속된다면 얼마나 좋을까!

그러나 주님과 첫사랑의 기간은 결코 길지 못했다. 예수님과 사랑으로 함께 살 때는 특권으로 여겨졌던 모든 은혜(예배, 성경 읽기, 기도)와 그에 따른 삶과 예수 그리스도와 그분의 몸 된 교회를 위한 헌신과 봉사가 무거운 짐이 되었다. 왜 그렇게 되었을까?

"너희 안에서 행하시는 이는 하나님이시니 자기의 기쁘신 뜻을 위하여 너희에게 소원을 두고 행하게 하시나니"(빌 2:13)라는 말씀을 당시의 나로서는 알지도 못했으며, 또한 알았다 해도 이해할 수 없었다. 내가 예수님을 믿음으로 내 욕망과 비전들이 변화되었기 때문에 그분께서 나의 '행함'을 온전케 하시는 데도 관여하신다는 사실을 몰랐다. 그래서 나의 행동 양식을 내가 소원하는 바에 부합되게 하려고 스스로 애썼다. 나를 좌절케 하는 것은, 옳은 일을 하려는 나의 소원과 나의 행동 사이에 나타나는 불일치였다.

설교자들은 종종 선한 의도를 가지고 나에게 그리스도께 더욱 헌신하도록 도전했지만, 나의 절망감을 더 심화시킬 뿐이었다.

나는 목사가 되기 전이나 후에도 여러 해 동안 그리스도인의 삶을 소위 '동기(motivation)-정죄(condemnation)-재헌신(rededication)'이라는 사이클의 함정 속에서 살아왔다. 나는 그리스도인으로의 삶을 시작할 때부터 나의 이상향에 대한 마음의 청사진을 간직하고 있었다. 이 청사진 속의 이상과 현실의 나 사이에는 큰 차이가 있었다. 나는 가끔 영적인 동기가 발생하여 신앙생활을 열심히 하면 그 차이를 좁힐 수 있다고 느꼈다. 그러나 피할 수 없이 동기 수준은 줄어들고 열정도 사라지게 된다. 그래서 신앙이 쇠퇴하면 결론은 항상 정죄감으로 나타났다.

심지어 내가 아무런 잘못이 없는데도 해야만 한다고 믿어 온 것을 하지 못하는 것에 대해 죄책감을 느끼곤 했다. 이 기간은 마귀와 싸우는 광야 같은 삶을 살게 된다. 때때로 나는 영적으로 아주 무관심해졌고, 또 어느 때는 '내가 일관성 있는 그리스도인의 삶을 살 수 있을까?' 하는 의심이 들기도 했다. 나는 더 이상 버틸 수 없을 때까지 비참함 가운데 허덕였다.

그리고 마지막으로 하나님께 나의 영적인 나태함을 고백하면서 재헌신을 다짐하곤 했다. 나의 영적인 연약함에 대한 깊은 수치를 느끼면서 영적인 일관성을 가지는 신실한 그리스도인이 되도록 하나님의 도우심을 요청하곤 했다. 나는 성경을 매일 읽고, 시간을 정하여 기도하고, 더 많은 영혼을 구원하는 일 등, 나의 삶을 바꾸는 데 필요하다고 생각된다면 어떤 일이든지 하겠다고 하나님께 맹세했다. 그리고 하나님을 위해 그전보다 더 열심히 노력할 것을 결심했다.

그러나 그리스도인으로서 삶을 살기 위해 열심히 노력했지만 진정한 평안과 승리를 경험하지 못했다. 나는 비참한 영적 롤러코스터(roller coaster)에 탄 사람이 아닌가!

그리스도인들 대부분이 이와 유사한 경험들이 있을 것이다. 그들은 '동기, 정죄, 재헌신'의 비참한 과정을 되풀이하며 살고 있다. 만약 이것이 당신의 영적인 삶을 나타내고 있다고 생각한다면, 이러한 다람쥐 쳇바퀴 도는 것과 같은 삶은 곧 당신을 병들게 할 것이다.

그러나 나는 그런 이들에게도 소망이 있다고 말하고자 한다. 나는 하나님의 사랑과 은혜로 이 메스꺼운 롤러코스터에서 내렸다. 그 후에 하나님께서 훨씬 더 놀라운 은혜의 삶을 내게 가르쳐 주셨다. 그리고 하나님은 이 은혜로운 삶을 당신에게도 나누기를 원하신다.

수고하고 무거운 짐 진 자

그리스도인들 대부분은 복음을 잘 안다고 생각한다. 하지만 실상 우리가 알고 있는 복음은 일부분이고, 대부분은 종교적일 때가 많다. 그리스도의 생명 없이도 하나님의 일을 할 수 있다. 그러나 결과는 열매가 없고 비참할 뿐이다. 그런데 더욱 비참한 사람은 예수를 믿음으로 그리스도의 생명을 받았으나 그 생명으로 살지 않고 모든 삶을 자신의 힘으로 하려고 하는 사람이다. 이런 사람은 입으로는 "주여! 주여!" 하며 주의 이름으로 많은 일을 한다. 하지만 예수의 생명으로 하지 않고 자신의 힘으로 했기에 장차 천국에서 주를 뵐 때 주님으로부터 "내가 너희를 도무지 알지 못하니 불법을 행하는 자들아 내게서 떠나가라"라는 책망을 듣게 될 것이다(마 7:21-23).

부끄럽지만 나는 목회자가 되기 전뿐 아니라 목회자가 되고서도 이런 삶을 살았다. 쉼을 잃고 수고하고 무거운 짐 진 자로 살았다. 더 나아가 주제도 모른 나는 "그리스도의 생명으로 살지 않고 스스로 자신의 힘으로 열심히 사는 삶을 하나님이 기뻐하신다"라고 교인들에게 설교하고 가르쳤다. 얼마나 비참하고 한심한 일인가! "교인들은 그 교회를 섬기는 목회자의 영적 수준 이상이 될 수 없다"라는 말이 있는데 내가 목회한 교인들의 영적인 삶이 어떠했을지 상상이 되는가?

나는 하나님께서 그리스도를 통해서 주신 온전한 복음과 그분 안에서 참 안식을 누리는 삶(은혜의 삶)보다는 "하나님과 교회를 위해서 열심히 헌신하고 봉사하면 복을 주신다"라는 말씀을 교인들에게 전함으로 그들의 많은 시간과 수고를 빼앗았다. 또 나 자신도 하나님의 말씀에 순종하지 못하면서 교인들에게는 "말씀에 순종하면 복을 받고 형통하게 된다"라는 말로 그들의 어깨에 무거운 짐과 멍에를 지웠다. 순전한 기독교를 가르친 것이 아니라, 기독교 종교(율법과 행위신앙)를 전하고 그렇게 살도록 했다.

내가 그렇게 한 것은 이 땅에서 사는 동안 나의 구주와 생명과 삶이 되신 예수님과 함께하지 않는 삶이 죄라는 사실(롬 14:23)을 몰랐기 때문이다. 내가 하나님을 위해 열심히 하고, 교회를 잘 섬기고, 그리고 사역에 충성하면 그분께서 더 사랑하고 복을 주실 줄만 알았다. 또 그리스도의 은혜로 죄와 사망에서 구원받은 내가 이 땅에서의 모든 삶을 스스로 살아갈 때에 주님께서 기뻐하시는 줄 알았다. 그래서 악하고 나쁜 일만 아니면 최선을 다해 수고하기를 마다하지 않았다. 내가 이렇게 살면 하나님께도 여유가 있어 다른 어려운 사람들을 도울 수 있다는 생각을 하기도 했다. 지금 생각하면 얼마나 어리석고 멍청했는지 모른다.

예수를 믿고도 내게 주어진 모든 삶(가정, 사역, 교회 봉사, 이웃 사랑)을 내가 나의 힘으로 살아왔다. 사실 이것은 하나님 앞에 죄를 짓는 행위다. 복음을 온전히 이해하지 못하여 나온 결과이기 때문이다.

하나님께서 계획하신 그리스도를 통한 온전한 복음은, 죄와 사망에서의 구원뿐 아니라 거룩한 성도, 의인, 그리고 하나님의 자녀라는 새로운 신분을 받고, 또 내가 구원받고 천국에 부르심을 받을 때까지 지옥과 같은 이 땅의 모든 삶에서도 구원하여 승리와 소망의 삶을 살게 하신 것이다. 이러한 삶은 내가 사는 것이 아니다(그리스도인들 대부분은 자신이 산다고 생각함). 예수 그리스도를 믿음으로 우리가 구원받은 것처럼 동일한 믿음으로 그리스도께서 내 안에 생명으로 계시고 나를 통해 사신다. 이것이 '은혜의 삶'이다(갈 2:20).

나는 이 진리를 깨닫기 전까지 내가 모든 삶의 주인이 되어 주도하고 내 힘으로 처리했다. 그래서 나는 아버지 하나님께서 나를 사랑하심으로 계획하신 삶에서 멀어졌다. 그러한 신앙의 삶은 점점 나에게 힘든 멍에와 무거운 짐이 되었다.

내게 찾아온 '은혜의 삶'

나는 그날의 일을 평생 잊지 못할 것이다. 아니, 잊을 수 없다. 그 일은 신일교회 부목사로 사역한 지 8년 후반이 된 2005년 화창한 어느 가을에 교회 교역자들과 함께 목회자 사역을 위한 모임 장소로 이동하는 중에 일어났다.

이 놀라운 일은 그 전날 밤에 내게 있었던 일에서부터 시작된다. 내게 소원을 주시고 친히 이루시는 하나님께서 부족한 내가 신학 과정을 다 마치고 목사 안수를 받게 하셨다(빌 2:13). 참으로 기적 같은 일이었다. 목사가 된 후에 하나님께서 서울 신당동에 있는 신일교회로 나를 인도하시고 목사 인턴십 과정을 밟게 하셨다. 신일교회는 선교 중심 사역을 하는, 하나님이 기뻐하시는 교회였다. 선교하는 교회를 목회하겠다는 꿈으로 선교대학원 과정을 마친 나로서는 얼마나 신이 났는지 모른다. 담임목사님과 동역자들 그리고 모든 교인에게 인정받고자, 또 목사로서의 자존감을 위해서 얼마나 열심히 사역에 임했는지 모른다.

안타깝게도 나는 부목회자의 사역 기간이 늘어 감에 따라 신나는 사역의 시간이 점점 줄고, 몸과 마음에 부담과 고민과 걱정이 늘어만 갔다. 그것은 다름 아닌 목회자로서 온전한 복음을 이해하지 못한 데서 오는 영적인 문제와 신학 과정을 마쳤지만 실제로 교회에 적용하는 데 따른 신학적인 문제 그리고 시간이 지날수록 늘어나는 교인들과의 갈등 때문이었다. 더욱더 나를 힘들게 한 것은 목사로서 계속 범하는 죄와 죄책감, 그리고 성공적인 목회를 위한 진로의 문제에 대한 고민이었다.

세상의 문화는 우리에게 성공을 요구한다. 성공에 대한 이런 요구는 교회 밖에서뿐만 아니라 교회 안에서도 존재한다. 나는 늦게 부름을 받았지만 늘 목회자로서 성공한 목회가 나의 꿈이었고 그 소원이 나의 마음을 사로잡았다. 성공한 목회자, 큰 교회의 담임 목사, 얼마나 아름다운가! 이 꿈을 이루고자 나는 전임으로 사역할 교회를 찾기 위해 하나님께 간절히 구하고, 찾고, 수많은 교회의 문을 두드렸다. 그러나 기쁜 소식은 없었다.

그때 마침 서류 심사를 마치고 담임목사 청빙위원회 인터뷰까지 잘 마친 교회가 있었다. 얼마나 기대가 컸는지 모른다. 그런데 모임 전날 그 교회로부터 '목사님! 좋은 사역지를 찾기 바랍니다'라는 편지를 받았다. 그 순간 나는 영혼이 내 몸에서 떠나가는 것 같았다. 하나님께 기도할 마음조차도 없었다. "하나님이 이렇게 하시려고 나를 부르셨는가!" 땅이 꺼지는 한숨이 절로 났다.

나는 일을 마쳤으나 집에 가고 싶은 마음도 없고 눈앞이 깜깜했다. 다리는 후들후들 떨렸다. 이때 성령님께서 나를 불쌍히 여기시고 강한 손으로 기도의 자리로 이끄셨다. 나는 엎드려 대성통곡하며 하나님께 기도했다. 그동안 참았던 원망과 설움이 한꺼번에 터진 것이다. "하나님, 왜 저를 이렇게 비참하게 하십니까? 주님께서 저를 포기하신 것입니까?" 하며 무릎에 머리를 박고 뒹굴며 간구했다.

한참을 탄식하며 기도하다 보니 어느덧 새벽기도회 시간이 되었다. 나는 여전히 마음과 어깨의 짐이 무거운 채로 새벽기도회를 마치고 서둘러서 '신일교회 목회자 사역을 위한 모임'에 참여하기 위해 교회를 향해 차를 몰았다.

내가 도착하자마자 다 함께 곧 출발하였다. 교회에서 모임 장소까지는 시간이 좀 걸리는 거리였다. 나는 이 먼 거리를 동역자의 차를 타고 조수석에서 쉬며 여행할 수 있는 행운을 얻었다. 그러나 여전히 내 마음은 어두웠고 어깨는 무거운 짐으로 눌려 있었다. 나는 밤을 지새웠기 때문에 한숨 자려고 마음먹었다.

차가 고속도로에 접어들자 윤 목사가 카세트에 테이프를 넣었다. 그 녹음 테이프는 어떤 교회 성장 기관에서 주최한 "은혜 영성의 파워"라는 주제의 강의를 녹음한 것이었다. 녹음이 썩 잘되지 않았으나 들리는 강사의 목소리는 나의 잠자는 영혼을 깨우기에 충분했다. 이 놀라운 일이 이 좁은 차 안에 임하다니! 과연 무소부재하신 하나님, 찬양이 절로 나왔다. 어떤 때는 희미하고 작게, 또 그러다 잡음으로 그 소리마저 끊겼다. 그리고 어느 순간은 소리가 너무 커서 내용을 듣지 못했다. 그런 강사의 목소리를 통해서 하나님께서 내게 말씀하셨다. 그동안 내가 간구하고 말씀 안에서 고민했던 나의 신앙과 사역의 문제들에 대한 주님의 응답을 들려주신 것이다.

한 줄기의 빛이 내 마음을 비추자 내 마음의 어둠은 순식간에 사라졌다. 동시에 나의 어깨가 가벼워졌다. 그때 내 마음이 어땠으리라 생각하는가? 아마 홍해가 앞을 막고 뒤에서는 바로의 군대가 쫓아오고 좌우로도 피할 곳이 전혀 없는 광야에서, 바람 앞의 촛불처럼 절체절명의 위기에 처했던 이스라엘 백성이 하나님의 구원으로 홍해가 갈라지고 깊은 바닷속의 길을 건너갈 때 그 마음이 이러했을 것이다. 이날의 놀랍고 기적 같은 일은 하나님께서 나를 신일교회로 인도하시고 지금까지 나를 이곳에 머물게 하신 충분한 이유가 되었다.

소망의 아침이 찾아온 것은 한 가지 발견에서 비롯되었다. 뒤돌아

보면 그 발견은 너무도 간단한 것이었다. 바로 이것이다. "예수 그리스도가 내 안에 사시기 위해 오셨다. 그리고 그분이 나를 통해서 나에게 주어진 모든 삶을 살아가기를 원하신다."

당시에 그리스도가 내 안에 계시냐고 누가 묻는다면 나는 "예"라고 대답했을 것이다. 그러나 실제로 예수님은 나를 죄의 형벌에서 건져 주시고 천국으로 나아갈 수 있도록 하셨으니 이후로는 어떠한 주도적인 역할도 하지 않는 조용한 파트너와 같은 존재였다. 지금까지 그리스도는 내게 있어서 나의 생명이고 삶이라기보다는 단지 손님이었다. 내가 도움이 필요할 때 기도하면 도와주시는 분으로만 알았다. 그리고 천국에서 주님을 만날 때까지는 나의 모든 그리스도인으로서 삶을 내가 사는 것으로 알았다. 나는 입으로 그리스도의 이름만 부르며 살았지, 그분의 능력 안에서 산 것은 아니었다.

나에게 있어서 가장 큰 문제는 이것이었다. 나 자신의 힘으로 그리스도인으로서 사는 것은 어려운 것이 아니라 아예 불가능하다는 것을 깨닫지 못했다는 데 있었다. 그러한 사실을 아신 예수 그리스도께서 내가 그분을 믿을 때 그분의 생명인 성령이 내 안에 오신 것이다. 그리고 그 생명이 나를 통해서 사시는 것이다. 이것이 하나님께서 계획하신 그리스도인의 삶이다. 이러한 삶이 은혜의 삶이고, 믿음으로 사는 것이고, 성령 충만한 삶이고, 기적의 삶이다.

나를 사랑하시는 하나님은 나 스스로 그리스도인의 삶을 살아가도록 의도하신 적이 한 번도 없으시다. 그래서 내가 스스로 그리스도인의 삶을 살려고 노력하면 할수록 실패와 좌절에 빠졌던 것이다. 이러한 나를 유혹하고 속여서 넘어질 때마다 기뻐하는 것은 사탄이다.

당신의 삶은 어떤가? 당신은 지쳐 절망하고 있는가? 이제 당신은 모든 것을 포기하고 싶은가? 그러나 포기하지 말라! 이 좌절의 상황이야말로 당신의 연약함과 간절함을 통하여, 성령께서 당신을 위해 오신 예수님에 대해 가르치시려는 바로 그 순간이기 때문이다.

예수님은 하나님의 모든 말씀에 순종한 유일한 분이시다. 그래서 그리스도께서 우리를 통해서 사실 때만 우리가 하나님의 말씀에 온전히 순종할 수 있다. 이제는 내가 사는 것이 아니라 내 안에 예수 그리스도께서 사시기 때문이다.

당신은 하나님이 예수 그리스도의 사역을 통해서 우리에게 주신 온전한 복음과 은혜의 삶(은혜 영성의 삶)에 대해서 알고 싶지 않은가?

2장
그리스도의 복음에는
죄 사함 이상의 것이 있다

온 세상은 햄버거에 대해서 잘 알고 있다. 빵에다 그다음엔 야채, 그다음엔 스테이크…. 이 모든 것을 합쳐서 먹어야 맛있는 햄버거를 먹을 수 있다. 그러나 빵만을 먹거나 야채만 또는 스테이크만 먹어서는 햄버거의 맛을 느낄 수가 없다. 복음도 마찬가지다.

많은 그리스도인이 복음에 대해서 한 가지만 알고 있다. 죄를 용서받고 천국에 간다(교회 교육 내용: 죄 사함 받고 천국 간다)는 것이다. 그러나 복음에는 죄 용서함보다 더 큰 것이 있다.

내가 사역하는 교회는 모든 교역자에게 컴퓨터를 사주었다. 컴퓨터에 많은 기능이 있으나 나는 그 기능을 제한적으로만 사용하고 있다. 나도 동료들과 똑같은 컴퓨터를 가지고 있지만 그들이 누리고 있는 컴퓨터의 많은 유익을 누리지 못하고 있다. 컴퓨터의 여러 기능을 사용하지 못하고 있기 때문이다.

이 이야기가 기독교와 도대체 무슨 관계가 있을까? 보통 많은 그리스도인은 우리의 위대한 승리자이신 예수님이 우리를 위해 성취하신 일 가운데 한 가지 측면, 곧 은혜의 한 측면인 '죄의 용서'에만 집중한다. 예수님은 우리를 위해 두 가지 더 기적을 행하셨다. 그러나 나는 그런 것에 대해 제대로 모르고 있었다. 그분은 나를 죄인의 신분에서 거룩한 신분으로 바꿔 주셨고, 나의 옛 아담의 모습은 십자가에 못 박으시고 내게 자신의 생명을 주셨다. 예수님은 우리가 선한 일, 곧 "모든 무거운 것과 얽매이기 쉬운 죄를 벗어 버리고 인내로써 우리 앞에 당한 경주를 하는"(히 12:1) 일을 하도록, 우리에게 '세 가지의 위협적인 무기를 주시는 구원자'라고 말할 수 있다. 그리스도 안에 있는 새로운 피조물로서 우리는 '모든 죄를 용서받았고, 죄인에서 의로운 사람(성도, 하나님의 자녀, 천국 백성, 왕 같은 제사장)으로 신분 변화를 겪었으며, 옛 생명을 버리고 새 생명, 곧 생명 되신 그리스도'를 받았다.

그리스도께 나아갈 때 나는 한 가지 사실을 알게 되었다. 내 모든 죄를 용서받았다는 사실이다. 나는 완전히 구원받았다. 그러나 용서 말고도 내가 인식하지는 못했지만 예수 그리스도께서 주시고자 한 다른 유익들이 있었다.

나는 수많은 그리스도인이 이와 같은 처지에 놓여 있다고 믿는다. 예수님 앞에 나아올 때 그들은 구원이라는 패키지 안에 들어 있는 모든 것들을 함께 갖도록 되어 있는데도 오직 단 하나의 품목, 곧 '죄의 용서'가 주는 유익만을 누린다. '죄 사함'이 얼마나 놀랍고 은혜로운 선물인가! 그러나 하나님은 그것 말고도 많은 것들을 주셨다. 즉, 우리의 신분을 변화시키고 우리에게 새 생명을 주신 것이다.

그리스도의 복음은 우리가 예수님께서 완수하신 사역을 통해 용서받고 변화를 받아 하나님과 친밀한 교제를 나누고, 신실하게 순종함으로 세상에서 그리스도께 영광을 돌리며, 궁극적으로는 그분과 함께 영원히 왕 노릇 할 것을 자세히 말해 준다.

사람들은 그리스도 안에서 새로운 피조물이 되면 그리스도의 피로 용서를 받아 죄에서 해방되는 놀라운 진리를 받아들인다(롬 5:9). 그러나 세상에서의 삶이란 죄를 용서받는 것보다 훨씬 더 복잡하다. 예를 들어, 그리스도인들 가운데 아내를 구박하는 남편이 있다면, 그는 자신이 죄 용서받았음에도 불구하고 큰 변화를 일으키지 못하고 있는 것이다. 그의 아내는 그리스도께서 그분의 신부를 대하듯이 남편이 자신을 대해 주기 바란다. 남편은 자신의 좋지 않은 행위를 다스릴 수 있는 능력이 자기 자신에게 있다는 것을 깨달아야 한다. 그 남편은 구원받았을 때 이미 변화할 수 있는 능력도 같이 받았다. 단지 그것에 대한 이해가 부족해서 그 능력을 경험하지 못하고 있는 것뿐이다. 그는 구원받은 후에도 예전에 살던 세상적인 삶의 방식(육체를 쫓는 삶)에 계속 지배당하고 있는 것이다.

생명 되시는 그리스도

당신은 '영원무궁한 생명'(eternal life)이라는 말과 '영원한 생명'(everlasting life)이라는 말이 동의어가 아님을 알고 있는가? '영원한'(everlasting)이라는 단어는 시작은 있으나 끝이 없는 것을 뜻하는 반면, '영원무궁한'(eternal)이란 단어는 시작도 없고 끝도 없는 것을 의미한다.

자연인은 '영원한 삶'을 산다. 그의 생명은 출생 시부터 시작되어 무한한 영원으로 이어진다. 자신의 선택에 따라 영원히 지옥에서 살 수도 있다. 어떤 성경 번역본은 그리스도인들이 '영원한 삶'을 살고 있는 것으로 잘못 말하고 있다. 이것은 헬라어나 히브리어로 된 성경에서 입증된 것이 아니다. 우리 그리스도인에게는 '영원무궁한 생명'이 있다. 이 생명은 현상이 아니고 비인격적인 어떤 것도 아니며, 한 인격적 존재이신 예수 그리스도다. 영원무궁한 생명은 'Eternal Life'와 같이 대문자로 표기하는 것이 가장 좋은데, 왜냐하면 영원무궁한 생명이란 그리스도의 또 다른 이름이기 때문이다.[1]

성경은 이것을 다음과 같이 기록한다.

"태초부터 있는 생명의 말씀에 관하여는 우리가 들은 바요 눈으로 본 바요 자세히 보고 우리의 손으로 만진 바라 이 영원한 생명이 나타내신 바 된지라 이 영원한 생명을 우리가 보았고 증언하여 너희에게 전하노니 이는 아버지와 함께 계시다가 우리에게 나타내신 바 된 이시니라"(요일 1:1-2).

이 본문은 그리스도와 영원무궁한 생명이 동일한 것임을 계시한다. 요한복음 1장 4절은 "그 안에 생명이 있었으니"라고 말하고 있으며, 골로새서 3장 4절에서는 "우리 생명이신 그리스도께서"라는 표현을 쓰고 있다. 영원무궁한 생명은 하나의 인격이신 예수 그리스도다.

오직 단 한 사람만이 세상에서 승리하는 삶을 살았다. 바로 예수 그리스도시다. 예수 그리스도는 이렇게 말씀하셨다. "나는 포도나무요 너희는 가지라 그가 내 안에, 내가 그 안에 거하면 사람이 열매를 많이 맺나니 나를 떠나서는 너희가 아무것도 할 수 없음이라"(요 15:5). 이 은유에서 포도나무는 그리스도를 의미하고 가지는 그리스도인들을 의미한다. 가지는 독립적인 생명을 가지고 있지 않다. 가지는 포도나무의 생명에 따라 존재한다. 가지는 포도나무로부터 생명을 빨아들이며, 나무에 거하는 동안 풍성한 열매를 맺는다. 그러나 열매를 '생산하는' 것은 결코 가지가 아니다. 가지는 단지 포도나무의 생명에 의해서 생산되는 열매를 자신들을 통해 '맺고 있을' 뿐이다. 만일 가지가 나무를 떠나서 독립한다면 가지에게 남는 것은 오직 죽음뿐이다. 가지는 포도나무의 생명 없이는 '아무것'도 할 수 없다. 예수님은 우리 가운데 흐르는 그분의 생명이 없다면 우리가 열매를 맺을 수도 없으며 아무 힘도 쓸 수 없다고 말씀하셨다.

몇 가지 질문을 해 보겠다. 만약 구원이 죄 용서함뿐 아니라 새로운 종류의 생명을 포함하고 있는 것이라면, 만약 영생이 단순히 우리가 가진 옛 생명의 연장이 아니라 말 그대로 새 생명이라면, 그리고 만약 영생이 진짜로 예수 그리스도의 생명이라면…. 이런 것이 당신에게는 낯선 개념일지도 모른다. 그러나 지금 그것이 이해되지 않는다고 해서 이 책을 여기에서 덮지는 말라. 나는 당신과 맞서거나 논쟁하려는 것이 아니다. 나는 당신을 사랑한다. 성령님께서 진리를 계시해 주실 것을 신뢰하면서, 성경을 들고 함께 생각해 보도록 하자.

만일 우리 안에 거하시는 그리스도의 영이 우리를 통해서 생명을 드러내려고 하신다면 어떨까? 그리고 만일 하나님께서 우리 자신을 통해 나타나는 그분의 생명으로 세상과 우리 자신의 육신, 그리고 마귀를 대항하여 이길 능력을 주신다면 어떻게 하겠는가? 만일 이것이 사실이고, 그리스도인인 남편이 하나님의 사랑으로 아내를 위해서는 그리스도께서 자신을 통해서 사셔야 한다는 것을 이해한다면 어떤 일이 일어나겠는가? 그들의 결혼 생활에는 엄청나게 큰 차이가 있을 것이다. 그리스도께서 그로 하여금 아내를 하나님의 존귀한 선물로 여기도록 하지 않겠는가? 성령의 열매가 대외적으로뿐만 아니라 집 안에서도 그 남편 가운데 분명히 나타나지 않겠는가? 그것은 전혀 힘든 일이 아니다. 그리스도께서 이 남편 가운데 사시면서 그의 행위가 더 나은 모습이 되도록 근본적으로 바꾸실 것이기 때문이다.

당신이 예수님께 나아올 때 그분이 '당신'의 생명 속에 들어오신 것이 아니다. 예수님은 '당신'이 가지고 있던 예전의 반역적이고 독립적이며 자기만을 섬기는 생명을, '그분'의 능력 있고 순종하는 생명으로 바꾸신 것이다. 예수 그리스도는 '우리의 생명'이시다. 그분의 생명이 세상에서 우리를 통해 드러나도록 그분과 동역하는 영광스러운 특권이 우리에게 있다. 얼마나 거대한 차이인가?

그리스도인 각자는 세상에서 그리스도의 지체들이다. 비유컨대 나는 발가락이고 당신은 엄지손가락이다. 우리는 서로 다르지만 모두 그리스도와 동일한 생명을 가지고 있다. 이것은 수수께끼와 같다. 분명히 이해되지는 않지만 믿고 그에 따라 행해야 하는 하나의 신비다(골 1:27).

하나님의 의도는, 그리스도께서 그 남편 가운데 사시면서 남편이 자신의 아내 사랑하기를 마치 그리스도께서 그분의 아내인 '교회'를 사랑하셨던 것처럼 사랑하도록 하는 것이다. 만일 남편이 이런 것을 전혀 이해하지 못하면 어떻게 그의 아내에게 더 많은 도움을 줄 수 있겠는가? 예수님은 그녀를 구원하실 때 그녀에게 위로가 될 만한 어떤 것을 이루셨는가? 두말하면 잔소리다.

🌿 그리스도 안에서의 새로운 신분

복된 소식이란 그리스도가 생명 되시기 때문에 이제는 더 이상 멍청이처럼 행동하는 남편과 살 필요가 없다는 것이다. 믿음으로 말미암아 그리스도께서 아내를 통해 그 남편과 함께 사실 것이다. 믿음을 통해서 아내는 이 남자와 함께 살아야 하는 짐을 예수께 내맡길 수 있다. 아내를 통해서 남편에게 생명을 나타내는 것은 그리스도의 책임이다. 이 놀라운 진리로 충분치 않은가? 그렇다면 아내는 자신의 옛 사람은 그리스도 안에서 십자가에 못 박혀 죽었고, 이제 자신은 그리스도 안에서 새사람으로 거듭났다는 사실을 이해하고 받아들여야 한다. 아내는 이런 영광스러운 영적인 과정을 거쳐서 죄인에서 거룩한 사람으로 변화되었다. 그러므로 은혜로 구원 받은 죄인이 아니라, 죄를 지을 가능성은 여전히 있으나 그것을 이겨 내려고 열망하는 거룩한 사람(의인)으로 바뀌었다. 거룩한 사람이기에 그녀는 하나님의 완전하고도 무조건적인 용납 가운데 안식할 수 있다.

용서받았다는 것만을 알고 있는 그리스도인들은, 자신이 천국을 향해 가고 있는 용서받은 죄인들이라고만 생각한다. 이것은 잘못된 것이다. 예수님이 이미 그들의 신분을 죄인에서 의로운(거룩한) 사람으로 변화시키셨음을 이해하지 못한 사람들은, 자신들이 죽음을 맞이할 때에야 비로소 거룩한 사람으로 변화될 것이라는 그릇된 믿음을 갖게 된다(이런 사람들은 말씀을 적용하는 데 문제가 있다). 그리스도인들은 대부분 예수님이 하실 수 없었던 일을 완결하는 어떤 것이 죽음이라고 생각한다. 즉 죽을 때 갑자기 거룩한 상태로 홀연히 변화될 것이라고 생각한다. 하지만 죽음이란 적일 뿐이다. 예수님이 하지 못하셨던 일을 우리의 적이 할 것이라고 말하는 신학에는 뭔가 문제가 있다.

우리는 이미 그리스도의 죽음과 부활을 통해서 거룩한 백성, 의로운 사람들로 변화되었다. 그러므로 우리는 이미 하나님과 함께 살 수 있는 '자격을 얻은' 것이다. 우리가 만일 이렇게 변화되지 않았다면, 하나님의 영이신 성령께서 지금 우리 가운데 내주하실 수 없다.

한 사람이 죄인에서 거룩한 사람이 되는 것은 오직 그리스도와 함께 십자가에서 죽고 그리스도 안에서 다시 태어남(거듭남, 중생)을 통해서만 가능하다. 당신에게는 이미 거룩한 사람의 자격이 충분히 있으며, 앞으로도 계속 그럴 것이다. 지금의 당신이나 죽어서 육신을 벗고 영생을 얻을 때나 당신의 모습은 동일할 것이다. 그러면 당신은 이렇게 질문할지도 모른다. "좋아요, 굉장한데요. 그런데 이것이 사실이라면 왜 나는 거룩한 사람처럼 행동하지 못하지요?" 좋은 질문이다. 잠시만 참고 기다리라. 이 질문에 대해서는 조금 후에 다루도록 하겠다.

✤ 우리의 임시 거처: 몸(body)

고린도후서 5장 1-2절, 8절은 육체적인 죽음을 맞이할 때 우리에게 무슨 일이 일어나는지를 계시한다.

"만일 땅에 있는 우리의 장막 집이 무너지면 하나님께서 지으신 집 곧 손으로 지은 것이 아니요 하늘에 있는 영원한 집이 우리에게 있는 줄 아느니라 참으로 우리가 여기 있어 탄식하며 하늘로부터 오는 우리 처소로 덧입기를 간절히 사모하노라…우리가 담대하여 원하는 바는 차라리 몸을 떠나 주와 함께 있는 그것이라."

하나님께서 당신과 당신이 거하고 있는 육신(몸)을 구별하신다는 것에 주목하라. 그분은 육신이 우리의 영원한 존재가 아님을 계시하신다. 하나님은 '만일 땅에 있는 우리의 장막 집이 무너지면 하나님께서 지으신 하늘에 있는 집을 우리가 갖게 될 것'이라고 말씀하신다. 하나님은 당신을 당신의 장막 집에서 끄집어내신다. 그 장막 집은 당신이 아니다. 우리가 분명히 이해했는지 확인하기 위해서 그분은 반복해서 말씀하신다. "우리가 여기 있어 탄식하며." 그 장막이 탄식하는가, 아니면 우리가 탄식하는가? 우리가 탄식한다. 그 장막은 당신이 아니다. 당신이 잠시 그것에 머물 뿐이다. '몸을 떠나 주와 함께 거하는 사람'과 '세상에서 몸 안에 살던 사람'이 동일 인물임을 주목하라. 그의 정체성은 죽음에 의해 변하지 않는다. 몸은 정말로 미래에 변화되겠지만(고전 15:42-44) 당신과 내가 죽을 때 죄인에서 거룩한 사람으로 변화되는 것은 아닐 것이다. 왜냐하면 하나님께서 이미 그리스도를 통해서 성취하셨기 때문이다.

하나님은 바울을 통해서 고린도 교인들에게 보낸 편지를 '모든 성도에게' 보내는 것으로 쓰게 하셨다(고후 1:1). 하나님은 결코 '은혜로 구원받은 죄인들에게' 말씀하신 것이 아니다. 그것은 인간의 종교적인 생각일 뿐 성경이 지지하는 바가 아니다. 내가 그리스도인들은 이미 이제부터 영원까지 영광스러운 백성으로 변화되었다고 가르친다고 해서 몸의 중요성을 부인하는 영지주의를 가르치는 것은 아니다. 나는 그저 성경이 말하는 것을 지지하는 것뿐이다. 진정한 당신의 존재는 당신이 거하고 있는 그 장막이 아니다. 당신의 혼(인격)과 영이 '거룩한 사람'을 구성하고 있고, 다만 이것이 이 땅에 속한 죽을 몸에 거하고 있는 것이다.

당신이 순식간에 홀연히 변화될 것이라고 말하는 성경 본문은 당신이 변화될 것에 대해서 말하는 것이 아니라, 당신의 몸이 변화될 것에 대해서 말하는 것이다. 성경에서 이르기를 "보라 내가 너희에게 비밀을 말하노니 우리가 다 잠잘 것이 아니요 마지막 나팔에 순식간에 홀연히 다 변화되리니…이 썩을 것이 반드시 썩지 아니할 것을 입겠고 이 죽을 것이 죽지 아니함을 입으리로다"(고전 15:51, 53)라고 했다. 당신의 영과 혼은 구원받을 때 이미 변화되었다.

우리가 죽음을 통해 경험하게 될 유일한 변화는 육신에서 해방되는 것이다. 우리가 몸에서 빠져나갈 때 마귀는 더 이상 우리를 들볶을 수 없을 것이다. 우리는 하나님의 존전에서 영원히 살기 위해, 그리고 영광스러운 미래를 받을 만한 자격을 구비하기 위해 어떤 신분적인 변화를 받아야 한다. 그러나 성경은 우리가 구원받을 때 이미 이런 변화가 그리스도 안에서 일어났다고 말한다. 하나님께서 우리를 '거룩한 자'라고 부르시는 것도 이 때문이다.

자신을 은혜로 구원받은 죄인이라고 믿는 그리스도인은 가르침을 잘못 받았든지, 아니면 하나님이 심부름꾼인 바울을 통해서 계시해 주신 것처럼 예수님이 우리를 위해 성취해 놓으신 일의 중요한 일부분을 무시하고 있는 것이다. 이런 유형의 그리스도인은 구약에 충실한 유대인과 유사한 방식으로 삶을 대한다. 이런 중생의 체험이 없는 사람은 자기 자신은 죄인이므로 하나님의 용서와 축복을 얻으려면 정기적으로 성전에 가서 예배하고, 율법의 모든 요구 사항들을 준수하기 위해 노력해야 한다고 생각한다.

이런 율법 준수의 부담감을 안고 있는 사람이, 세상과 육신 그리고 마귀와 대항해서 승리를 주시는 그리스도의 영이 자기 속에서 역사하는 것을 체험한다는 것은 불가능하다. 또 죄인에서 거룩한 자로 신분이 변화되는 것도 그에게는 불가능하다.

당신은 이것이 현재 거듭났다고 믿는 하나님의 거룩한 사람들 대부분이 가지고 있는 마음 상태라는 것을 알고 있는가? 당신은 '얽매이기 쉬운 죄'(히 12:1)에 대해서 지속적인 승리를 경험하는가? 어떤 사람도 죄 없는 완전함을 가질 수는 없지만 승리하는 삶은 경험할 수 있다. 그러나 그러기 위해서 먼저 당신은 죄 사함이라는 축복 이외에도 많은 것을 마음에 받아들여야 한다.

❦ 복음은 죄 사함 받은 것 이상이다

시몬은 죄책감에 시달려 탈진한 상태였다. 그는 부정한 일을 했고, 그 일이 있은 후로 줄곧 자신의 죄에 대해 죄책감을 품고 살아왔다. 그 일이 일어난 것은 석 달 전이었다. 무슨 일이 그에게 있었던 것일까? 어처구니없게도 시몬은 그녀의 이름을 기억조차 할 수 없었다. 시몬은 그녀를 마을 우물가에서 만났고, 그녀는 시몬에게 이교도 신전의 창녀로 살고 있는 자신의 삶을 이야기하기 시작했다. 으윽! 그러나 이런저런 이야기를 주고받다가 결국 넘어서는 안 되는 선을 넘어 버렸다. 정욕에 이끌린 자신의 어리석은 행동을 제거하기 위해 그는 어떤 것을 지불해야 하는가?

오늘 시몬은 예루살렘에 도착했다. 대제사장은 그곳에서 백성들의 죄를 대신해서 여호와 하나님께 희생제물과 기도를 드렸다. 시몬은 65킬로미터를 달려왔다. 그리고 대제사장이 죄 사함을 위해서 기도와 제물을 바치고 있는 동안 다른 사람들과 함께 밖에 서 있었다. 시몬은 자신이 기르는 가축 중에서 최상급의 짐승을 가져왔다. 여기까지 오는 동안 시몬은 여호와께서 그것을 열납하시고 자신을 용서해 주실 것을 기도했다. 지금 시몬은 대제사장이 휘장 뒤에서 나와, 여호와께서 죄 사함을 위해 드린 희생제물과 기도를 받으셨음을 알려주길 기다리고 있다. 휘장이 조금 바스락거리며 흔들리는 것 같더니 뒤에서 움직이는 기척이 느껴졌다. 사람들은 외쳤다. "저기, 저기다! 대제사장이 밖으로 나왔다! 죄 사함을 받았다! 할렐루야! 여호와를 찬양하라. 나는 죄를 용서받았다!"

시몬의 마음은 감사로 충만하게 가득 차올랐다. 자신이 다시 정결해지리라고는 생각지 못했다. "하나님을 찬양하라. 할렐루야!" 시몬은 기뻐 춤을 추면서 자신의 집으로 가는 성문 쪽을 향해서 어린아이처럼 깡충깡충 뛰어 내달렸다. 그러다가 사람들에게서 빠져나와 길가로 가서는, 땅에 머리를 조아리고 하나님께 다시 감사를 드렸다. 시몬은 너무 기뻐 충동적으로 발걸음을 돌려서 성전이 있는 구역을 향해 달려갔다. 그저 하나님께 조금이라도 더 감사의 표현을 하고 싶을 뿐이었다. 마침 성전에는 사람들이 다 나가고 아무도 없었다. 시몬은 휘장 안쪽으로 가서 법궤 앞에 엎드려 하나님의 임재를 맞이하면서, 자신의 죄를 용서해 주신 것에 대한 감사의 마음을 무척이나 표현하고 싶었다.

이 이야기는 해피엔딩이 될 수 없다. 만일 시몬이 휘장 안쪽의 지성소로 나아가려 했다면 그는 죽었을 것이다. 당신과 시몬 사이에 다른 점이 있음을 아는 것은 매우 중요하다. 왜 시몬이 죽을 수밖에 없는지 구체적인 이유를 대라고 한다면 당신은 무슨 말을 하겠는가? "글쎄, 시몬은 우리처럼 그리스도를 통해서 용서함을 받은 것이 아니잖아요?"라고 말하겠는가? 음, 그건 그렇지만 그는 용서를 받았다. 죄 사함을 받았다고 하는 것은 죄를 용서받은 것이다.

법을 만드신 분은 어쨌든 하나님이시다. 시몬은 그 당시의 사람들에게 주어진 계시를 통해서 믿음 가운데 하나님을 바라보았다. 시몬은 하나님이 택한 백성 중 하나가 아니었는가? 물론 그는 히브리인이었다. 시몬은 하나님께 헌신하지 않았는가? 물론 헌신했다. 성실과 회개에 대한 개인적인 노력으로 말할 것 같으면, 시몬은 130킬로미터를 걸어왔고, 그중 65킬로미터는 희생제물을 드릴 가축을 몰거나 끌면서 왔다. 얼마나 많은 그리스도인이 자신의 죄에 대해서 그렇게 회개하고 있는지 궁금하다. 시몬은 자신의 신앙에 대해서 가슴이 터질 정도로 심각했다.

당신과 시몬의 분명한 차이는 무엇일까? 당신이 하나님의 휘장 안쪽으로 들어가지 않아도 되는 것은 물론, 오히려 하나님께서 그분의 '휘장' 안쪽으로 들어오시게끔 하는 것은 무엇인가? 그리스도 안에 있는 새사람인가? 당신 안에는 하나님의 성령이 내주하신다. 예수님의 희생은 우리의 모든 죄를 속죄했지만, 시몬의 죄 사함은 매번 희생제물을 토대로 해서 그에게 주어졌다. 시몬과 당신의 죄 사함에는 차이가 있다. 당신은 신분의 변화를 경험했다는 것이다. 시몬은 여전히 죄인이지만, 그리스도 안에서 새로운 피조물이 된 당신은 거룩한 사람이다.

영적으로 새로운 신분

구약 시대에 믿음이 있던 유대인들은 죄를 용서받기는 했다. 그러나 하나님의 거룩한 임재가 있는 성전의 휘장 안쪽으로 들어가려고 시도했다가는 당장 '죄인'이라는 그들의 영적 신분 때문에 죽었을 것이다. 반면 대제사장에게는 백성을 대신하는 하나님의 중보자로서 은혜의 면죄부가 부여되었다. 무엇이 당신에게 그런 인간 대제사장이나 중보자가 필요하지 않게 해주는가?

당신의 말 그대로 그리스도와 함께 십자가에 못 박혀 죽었으며, 그분의 부활 안에서 거듭났다. "(너희는)하나님의 성전이라"(고후 6:16). 어떻게 그럴 수 있을까? 그것은 당신이 예수님의 보혈을 통해서 영구적으로 죄 사함을 받았을 뿐 아니라, 그리스도의 영이 당신 안에 영원히 내주심을 통해서 당신이 거룩함을 입게 되었기 때문이다. 하나님은 아주 값진 그리스도의 몸을 통해서 이런 신분상의 변화를 성취하셨다. 이제 조금만 더 인내해 주길 바란다. 하나님의 말씀을 가지고 당신에게 이야기하고자 한다.

당신은 주님의 귀하신 피로 자신의 죄를 용서받은 것에 대해 하나님을 찬양할 것이다. 이 얼마나 굉장한 하나님의 선물인가! 그러나 당신은 그보다 더한 것을 받았다. 당신이 예수님과 함께 십자가에 죽고 그분의 존귀하신 몸 안에서 다시 살아남으로써, 당신의 영적인 신분이 죄인에서 거룩한 자로 변화되었다. 그것에 대해서도 하나님께 똑같이 찬양을 드려야 한다. 십자가의 죽음과 주님 안에서의 거듭남, 이 두 가지는 모두 사람이 하나님의 성령을 모셔 들이기 전에 해야 하는 요구 사항이며, 이것은 이미 당신을 위해서 성취되었다.

"하나님의 성전은 거룩하니 너희도 그러하니라"(고전 3:17). 오직 죄 사함만으로는 하나님의 성령을 영접할 수 있는 특권을 가질 수 없다. 이해하겠는가? 시몬과 같은 구약 시대의 신자는 죄 사함을 받긴 했지만, 당신처럼 하나님의 존전에 들어갈 수는 없었다. 이 진리를 받아들이는 것이 구원을 위해 필수적인 것은 아니지만, 당신이 세상과 육신 그리고 마귀에게 승리하기 위해 진리를 받아들이는 것이 절대적으로 필요하다.

그리스도께서 죽으실 때 성전의 휘장이 둘로 찢어지면서 지성소가 밖으로 드러났는데, 이것은 하나님께서 더 이상 사람이 만든 성전에 거하시지 않는다는 것을 계시한다. 그리스도께서는 이제 사람의 손으로 만든 어떤 종류의 성전 가운데도 거하시지 않는다. "우리가 그의 말을 들으니 손으로 지은 이 성전을 내가 헐고 손으로 짓지 아니한 다른 성전을 사흘 동안에 지으리라 하더라 하되"(막 14:58). 거듭난 사람들이 바로 예수님이 말씀하신 새로운 지성소다. 하나님은 더 이상 돌로 만든 성전에 거하시지 않는다. 우리는 지금 '산 돌같이 거룩한 제사장이 되기 위해서 신령한 집으로 세워지고 있다'(벧전 2:5). 예수님이 죽은 자 가운데서 살아나셔서 우리의 영적인 시조가 되시기 전에는 그런 산 돌은 있을 수 없었다. "기록된 바 첫 사람 아담은 생령이 되었다 함과 같이 마지막 아담은 살려 주는 영이 되었나니"(고전 15:45).

설령 하나님께서 여전히 금을 입힌 나무로 만든 궤 안에 거하신다 하더라도, 우리는 예수님이 치르신 희생의 위대하고 은혜로운 효력으로 인해서 사랑과 감사함으로 우리 자신을 그 상자에 내던질 수 있게 되었다. 우리는 그 상자를 열고 얼굴을 안으로 들이밀어도 괜찮다. 아무 문제 없다. 하나님께서는 그 궤 속을 비워 놓으신 다음 그 안에 새로운 주소를 남겨 놓으셨다.

우리는 하나님을 나무로 된 궤 안에 모셔 두는 것 그 이상의 것을 가지고 있지 않은가! 사람들 가운데 계시는 하나님의 임재는 더 이상 도시의 건물이나 사람의 손으로 만든 궤 안에 있지 않다. 하나님은 거듭난 모든 사람의 영혼 속에 거하신다. 그리고 우리는 이런 거룩한 사람들이기 때문에 하나님을 만나 뵙기 위해 메카와 같이 특정한 장소를 찾아 여행할 필요가 없다.

우리는 육신을 입은 상태로 주님과 생명으로 연합되어 산다. 거룩하신 하나님은 거룩하지 않은 처소에 거하실 수 없으며, 어떤 사람도 자신의 옛사람, 거룩하지 못한 신분인 죄인 된 상태에서 자기 자신을 정결케 할 수 없다. 그러나 하나님께 불가능한 일이란 없다 (눅 1:37).

하나님은 우리가 그리스도와 함께 십자가에 못 박혀 죽고 그분 안에서 거듭나게 함으로써 우리를 정결케 하시며 깨끗하게 하신다. 우리에게는 새로운 영이 있다. 당신과 나는 이제 거룩한 처소다. "하나님의 성전은 거룩하니 너희도 그러하니라"(고전 3:17). 여기서 성전을 나타내는 헬라어는 '나오스'(naos)인데, 성령이 거하시는 '지극히 거룩한 곳, 지성소'를 의미한다. 이것은 모든 백성이 출입하던 지역인 '히에론'(hieron)과 반대되는 의미다. 그리스도인들은 세상에서 하나님의 영이 거하시는 거룩한 처소다. 하나님은 얼마나 위대하신 구원자이신가! 이 얼마나 놀라운 은혜인가!

죄인인가, 거룩한 사람인가

여러 해 동안 나는 주님의 상에서 떡을 떼는 일에 참여했으며, 나를 용서해 주신 하나님께 감사드렸다. 그런데 어느 날, 내가 섬기는 교회에서 성찬의 떡과 포도주를 나누어 주고 있을 때, 성령께서 불현듯 내 머릿속에 어떤 계시와 같은 질문이 떠오르게 하셨다. '만일 우리가 주님의 성찬을 받고 기념하면서 오직 우리의 죄 사함만을 감사한다면, 왜 그리스도께서는 성찬식에 포도주와 떡이라는 두 가지 요소를 주셨을까? 왜 예수님의 상하신 몸을 기억하는 떡을 주신 것일까? 우리가 죄 사함을 받는 것은 그리스도의 피를 통해서인데, 그렇다면 왜 성찬식을 잔으로만 기념하면 안 되는 것인가?'

우리가 그리스도의 피 흘리심을 기념하면서 죄 사하심에 대해 감사하는 것은 당연하다. 그리고 그런 감사는 우리가 잔에 참여할 때 당연히 표현되어야 한다. 우리가 죄인으로서 함께 죽은 것은 십자가에서였지만, 거룩하고 의로운 하나님의 자녀로서 다시 태어난 것은 예수님의 몸 안에서였다. 그러나 나는 만일 우리가 그리스도의 피와 몸에 일정한 역할을 할당하려고 한다면 문제에 봉착하게 된다는 것을 알고 있다. 왜냐하면 그리스도는 한 분이시기 때문이다. 한 분이신 예수님을 나눌 수는 없다. 우리를 온전히 구원하기 위해서는 예수님의 모든 것이 필요했다.

그리스도는 십자가에서 육체의 고통을 느끼셨고, 몸에서는 보배로운 피가 흘러나왔다. 우리가 십자가에 못 박혔다가 거듭난 것은 바로 그리스도의 몸 안에서였음을 안전한 신학적 토대 위에서 알 수 있다. 하나님은 이렇게 말씀하신다. "그러므로 내 형제들아 너희도 그리스도의 몸으로 말미암아 율법에 대하여 죽임을 당하였으니 이는 다른 이 곧 죽은 자 가운데서 살아나신 이에게 가서 우리로 하나님을 위하여 열매를 맺게 하려 함이라"(롬 7:4).

당신 속의 옛 사람은 그리스도의 몸 안에서 죽었다. "예수 그리스도의 몸을 단번에 드리심으로 말미암아 우리가 거룩함을 얻었노라"(히 10:10). "그 길은 우리를 위하여 휘장 가운데로 열어 놓으신 새로운 살 길이요 휘장은 곧 그의 육체니라"(히 10:20). 하나님은 여기서 우리에게 예수님의 몸의 중요성과 그것이 우리에게 어떤 역할을 하는지 보여 주신다. 예수님이 흘리신 피가 죄 사함에 필수적인 것처럼, 십자가에 달려 죽으셨다가 부활하신 주님의 몸은 우리의 신분이 '거부당하는 죄인'에서 '용납되는 거룩한 사람'으로 바뀌는 수단이 되었다. 예수님의 피뿐 아니라 예수님의 몸도, 우리가 주님을 보기 위해 반드시 가져야 하는 거룩함이라는 요구 조건과 아주 중요하게 연관되어 있다. "거룩함을 따르라 이것이 없이는 아무도 주를 보지 못하리라"(히 12:14). 우리는 그리스도 안에서 거룩한 새로운 피조물이다. 이것은 우리가 팡파르를 울리고, 북을 두드리고, 탬버린을 치면서 춤을 추며 기뻐해야 하는 진리다.

그리고 예수님의 귀하신 몸은 우리의 영적인 신분이 이렇게 변화되는 데 절대적으로 필요한 요소다. 나는 이제 주님의 성찬에 참여할 때, 잔을 받을 때는 죄 사함으로 인해서, 그리고 떡을 뗄 때는 내 새로운 신분으로 인해서 그리스도를 경배하며 사모한다. 이제 성찬은 내게 훨씬 더 깊은 의미가 된다.

자신이 '은혜로 구원받은 죄인'이라는 사실을 가장 우선적으로 믿는 그리스도인은, 십자가에서 죽으시고 부활하신 그리스도의 몸을 통한 자신의 신분 변화가 그리스도의 피를 통한 죄 사함만큼이나 구원에 있어서 절대적으로 중요한 요소임을 암묵적으로 부인하는 것이다. 이것은 신성모독이다. 하나님께서 자신의 존귀한 몸을 통해 성취하신 기적, 곧 내 영혼의 신분을 죄인에서 거룩한 자로 변화시키신 일을 무시하는 것이 바로 신성모독이다.

나는 초등학생 시절에 구원받고 신실하신 주님에 의해서 다시 부름받은 지 19년(신일교회 부목사 8년)이 되어 '은혜의 삶'을 깨닫기 전까지는 그것을 배우지 못했다. 예수님이 우리의 죄책감을 용서하심으로 바꿔 놓기 위해 피 흘리신 것이라면, 예수님의 몸은 우리의 신분을 죄인에서 거룩한 자로 바꿔 놓기 위해 찢기신 것이다.

거룩한 사람이 된 당신의 신분을 이해하는 것은, 당신이 예수께서 말씀하신 풍성한 삶을 경험하는 데 있어 대단히 중요하다. 왜냐하면 당신은 자신에 대해서 믿는 대로 살아갈 것이며, 자신이 거짓된 인생을 사는 것 같다는 느낌을 피할 수 있기 때문이다. 당신 자신을 '은혜로 구원받은 죄인'이라고 믿어 보라. 그러면 당신은 죄인 같은 행동을 할 것이다. 그러나 당신이 때때로 죄를 짓더라도 죄 된 삶을 미워하는 '거룩하고 정결한 사람'이라고 믿어 보라. 그러면 당신은 그런 거룩한 사람처럼 행동하게끔 강한 동기를 부여받을 것이다. 아주 간단한 이치다.

당신이 결혼하면 독신자라고 우길 수 없듯이, 은혜로 구원받고서 자신을 죄인이라고 고집할 수는 없다. 독신자는 결혼하는 순간 결혼한 사람으로 다시 창조된다. '태어남'은 항상 신분을 결정한다. 당신이 그리스도를 믿을 때, 그 순간 죄인인 당신은 죽은 것이다(갈 2:20). 그리고 나서 새로운 신분으로 다시 태어나는 것이다. 당신은 이제 하나님의 거룩한 사람이다(롬 1:7). 당신은 거룩한 자로서 정결케 되었으며, 이제 당신의 새로운 영혼 속에 하나님의 성령을 모셔 들인 것이다(고전 6:17; 롬 8:9).

그런데 당신이 주의해야 할 것이 있다. 당신이 사실은 정말 천하고 형편없는 인간인데 하나님께서 당신을 거룩한 자라고 칭찬하면서 지금 장난하고 계신 것은 아니다. 당신은 구원받았을 때 이미 극적인 내면의 변화가 일어났다.

당신은 문자 그대로 거룩한 사람이다. 그렇지 않으면 하나님께서 십자가 사건 이후, 당신을 63회나 '거룩한 자'라고 부르실 리가 없지 않은가. 바울은 서신을 '모든 성도'에게 보낸 것이지 결코 '은혜로 구원받은 모든 죄인'에게 보내지 않았다. 당신은 성경에서 63회나 강조한 말씀을 믿고 살겠는가,[2] 아니면 바울이 자신을 '죄인 중에 괴수'라고 지칭한 단 한 구절(딤전 1:15)을 붙잡고 살겠는가?

❦ 또 다른 기적: 예수 그리스도, 당신의 생명

내 안에 계신 그리스도께서 영광의 소망이 되심(골 1:27)을 알고 그분의 임재를 통해서 모든 유익을 경험했는데도, 나는 그리스도께서 저 멀리 화성에서 살고 계신 것이 아닌가 하는 느낌이 있었다. 당신은 어떤가? 당신은 예수님과 교제하는가? 그분을 당신의 선생님으로서 신뢰하는가? 예수님의 사랑의 편지를 그분의 임재 가운데 읽으면서, 그것을 통해 당신의 마음을 만지시도록 그분을 믿어 드리는가? 예수님이 지으신 피조물의 아름다움과 장엄함에 함께 감탄하는가? 아플 때 예수님의 품에 안겨 우는가? 아이가 태어날 때 예수님의 축복이라 생각하며 감사하는가? 요란한 소리를 내면서 천둥이 칠 때 그분의 위엄에 경탄하는가?

당신 안에 내주하시는 그리스도의 기적은, 그리스도의 피와 관계된 것도 그리스도의 몸과 관계된 것도 아니며, 그리스도의 영, 곧 성령과 관계된 것이다. 그분은 당신과 깊은 교제를 나누기 위해서 오신 것이다.

그리스도께서 성령을 통해 당신 안에 내주하시려는 것은 당신과 깊은 교제를 나누시려는 열망도 있지만, 또 다른 이유가 있다. 당신을 통해서 그분의 생명을 나타내시려는 것이다. 당신은 그분이 당신을 미래의 천국으로 인도하실 것이라 믿는다. 그러나 당신은 현재의 생활 속에서 매일매일 그분을 신뢰하고 있는가? 다른 말로, 당신은 '죽는 일'(죽어 천국 가는)에 대해서만큼이나 '사는 일'에 대해서도 그분을 믿는가? 전자에 대해서만 그분을 믿고 후자에 대해서는 그분을 무시한다면, 당신은 하나님의 은혜에서 아직도 한참 멀리 떨어져 있는 것이다.

내게 말해 보라. 당신은 죄 사함만이 그리스도가 주실 수 있는 전부인 것으로 알고 사는가? 다시 말해서, 당신은 내가 지적한 이런 진리들이 없어도 아무 고민 없이 잘 지내는가? 만일 그렇다면 그야말로 하나님의 은혜에 대한 모욕이 아닐까? 이것은 마치 당신 자신이 아주 강하기 때문에 그리스도의 능력을 다 받아들일 필요가 없다고 믿는 것처럼 행동하는 것이 아닐까?

✣ 그리스도의 영

"만일 너희 속에 하나님의 영이 거하시면 너희가 육신에 있지 아니하고 영에 있나니 누구든지 그리스도의 영이 없으면 그리스도의 사람이 아니라"(롬 8:9). '육신에 있는'과 '영에 있는'이라는 문구는 이런 식으로 병렬시킬 때 불신자와 구원받은 자를 구별하는 것이 된다. 그 구절은 두 가지를 말해 준다. 성령이 거하지 않는 사람은 불신자며, 성령을 얻기 위해서는 그리스도께 속해야만 한다는 것이다. 다른 말로 하면 거듭나야 한다는 뜻이다. 그 구절은 또한 그리스도의 영과 성령은 상호 교환적으로 사용해도 된다는 것을 가리킨다. 왜냐하면 그들은 동의어이기 때문이다.

"또 그리스도께서 너희 안에 계시면 몸은 죄로 말미암아 죽은 것이나 영은 의로 말미암아 살아 있는 것이니라"(롬 8:10). 앞의 9절에 있는 '그리스도의 영'은 이러한 생명을 당신의 영에 부어 주신다. 당신의 육적인 몸은 구원받았을 때 거듭나지 않았다. 한때 젊고 활력이 넘치던 그리스도인들의 육체가 날마다 죽음을 향하여 쇠약해지는 것을 보면 그것은 확실하다. 그러나 새로운 피조물인 영혼의 경우는 이야기가 다르다. "주와 합하는 자는 한 영이니라"(고전 6:17). 당신의 영은 살았고 의롭다. 당신의 영은, 당신 속에 있는 생명이 거하는 곳이다. 당신의 영 안에 거하시는 그리스도의 영은 예수님이 "내가 곧 길이요 진리요 생명이니"(요 14:6)라고 말씀하신 것처럼 이제 당신의 생명이다.

당신은 그리스도께서 세 가지 의미에서 구주가 되신다는 것을 알겠는가? 당신은 예수님이 자신의 피로 이루신 죄 사함과 또 자신의 몸으로 이루신 우리의 신분 변화, 그리고 예수님의 영으로 이루신 생명의 역사가 주는 유익을 세상에서 누리고 있는가? 하나님께서는 당신이 이런 유익들을 누리기 원하신다.

3장
그리스도인의 비포 앤 애프터
(before and after)

하루의 일과가 끝나고 집에 돌아온 뒤 가끔 텔레비전을 켠다. 리모컨을 들고 채널을 이리저리 돌리다 보면 눈길을 사로잡는 광고가 있다. 가장 기억에 남는 것은 화면 속에 등장하는 '비포 앤 애프터'(before and after) 사진이다. 왼쪽 사진의 사람은 어둡고 의기소침해 보인다. 하지만 오른쪽 사진은 왼쪽과 동일 인물이 맞나 싶을 정도로 전혀 다르다. 당신은 어느 쪽 사람이 되고 싶은가? '애프터'일 것이다. 이것이 바로 광고 전략이다.

하나님이 우리에게 제안하시는 것도 이와 같다. 하지만 광고처럼 속임수를 쓰지 않는다. 하나님의 방법을 통한 변화는 성공이 100퍼센트 보장된다. 그뿐만이 아니다. 신용카드를 꺼낼 필요도 없다. 이미 그분이 지불을 완료했기 때문이다.

이처럼 하나님과 성경의 저자들은 강렬한 '비포 앤 애프터' 사진을 제시한다.

그리스도인의 비포(before):
새로운 육신 안에 있는 '과거의 사람'

이 책을 읽는 동안 한 가지 명심해야 할 것은, 우리는 어린아이들처럼 모두 자기중심적이라는 것이다. 지구상에 사는 우리는 모두 길 잃은 사람들이며, 세상과 다른 사람들의 인정을 받고자 노력하기에 급급하다. 하나님께서는 곤경에 처한 우리의 상황을 해결하기 위해 자신의 큰 사랑으로 뭔가를 하고자 작정하셨다. 우리의 본질을 근본적으로 바꾸기 위해서 말이다. 하나님께서는 우리 마음에 이식할 기회를 주신다. "너희 육신에서 굳은 마음을 제거하고 부드러운 마음을 줄 것이며"(겔 36:26). 마땅히 그래야 하는 것이지만 우리는 새로운 마음으로 우리의 필요를 채우기 위해 하나님을 바라보기 시작한다.

하나님은 당신의 문제를 사랑의 예수님 안에서 해결하셨다. 우리가 처해 있는 모든 곤경에서 벗어날 수 있는 해결책은 그분께 있다. 우리가 그분을 우리의 해결책으로 삼기 위해서는 예수님이 어떻게 우리의 문제를 풀어 주시는지 반드시 이해해야 한다. 이것은 그분의 명령이다.

이 장에서는 먼저 하나님의 해결책의 한 단계로서 우리에게 왜 구원이 필요한지를 생각해 볼 것이다. 나는 당신이 아무리 인간의 타락에 대해서 충분히 이해하고 있다고 하더라도 이 장을 자세히 읽기를 강력히 요구한다.

🌿 인간의 모델

성경적인 인간의 모델을 만들어 보자. 우리는 하나님께서 가장 복잡하고 정교하게 만드신 피조물을 2차원의 도면을 통해서 모두 설명할 수가 없다. 그러나 우리가 대화의 도구로 그림을 사용한다면 하나님의 말씀을 이해하는 데 많은 도움을 얻을 수 있다. 하나님께서는 빌 길햄(Bill Gillham) 목사를 통해 그림을 사용하도록 나를 도와주셨다. 그의 통찰력과 도움에 깊이 감사할 따름이다. 나는 그의 기본적인 생각들을 내 것으로 취하고 덧붙여 수정하였다.

물론 인간 개개인은 하나의 총체적인 존재다. 그러나 또한 성경은 사람이 세 부분으로 구성되어 있다고 말하는데, 바로 영(spirit), 혼(soul), 육(body)이다(〈그림 3-1〉, 살전 5:23 참조).

〈그림 3-1〉

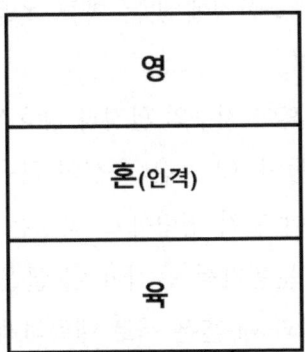

인격

전형적인 그리스도인에게 '혼'이 뭐냐고 물으면 대부분 당혹해하면서 "잘 모르겠는데요"라고 말할 것이다. '피어오르는 연기와 같은 것…'이라고 할 수 있을까? '혼'이라는 단어와 '심리학'이라는 단어는 모두 '인격'이라는 뜻의 같은 어원에서 나왔다. 따라서 혼이라는 단어는 지(mind), 정(emotion), 의(will)로 구성된 당신의 독특한 인격(개성)을 의미한다.

몸, 지구상의 옷

당신의 육신은 당신의 영과 혼이 거하는 지구상의 서식처다. 고린도후서 5장 1절부터 8절에서는 이것을 '장막'이라고 표현한다. 작가 러벳(C.S. Lovett)은 '지구상의 옷'(earthsuit)이라고 자주 표현했다.[1] 정말 이것은 지구상의 옷이다. 하나님은 이 지구상의 옷인 육신이 목성에서 살도록 하지 않으셨다. 당신은 이 육신을 목성으로 가져갈 수도 있겠지만, 만약 그 환경에 맞는 다른 옷을 준비하지 않는다면 아마도 죽게 될 것이다.

육신은 단순히 내 혼이 지구의 환경과 상호작용하도록 하는 매개체다. 이 글을 쓰는 동안, 내 혼은 육신의 근육에게 컴퓨터의 어떤 키를 어떤 손으로 쳐야 할지 명령하고, 육신은 최선을 다해 복종한다. 당신은 육신에게 눈동자를 움직여 이 글을 읽으라고 명령하고, 그럼으로써 당신의 혼과 내 혼은 서로 대화하게 된다.

만일 우리가 말하는 동안 내 육신이 떨어져 죽는다면 당신은 즉시 119에 전화해서 지금 한 사람이 죽는 것을 목격했다고 신고할 것이다. 이것은 인간의 관점이지 하나님의 관점은 아니다. 인간의 관점에서 보면 내 육신은 죽은 것이다. 그러나 동시에 나는 아직 살아 있고 잘 지내며 예수님과 함께 공중에 거하고 있을 것이다.

지구상의 옷, 즉 육신은 좋은 것이다. 악한 것이 아니다. 그러나 사탄의 공격으로 쉽게 곤경에 빠질 수도 있는 연약한 것이다. 육신을 통해 경험할 수 있는 좋은 것들이 이 세상에는 많다. 내 육신이 배고플 때 맛있는 음식을 채워 주면 기분이 좋다. 성적인 매력을 느낄 때 성관계를 하면 기분이 좋아진다. 이 모든 것들은 좋은 것이다. 하나님은 육신을 만드셨고 이러한 것들을 즐기도록 하셨다. 그러나 이 모든 것들은 제작자(하나님)의 설명서에 따라 행해야 하지 그렇지 않으면 우리는 곤란을 겪게 된다.

⚘ 하나님께는 육신이 없다

성경은 하나님은 영이시며 인간은 그분의 형상과 모양을 따라 만들어졌다고 가르친다. 그러므로 우리는 영적인 존재다. 우리는 영을 지닌 육체적 피조물이 아니라, 육신을 지닌 영적 피조물이다. 하나님께는 육신이 없다. 그분에게는 이러한 것이 필요 없다. 그분은 우리가 거듭나면 우리의 육신(몸)을 통해서 사신다. 하나님은 지금 나와 함께 여기 거하신다. 그런데 하나님은 수년간 완전히 그분 자신만의 육신을 사용하신 적이 있다. 그분은 스스로 '예수, 하나님의 아들'이라고 부르셨다. 예수님은 하나님이시다. 성경은 말한다. "하나님께서 그리스도 안에 계시사 세상을 자기와 화목하게 하시며"(고후 5:19), "그는 보이지 아니하는 하나님의 형상이시요"(골 1:15), "나(예수)를 본 자는 아버지를 보았거늘"(요 14:9).

이 지구상에서 거하시는 동안, 예수님은 우리가 하나님 아버지와 문제를 해결할 수 있는 방법이 분명히 있다고 말씀하셨다. 요한복음 3장에 따르면, 첫째로 우리가 문자 그대로 '위로부터' 다시 태어나야 한다고 말씀하셨다. 니고데모는 "제가 다시 모태에 들어가야 한다는 말씀입니까?"라고 물었다. 그러자 예수님은 다음과 같이 말씀하셨다. "그것이 아니다. 니고데모야, 만일 그렇다면 너는 두 개의 육신을 갖게 된다는 말인데 육신이 두 개일 필요는 없다. 하나면 족하지. 그러나 너는 영적인 매개체를 가지고 있지 않다. 네 영은 하나님께 대해 죽어 있다. 너는 살아 있는 영을 가져야 하고, 그래야 우리 아버지와 그것을 매개로 하여 대화할 수 있단다." 성경은 "예배하는 자가 영과 진리로 예배할지니라"(요 4:24)라고 말한다.

예수 그리스도를 구세주로 모심으로써 위로부터 거듭날 때, 구원받은 자는 육신 이외에 그 자신을 표현할 수 있는 제2의 매개체를 갖게 되는 것이다. 그는 이제 육신을 통해 사람들과 교제할 수 있고 또 영을 통해 하나님과 교제할 수 있게 되었다.

구원받지 못한 사람은 육신은 살아 있지만 하나님께 대해서는 죽은 영을 지니고 있다. 성경은 '그가 자기의 죄로 죽었다'라고 말하고 있다(엡 2:1-10). 따라서 구원받지 못한 사람은 하나님께 대해 살아 있지 못하며, 예수 그리스도의 공급하심을 입어 영적으로 위로부터 거듭나지 않는 한 영원히 죽어 있을 것이다. 〈그림 3-2〉는 이것을 설명해 주고 있다.

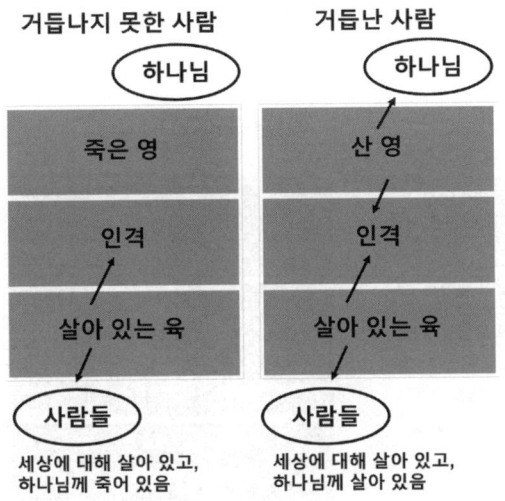

〈그림 3-2〉

두뇌는 컴퓨터다

대략적인 인간의 모델을 통해 우리는 혼을 지(mind), 정(emotion), 의(will)-당신의 사고(thinker), 감정(feeler), 그리고 선택(chooser)-이렇게 세 부분으로 나눌 수 있다. 자, 이제 이 모델에 두뇌를 첨가해 보자.

두뇌는 육신의 한 부분이 되어야 한다(〈그림 3-3〉 참조). 두뇌는 육신으로 만들어졌기 때문에 논리적으로 지성(mind)과는 같을 수가 없다. 당신의 육신이 죽을 때 이 두뇌는 지구상에 남아 있게 된다. 만일 당신의 지성이 두뇌와 같은 것이라면 당신의 죽은 육신과 같이 이 지구에 남아 있어야 할 것이다. 그러면 당신이 육체적으로 죽은 뒤에 당신은 절대로 다시 생각할 수 없어야 하는데, 성경은 그렇게 가르치고 있지 않다(눅 16:22-31). 그러므로 당신의 지성은 당신의 두뇌가 될 수 없다. 지성은 이 세상에서 두뇌를 사용하지만, 두뇌는 심장이나 간과 같이 하나의 고깃덩어리에 불과한 것이다.

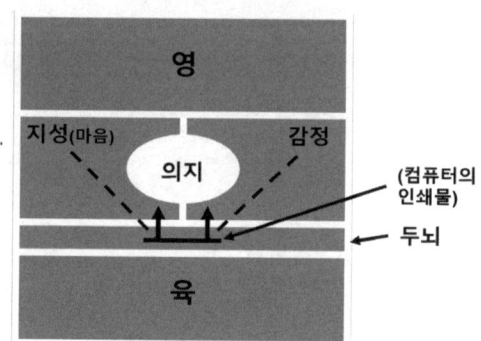

〈그림 3-3〉

지성과 감정은 두뇌에 담긴 인쇄물들을 분석하여(의미 설정) '높은 상사'인 의지에게 제안한다. 행위를 통제하는 의지는 전기 스위치와 같이 일하게 된다. 당신은 이것을 '하시오' 또는 '하지 마시오'라고 명령하게 되는 것이다.

두뇌는 컴퓨터와 같은 독특한 기능을 한다. 사람들이 컴퓨터를 기계적 두뇌라고 부르는 이유는 컴퓨터를 만들 때 인간의 두뇌 작용을 분석한 데서 발상이 떠올랐기 때문이다. 두뇌는 단순한 데이터 분석 기관이다. 눈과 귀와 같은 감각 지침 기관들을 통해 주위 환경으로부터 정보를 수집하고, 우리가 '의미'라고 부르는 구조에 따라 수집된 자료들을 조직한다. '인쇄물'이라는 단어는 컴퓨터 용어다.

두뇌는 한 시간에 5천 장 정도의 인쇄물을 출력하고 그것들을 잘 보관한다. 음란 잡지의 표지를 보고 나면 당신은 언제나 벗은 여인의 모습을 인쇄물로 출력하게 된다. 교회에서 가르치는 성경 말씀을 듣는 것에 귀를 기울이면 당신의 두뇌는 그러한 인쇄물을 만들어낸다. 무엇을 담든 간에 두뇌는 그것을 처리하고 생산한다.

당신이 대형 컴퓨터를 작동시키고 있다면 당신은 그 인쇄물의 유용성을 파악하기 위해 컴퓨터 분석가를 부를 것이고, 그는 분석을 바탕으로 하여 상사에게 제안한다. 그리고 상사는 제안을 근거로 하여 다음 단계를 결정하게 된다.

하나님은 인간을 이와 비슷하게 만드셨다. 당신의 지성과 감정은 당신의 컴퓨터 분석가다. 그들(지성과 감정)은 하루 종일 앉아서 텔레비전을 시청한다. 인쇄물이 나올 때마다 지성과 감정은 재빨리 그것을 분석하여 반응하고, 속히 높은 상사인 의지에게 제안한다. 의지는 전기 스위치와 같이 양극의 면을 가지고 있다. '하시오' 또는 '하지 마시오'만 있을 뿐 중간은 없다. '하시오'와 '하지 마시오', 둘 중 하나다.

의지는 아주 높은 상사다

그리스도인들에게는 지성과 감정의 제안을 거절할 수 있는 자유의지가 있다. 지성이 의지에게 "나는 하나님께서 왜 이 일이 내게 생기도록 하시는지 이해할 수가 없어"라고 말하면 의지는 다음과 같이 대답한다. "글쎄, 내가 이해하는 것에 상관없이 모든 것이 합하여 선을 이룬다는 것을 믿기로 선택했어. 왜냐하면 성경이 그렇게 말하고 있기 때문이야."

감정은 "나는 오늘 비서에게 점심을 같이 먹자고 말하려고 하는데 매우 흥분되는걸"이라고 말하면 의지가 대응한다. "그러면 안 돼. 나는 하나님의 뜻대로 하기로 선택했어!"

그리스도인들이여, 알겠는가? 우리는 하나님께 순종하도록 이끌릴 수 있다. 우리에게는 감정의 '제안'들을 다스리거나 저항할 수 있는 자유 의지가 있다. 요령은 어떻게 하느냐에 있는데, 이것에 대해서는 이 책 뒤에서 자세히 설명할 것이다.

그리스도 안에서 새로운 피조물이 되고 한참 후에 나는 놀라운 것을 발견했다. 그전에 나는 영생이란 내 인생의 계속적인 연장에 불과하다고 생각했다. 나는 1951년에 내 인생을 시작했다. 그리고 내가 그리스도를 구주로 영접하면 영원한 생명이 내 인생에 덧붙여지는 것이라고 생각했다. 그런데 그런 것이 아니었다. 하나님께서 왜 그분의 임재에서 분리되어 나만의 범주 안에서 스스로 주님의 역할을 해 온 내 인생을 영원히 연장하시겠는가? 그분의 계획은 내 과거의 삶을 마치게 하고 새로운 삶으로 바꾸는 것이었다. 그리고 그 삶은 바로 예수 그리스도라는 분이셨다.

"태초부터 있는 생명의 말씀에 관하여는 우리가 들은 바요 눈으로 본 바요 자세히 보고 우리의 손으로 만진 바라 이 생명이 나타내신 바 된지라 이 영원한 생명을 우리가 보았고 증언하여 너희에게 전하노니…"(요일 1:1-2). 요한은 그가 실제로 영원한 생명을 다루었고 보았다고 선언한다. 영생은 하나의 '개체'가 아니다. 영생은 예수님이시다. 그러므로 승리의 삶을 이끄는 결정적인 부분은, 영생이신 그리스도께서 그분의 의지를 행하기 위해 내 개인적 특성을 통해 어떻게 표현될 수 있는지를 이해하는 것이다.

사탄이 그리스도인의 지성을 통해 행하는 대부분의 것은, 이러한 것이 내 삶과 신분 자체를 없애 버릴 것이라는 설득을 통해 이루어진다. 우리가 예수님이 흐르는 수도관이 된다면, 우리는 모두 똑같은 존재가 되고 말 것이라는 속임수를 제거하자.

내 작업실에는 드릴, 톱, 분쇄기 등이 있는데, 이 세 개가 모두 다른 기능을 한다. 그러나 세 개의 연장은 모두 한 개의 에너지원으로 연결된다. 바로 전기 콘센트다. 전기는 그들의 '생명'이다. '생명'이 그들을 모두 똑같은 모습으로 만들지는 않는다. 사실 이것은 그들에게 그들의 독특한 정체성을 부여한다. '생명'이 흐르는 한 각각의 연장은 그들의 진정한 신분을 나타내게 된다. 각각의 개성과 존재 목적을 나타내는 것은 바로 생명이다. 그들이 신분을 잃게 되는 때는 바로 전기 플러그를 뺄 때다. 생명이 없으면 그들은 모두 똑같은 존재가 된다.

당신은 그리스도 안에서 당신을 통해 그분의 생명을 표현하도록 특별하게 재창조되었다. 당신의 신분을 만들어 주고, 진실로 영원한 당신을 경험하게 하는 것이 바로 그분의 생명이다. 한번 생각해 보라. 당신과 온 우주의 하나님께서 동일한 육신 가운데서 함께 산다는 사실을.

✿ 시간을 초월한 존재

영원한 생명(그리스도)은 시간의 차원이 아니다. "만물이 그로 말미암아 지은 바 되었으니 지은 것이 하나도 그가 없이는 된 것이 없느니라"(요 1:3). 그리스도께서 모든 것을 창조하셨다. 그러므로 '자연적 현상'이란 것은 사실상 없다. 자연적 상태에서 존재하는 것처럼 보이는 것들이 있다면 그것은 그분이 이미 창조하신 것이다. 이것은 시간의 차원을 포함한다. 시간은 하나님에 의해 창조되었다. 그러므로 논리적으로 말하면, 그분은 시간의 차원에 머무실 수 없다. 만일 하나님이 시간에 제한을 받는다면 피조물이 창조주보다 우월하게 되는 것이다. 그분은 시간을 초월하는 존재다. 그리고 우리의 제한된 실존에서 보는 시간의 차원이 사실 그분의 인식에서는 현재 시제다.

당신의 인생 여정이 길거리로 비교된다고 가정해 보라. 당신의 인생에서 겪는 각각의 사건은 길거리에 자리 잡고 있는 각각의 상점 건물을 상징한다(《그림 3-4》 참조).

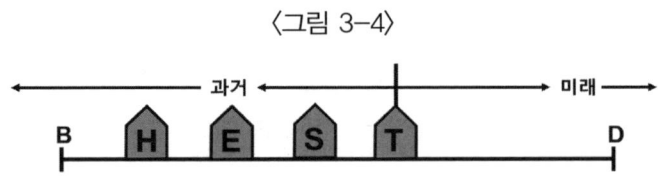

〈그림 3-4〉

B는 당신의 육체적 출생을 의미하고, H는 첫머리 손질, E는 초등학교 입학, S는 당신이 예수 그리스도를 구세주로 모신 날, T는 지금 현재 시각, 그리고 D는 당신의 육체적 죽음을 의미한다. T를 기점으로 왼쪽은 과거가 되고, T는 현재, 그리고 오른쪽은 미래가 된다. 이 모든 것은 당신이 시간에 제한된 존재이기 때문에 일어나게 된다. 그러나 하나님은 이 길거리 위를 헬리콥터로 배회하시는 분과 같다. 그분은 시간의 차원을 초월하셨기 때문에 모든 길거리를 한눈에 볼 수 있으시다(《그림 3-5》 참조).

하나님은 전지전능하시다. 이것은 그분의 성품 중 하나다. 그렇다고 이로 인해 우리가 선택권 없이 움직이는 로봇과 같다는 것은 아니다. 오히려 정반대로 당신은 이 장을 모두 읽기 전에 50가지를 스스로 선택할 수 있는 자유로운 도덕적 개체다. 그러나 모든 것을 아시는 하나님은 당신의 선택을 의미하는 50개의 가게 건물들을 마치 현재 시간의 실제처럼 한눈에 보실 수 있다. 시편 139편을 읽어 보라. 당신의 생각들이 형성되기도 전에 그것들을 아신다고 쓰여 있다. 지금 나는 이것을 다 이해할 수가 없다. 그 누구도 이것을 이해할 수 없을 것이다. 그저 그분의 길이 우리보다 높다는 하나님의 말씀을 받아들여야 한다. 모든 것이 현재 시제인 하나님께 시간은 무의미하다.

하나님은 시간적 존재가 아니므로 영원한 미래를 보실 수 있다. 이것이 요한에게 계시록을 쓰게 하신 경위다. 또한 하나님은 영원한 과거도 보실 수 있는 분이다. 만일 그렇지 않다면 우리와 같이 시간에 제한된 존재에 불과할 것이다.

사탄(뱀)의 공격

자, 이제 최초의 사람인 아담을 등장시켜 보자. 그는 많은 자손을 낳았으며 그중 하나가 당신이다. 그러나 만일 당신의 할아버지께서 할머니가 임신하기도 전에 돌아가셨다면 어떻게 되었을까?(〈그림 3-5〉 참조)

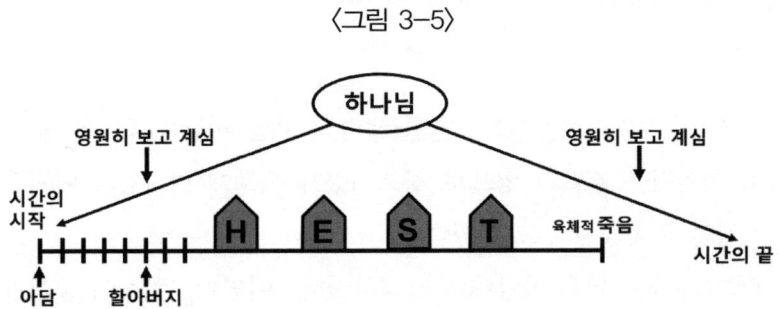

〈그림 3-5〉

당신은 그의 유전자 총체 안에서 죽은 것이고 지구상에는 나타날 수 없었을 것이다. 그러나 분명히 이런 일은 일어나지 않았다. 로마서 5장 12절은 이러한 일이 아담 안에서 당신에게 어떤 식으로든지 일어났다고 말하고 있다. 어찌 됐든지 첫 사람이 죽었을 때 모든 사람이 죽었다. 내가 태어나기 전에 어떻게 어떤 부분이 죽었는가? 에덴동산의 장면으로 가 보자. 당신도 아담의 허리 안에 같이 있었다(〈그림 3-6〉 참조).

〈그림 3-6〉

<아담의 결백한 영을 통한 아담과 하나님의 교제>

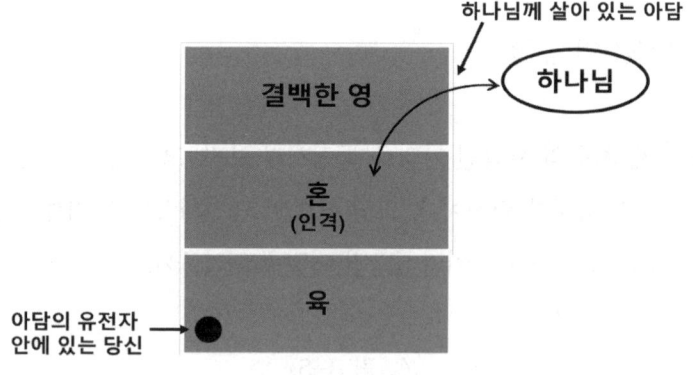

인간의 모델 그림을 다시 한번 생각해 보면, 아담이 하나님께 산 자로 여겨지는 결백한 영으로 창조되었기 때문에 하나님과 아담은 정기적인 교제를 이루고 있었다.

어느 날 하나님은 아담에게 말씀하셨다. "아담아, 너는 이 동산에서 한 가지를 빼고는 무엇이든지 할 수 있다. 너는 선악과를 먹어서는 안 된다." 잘 보라. 하나님은 아담에게 선택권을 주셨다. 아담은 무엇이 자신에게 옳고 그른 것인지를 선택하며 하나님이 자신의 하나님이 되시도록 할 수도 있었고, 아니면 자신의 독립선언문을 선포하고 자신만의 조그마한 왕국을 세워 '자신의 범주 안에서의 하나님'임을 선포할 수도 있다.[2] 아담은 자신이 옳다고 생각한 일과 그르다고 생각한 일들을 스스로 결정하게 되었다. 하나님의 의견이 필요하지 않았다.

그리고 하나님은 말씀하셨다. "네가 그 나무의 실과를 먹는 그날에 정녕 죽으리라." 잘 보라. 아담이 수백 년 후에 죽을 것이라고 말씀하시지 않았다. 바로 해 질 무렵에 죽을 것이라고 말씀하셨다.

이것이 하루를 마칠 무렵 육체적인 죽음이 있을 것이라는 말씀은 아니다. 만일 그랬다면 우리는 모두 아담 안에서 해 질 무렵 육체적으로 죽었을 것이고, 아무도 이 땅에 태어날 수 없었을 것이다. 그렇다면 아담과 하와의 '혼'이 죽었던 것일까? 그들의 인격과 개성이 죽었던 것인가? 아니다. 그렇다면 그들은 생각할 수도, 느낄 수도, 선택할 수도 없는 로봇이 되었을 것이다. 그러한 상황에서 그들은 '그들의 종류대로' 자손을 낳았을 것이고, 우리는 모두 오늘날 로봇이 되어 있어야 한다.

우리는 인간의 한 부분을 제외하고 다 살펴보았다. 제외된 부분이 바로 '영'이다. 그들은 영이 죽었던 것이다. 아담과 하와가 하나님께 산 자로 여겨지던 그 부분이 죽었던 것이다. 해가 지자 그들은 하나님과 더 이상 교제할 수 없었다(《그림 3-7》 참조). 그런 다음, 그들은 영적으로 죽은 자손들을 낳기 시작했다. 그 자손들의 자연적이고 정상적인 상태는 하나님께는 영적으로 죽어 있고, 본질적으로 그들

위에 있는 하나님의 권위에 대항하고 반발하며 '자기들의 삶을 살아갈 권리'를 주장하게 되었다. 그들은 자신들의 범주 안에서 첫 하나님이 되었던 것이다.

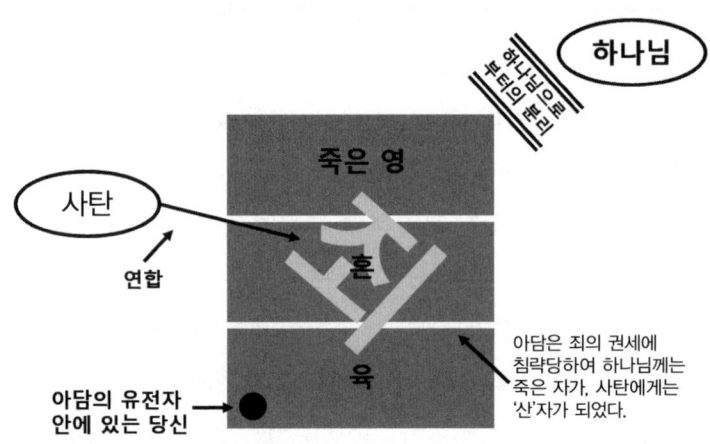

〈그림 3-7〉

✔ 죄

성경은 로마서 5장 12절을 통하여, 인간이 처음으로 하나님의 권위와 권리에 대항했을 때 세상에 '죄'라는 것이 들어왔다고 말한다. 로마서 5장에서 8장까지 거듭되는 언급을 볼 때, 이것은 한 번의 죄악된 행위가 아니라 인간의 경험 세계로 들어온 죄의 권세를 의미한다. 나는 무엇보다도 성경에서 말하는 죄의 의미를 정확히 아는 것이 중요하다고 생각한다. 그것은 "악이…함께 있는 것이로다"(롬 7:21), "한 다른 법이…내 지체 속에"(롬 7:23)와 같이 묘사되어 있다. '죄의 권세', '죄의 법', '죄의 원리' 혹은 단순히 '죄'와 같은 단어들은 모두 동의어라 할 수 있다. 로마서 7장을 간단하게 훑어보면 '죄'는 그리스도인들이 대항하여 싸우는 사탄의 힘으로 표현되고 있다. 이 싸움을 나중에 더 자세히 살펴보겠지만 지금 잠시 간단히 생각해 보도록 하겠다.

'죄'라는 단어는 맨 처음 창세기 4장 7절에 소개된다. 하나님은 살인을 생각하고 있는 가인에게 말씀하신다. "죄가 문에 엎드려 있느니라 죄가 너를 원하나 너는 죄를 다스릴지니라." 하나님은 죄라고 하는 이 권세를 인격화하여 말씀하신다. 책의 뒷부분에서 논의할 이 진리를 이해하는 것은 죄에 대항하는 당신의 싸움에서 반드시 필요한 역할을 담당할 것이다.

아담이 하나님의 권위에 대항하여 죄를 지었을 때, 그의 영이 죽음으로 인해 하나님께 생명 없는 자가 되었을 뿐 아니라 그의 영은 즉시 사탄과 함께하게 되었다. 아담의 죽은 영이 즉시 사탄의 영과 죄의 권세와 연합하게 된 것이다. 이 죄의 권세가 아담에게 들어가 그의 영과 혼과 육을 지배하게 되었다. 아담은 사탄의 영적 자식이 되어 사탄과 같이 반항하는 모습으로 태어나, 사탄에게 완전히 복종하는 인간의 모습으로 죽은 영이 되고 말았다(엡 2:1-2).

🦋 어쩌다가 이런 궁지에 몰리게 되었을까

이 세상에서 하나님의 통치를 저버린 결과로써 아담의 삶에 일어난 비극적인 변화와 재난을 간단하게 점검해 보자. 아담의 영은 하나님께 죽었을 뿐만 아니라 그의 혼과 육(몸)도 어느 정도씩 죽어 가고 있었다. 그가 죽어 가는 육신에서 쫓겨나기 전에 회개하지 않는다면, 그는 지옥에서 영원히 죽은 영으로, 또 사탄의 자식으로서 살아갈 것이다.

지성

성경은 하나님의 생명에서 떠나 있는 자는 베일에 가려진 어두운 지성을 가지고 있다고 설명한다(엡 4:17-18). 이 말은 그가 하나님의 일들을 이해할 수 없다는 뜻이다. 그에게는 영적인 이해력이 없기 때문에 영적인 각성과 분별력을 갖게 해주는 성경이 무의미할 뿐이다. 그가 성경을 연구하여 박사학위를 받는다 하더라도 여전히 영적인 진리와는 아무런 상관이 없다.

의지

그는 또한 반항적인 의지를 가지고 있다. 그는 하나님의 권위에 복종하지 않고, 절대복종할 수도 없다. 그는 하나님의 방법에 분노하고 그것을 부담으로 느낀다. 그는 하나님을 권위주의 정당의 총재로 본다. 그의 주제가는 "나는 내 길을 걸어왔다"(I Did It My Way)이다. 그는 오늘날 '나 중심의 세대'에 완벽하게 어울린다. 그는 그 자신의 하나님이다. 그는 자신만의 왕국 통치권을 주장한다.

감정

아담과 같은 사람의 감정은 세상의 정서를 따라간다. 그는 세상과 세상의 체제, 그리고 그것이 구성된 방식을 사랑한다. 그는 자신의 필요를 충족시키기 위해 살고, 기분 좋기 위해 산다. 그는 하나님으로부터 분리된 삶을 산다. 또 이 세상에서 영원히 스물한 살의 나이로 살기를 원한다.

육신

아담의 육신은 죽어 가고 있었다. 땅의 먼지로 돌아가고 있었던 것이다. 보증 기간의 만료는 시간문제였다. 이것이 아담이 타락한 결과였다. 그의 자손들도 같은 운명에 처해 있다.

☙ 어린아이들은 잃은 바 되지 않았다

"첫 사람 아담은 생령이 되었다 함과 같이 마지막 아담은 살려 주는 영이 되었나니"(고전 15:45). 첫 사람 안에서 받은 유산으로 말미암아 당신은 죄를 짓기 시작했다(롬 5:12). 당신의 행위를 보면 당신은 태어날 때부터 스스로 삶의 왕초 노릇을 하고 있다는 것을 알 수 있다. 그런데도 하나님은, 어린아이들은 이런 조건에서 면제된다는 것을 분명히 말씀하셨다.[3]

마태복음 18장 10절에서 예수님은 그들에 대해 이렇게 말씀하셨다. "삼가 이 작은 자 중의 하나도 업신여기지 말라 너희에게 말하노니 그들의 천사들이 하늘에서 하늘에 계신 내 아버지의 얼굴을 항상 뵈옵느니라." 예수님은 또한 이 말씀 도중에 이런 어린아이들도 죄

가운데 이끌려 갈 수 있음을 지적하셨다. "누구든지 나를 믿는 이 작은 자 중 하나를 실족하게 하면 차라리 연자 맷돌이 그 목에 달려서 깊은 바다에 빠뜨려지는 것이 나으니라"(마 18:6). 그러므로 어린아이는 분명히 책임질 수 있을 정도까지 성숙해진 다음에 가서야 '잃어버린 자'(lost folks)가 된다. 잃어버린 바 되었다는 말은 '내가 이전에 그것을 소유한 적이 있었는데 지금은 가지고 있지 않음'을 의미한다.

그다음에 예수님은 잃어버린 양의 비유를 말씀하신다. 잃어버린 바 되었지만 예수님을 믿음으로 구원받을 수 있는 사람을 사랑의 눈으로 찾아다니시는 성령님의 모습이다.

다윗과 밧세바는 불륜을 통해서 아이를 낳았다. 하나님은 이 아이를 거둬 가겠다고 말씀하셨다. 다윗은 통곡하며 금식하였고 여러 날 동안 기도했다. 그러나 결국 아이는 죽었다. 다윗의 신하들은 다윗이 혹시 자해라도 하지 않을까 두려워 그에게 이 사실을 말하기 꺼렸다. 다윗은 그들이 귓속말로 수군대는 것을 듣게 되었다. 그는 아이의 상태에 대해 보고하라고 명령했다. 신하들이 아이가 이 세상을 떠났다고 말했을 때, 다윗은 몸을 씻고 옷을 갈아입고는 음식을 내오라고 했다. 그들은 깜짝 놀라 혹시 다윗이 어떻게 되지 않을까 두려웠다고 말했다.

다윗은 이것에 대해 이렇게 설명했다.

"아이가 살았을 때 내가 금식하고 운 것은 혹시 여호와께서 나를 불쌍히 여기사 아이를 살려 주실는지 누가 알까 생각함이거니와 지금은 죽었으니 내가 어찌 금식하랴 내가 다시 돌아오게 할 수 있느냐 나는 그에게로 가려니와 그는 내게로 돌아오지 아니하리라"(삼하 12:22-23). 다윗은 지금 어디로 갔는가? 천국으로 갔다. 아이는 어디 있는가? 다윗이

간 곳에 있다. 하나님은 어린아이들을 죄 없는 자로 인정하신다.

나는 이 말씀을 깨달으면서 예수님께서 태어나실 때 헤롯에 의해 무참히 죽임을 당한 어린아이들의 구원 문제를 해결할 수 있었다. 그리고 내가 부목사로 사역할 때 병원에서 신생아를 잃은 부모들과 가족들을 위로할 수 있었다.

죄의 본성

'죄성'(sinful nature)이란 무엇인가? 이것은 첫째로 비록 몇몇의 성경 번역(예를 들면, NIV 성경은 로마서 5장에서 8장까지 이 단어를 쓰고 있는데, 헬라어의 '육체'(flesh)라는 단어를 잘못 번역한 것으로 생각된다)이 이 말을 사용하고 있지만, 신약의 헬라어 원문을 보면 성경적인 용어가 될 수 없다. 신학자들이 인간의 상황을 잘 묘사하기 위해 이 단어를 만들어냈다는 것은 의심할 여지가 없다. 이 상황이란 하나님께 죽은 자, 죽은 영과 함께 있는 사람을 말한다. 동의어로는 '옛 본성', '아담의 본성', '옛 사람', '옛 자아', '갱생하지 않은 본성', '낮은 본성', '자연인', '죄인' 또한 '아담 안에서' 등이 있다.

죄라는 단어에는 여러 가지 정의가 있는데 그중 하나가 '하나님께 대항하여 반항하는 것'이다. '본성'(nature)이라는 단어는 어떤 것의 '자연적인 특성'을 의미한다. 새들에게는 날아다니는 본성이 있다. 진흙탕에서 뒹구는 것은 돼지의 본성이다. 이것은 본능적인 것이기 때문에 아무도 그에게 이것을 가르칠 필요가 없다.

그러므로 '죄성'이라는 단어는 단순히 하나님의 권위에 대항하여 반발하는 자연적인 성향, 곧 하나님은 내 인생에서 불필요하다고 여기며 나는 그분을 내 하나님으로 인정하기를 거부한다는 것이다. "내가 나의 하나님이다. 나는 내 방식대로 한다. 나는 내 범주 안에서 주님이다"라는 것이다.

예를 들면, 나는 내 성적 만족을 즐겨야 하기 때문에 이를 위해 동성연애를 통해서 내 욕구를 충족시킬지 모른다. 그러나 하나님은 사람을 절대로 그렇게 만들지 않으셨다. 이것은 과거의 육적인 삶의 특성이 반영된 것에 불과하다. 이 책에 있는 진리들은 이러한 것을 극복하기 위한 열쇠를 가지고 있다.

반드시 기억해야 할 한 가지 매우 중요한 것이 있다. 우리는 사람의 행위를 보고 그것을 근거로 그의 본성을 이해하려고 하면 안 된다는 것이다. 난다는 사실이 새를 새로 만드는 것이 아니다. 새를 새로 만드는 것은 바로 그 새의 출생이다. 마찬가지로 어떤 사람이 간음했다고 해서 그의 영이 죽었다고 볼 수는 없다. 반드시 하나님의 말씀을 근거로 삼아 판단해야 하는데, 성경은 그러한 판단을 사람의 출생에 근거할 뿐 행위에 근거하지 않는다. 만일 어떤 사람이 아직도 첫 출생에 의해 아담의 계보 안에서 사탄의 자식으로만 머물러 있다면 그는 하나님께 죽은 영을 가지고 있는 것이다. 그러나 그 사람이 두 번째 아담인 예수님에 의해 두 번째 출생인 영적 거듭남을 통해 하나님의 영적 자식이 되었다면, 그는 살아 있는 영을 가지고 있는 것이다. 어느 쪽이든 문제는 출생이지 행위가 아니다. 성경에 의하면 이 출생이 신분(정체성)을 결정한다(엡 2:4-6 참조).

지금까지 우리는 우리의 기본적 본성과 죄와 관련된 중대한 문제를 다루었다. 다음으로는 하나님이 우리를 곤경에서 구하기 위해 마련해 놓으신 방법에 대해 고찰하기로 하자.

그리스도인의 애프터(after):
과거의 육신 안에 있는 '새로운 사람'

오래전에 본 외국 영화가 생각난다. 한 젊은 은행원이 절망에 빠져 자살을 결심한다. 영화는 죽는 장면을 통해 천사가 나타나 그가 세상을 떠나면 어떤 일들이 벌어지게 되는지를 보여 준다.

어떤 의미에서 사람들의 인생은 대부분 이 영화 주인공의 모습과 비슷하다. 육체적으로는 숨을 쉬며 살고 있지만, 그들에게 절대적으로 필요한 영은 죽어 있다. 아담의 선택 때문에 이미 우리는 세상에 태어날 때 모두 영적으로 죽어 있다. 당신은 그리스도인이 아니었다면 영적으로 사산아다. 당신은 죽은 모습으로 태어났다.

그러나 예수 그리스도를 믿는 우리는 새 영과 우리 안에 거하시는 하나님의 영으로 '과거의 육신(몸) 안에 있는 새로운 사람'으로 다시 태어났다.

❦ 그리스도가 내 안에, 내가 그리스도 안에

구원은 동전의 양면과 같다. 한 면은 믿는 자에게 오시는 예수님을 상징하고, 다른 한 면은 예수님에게 오는 믿는 자의 모습을 상징한다. 그분이 내 안에, 내가 그분 안에 있는 것이다. 이것은 하나의 꾸러미로 묶여 있는 것으로, 당신은 둘 중에 하나만 가질 수는 없다.

나는 예수 그리스도를 통한 '온전한 복음의 진리와 은혜의 삶'을 깨닫고 공부하면서, 신약에서 예수님이 믿는 자 안에 거하신다는 구절마다, 믿는 자가 예수님 안에 거한다는 구절을 열 개씩 찾아낼 수 있었다. 10대 1이다! 최근까지도 나는 '그리스도 안에'라는 말이 무엇을 의미하는지 설명해 주는 메시지를 거의 들어 보지 못했다.

나는 그리스도와의 관계에서 어떻게 해야 그리스도께서 우리에게 오셔서 우리를 구원하실 수 있는지에 대한 설교를 수천 번 들었다. 그 메시지들로 인해 하나님을 찬양한다. 그러나 다른 면으로 볼 때, 만일 성경이 다른 면의 구절을 10대 1의 비율로 다루고 있다면 많은 그리스도인이 상대적으로 낮은 비율로 이 말씀을 공급받고 있다는 사실을 깨달을 수 있다. 이처럼 불균형적인 비율로 구성된 구원의 메시지는 교회의 성숙을 불러일으키기에 역부족이다. 하나님은 히브리서 6장 1-2절을 통해 이것을 명백하게 말씀하셨다. "그러므로 우리가 그리스도의 도의 초보를 버리고 죽은 행실을 회개함과 하나님께 대한 신앙과 세례들과 안수와 죽은 자의 부활과 영원한 심판에 관한 교훈의 터를 다시 닦지 말고 완전한 데로 나아갈지니라."

요한복음 3장 16절이 하나님의 승리를 위한 계획을 설명하는 것은 아니다. 그리스도인들이 이 구절만 섭취하고 산다면 영양실조에 걸릴 것이다. 동전의 다른 한 면이 무엇을 의미하는지를 충분히 이해할 필요가 있다. 하나님께서는 모든 그리스도인이 '그리스도 안에 있다'라는 진리를 이해하며, 그 안에서 살기를 원하신다. 이런 것이 바로 성도가 되는 것이다.

🕊 동전의 다른 한 면, 그리스도 안에

믿는 자가 그리스도 안에 거한다고 말하는 몇몇 성경 구절들을 생각해 보라. 성경은 하나님께서 그리스도 안에서 당신을 위해 무엇을 성취하셨다고 말하는가? 하나님으로부터의 격리를 어떻게 해결하였는가? 에베소서 1장 4절을 생각해 보자. "(하나님께서) 곧 창세 전에 그리스도 안에서 우리를 택하사…." 하나님께서는 이 세상이 형성되기 전에 당신을 사랑스럽고 결백한 예수님 안에 자리 잡게 하셨다. 이것은 당신에게 선택의 자유가 없다는 것을 의미하는 것이 아니다. 하나님께서 시간이 시작되기 전에 이미 문제를 보셨다는 것이다. 하나님은 당신이 느끼기도 전에 당신의 필요를 보셨다.

그리스도께서 당신의 문제를 해결하기 위해 이 세상에 오셨을 때 그분 안에 있었던 당신을 생각해 보라. 하나님은 당신을 그분 안에 자리 잡게 하셨다. 결국 예수님은 십자가를 지셨다. 당신은 그때 어디에 있었는가? 그분 안에 있었다. 사랑스럽고 결백하신 예수님의 목숨이 다했을 때 당신도 함께 못 박혀 죽었다. 차이점이라면 당신이 그 벌을 받는 것은 마땅하지만 주님은 그렇지 않다는 것이다. 그런데 그때는 당신의 육신이 죽은 것이 아니다. 신체적인 당신이 아닌 영적인 당신이 죽은 것이다(《그림 3-8》 참조).

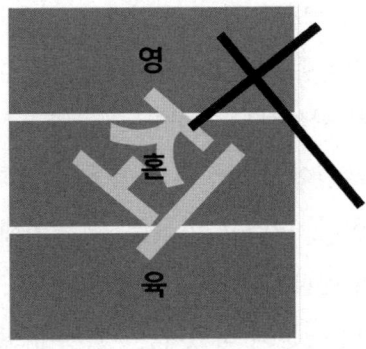

〈그림 3-8〉

자신의 영역 안에서 주님 행세를 하며 반항하고 영적으로 하나님께 죽은, 그래서 사탄의 영적 자식이 된 당신이 그와 함께 십자가에 못 박힌 것이다. "내가 그리스도와 함께 십자가에 못 박혔나니"(갈 2:20)라고 사도 바울은 말한다. 로마서 6장 6절은 이렇게 말한다. "우리가 알거니와 우리의 옛사람이 예수와 함께 십자가에 못 박힌 것은…." 로마서 6장과 7장 그리고 성경의 다른 여러 부분에서 하나님의 말씀은 그리스도께서 죽으셨을 때 '모든 믿는 자들이 함께 죽었다'라고 선언한다. 헬라어 상의 시제는 모두 과거다. 당신과 나는 그리스도 안에서 처형 당했다. 하나님은 자신의 거룩한 존전에서 용납할 수 없는, 당신에게 있는 모든 것을 처형하셨고, 예수님과 함께 당신을 묻으셨다(롬 6:4; 골 2:12). 이것이 물세례에 관한 모든 것이다. 물세례는 당신의 죽음과 그리스도 안에서 다시 태어남을 상징하는 무언극이다.

사랑하는 그리스도인들이여, 성경은 명료하게 위에서 인용한 구절들을 통해 선포한다. 그리스도인들은 갈보리에서 예수님과 함께 두 강도가 죽었다고 믿는다. 그러나 성경은 두 강도의 죽음보다 십자가에서 당신의 죽음에 관해 더 많이 이야기하고 있다. 왜 당신이 십자가 상에서 그리스도와 함께 죽었다는 것을 믿지 않는가? 내가 생각하기에는, 당신의 종교적이고 인위적인 전통이 이를 받아들이지 않기 때문에 믿기를 거부하는 것이다.

당신은 그리스도 안에서 당신의 죽음을 설명하는 성경 구절들을 반드시 이해해야 한다. 그리고 이 질문을 처리해야만 한다. '무엇이 죽었는가?' 나는 이 문제의 해답을 얻었다. 바로 죽은 것은 나의 옛 자아였다. 내 과거의 신분이 죽었다는 것을 내 삶에 적용하였다. 내가 이것을 이해하고 적용하였을 때, 나는 즉시 평생 요동치지 않는 승리를 경험하기 시작했다.

만일 당신이 "최 목사, 그게 아닙니다. 나는 당신이 뭘 말하려고 하는지 잘 압니다. 그러나 옛 자아는 사실상 죽지 않았습니다"라고 말한다면 당신은 이 질문에 답해야 한다. "그러면 무엇이 죽었습니까?" 그리스도 안에서 당신의 죽음을 설명하는 많은 성경 구절들을 안 보이는 구석으로 감춘다고 해서, 당신 자신과 하나님께 지적으로 결백할 수는 없다.

이 진리는 사도 바울의 저서들에 고루 나와 있다. 당신은 하나님 앞에서 이 진리를 이해해야 한다. 무엇이 죽었는가? 죽은 것은 하나님의 거룩한 임재 안에서 그분이 참으실 수 없는 '당신의' 옛 모습이다. 당신의 옛 모습과 과거의 영적 신분은 처형되었고, 그 대신 사랑스럽고 경건한 새사람으로 바뀌었다(새 신분). 구원받은 당신에게 새로운 현재와 미래뿐 아니라 새로운 과거도 주어진 것이다. 당신의 영적인 뿌리는 이제 과거의 죄성을 가진 아담에게 있지 않고 새 생명을 주는 그리스도께 있다.

❦ 당신의 죄를 위한 그리스도의 피, 당신의 신분 변화를 위한 그리스도의 몸, 당신의 생명 변화를 위한 그리스도의 영

거듭난 모든 그리스도인들은 하나님께서 그들의 죄를 지은 행위의 문제를 예수 그리스도께서 흘린 보혈로 해결하셨다는 것을 안다. "…피 흘림이 없은즉 사함이 없느니라"(히 9:22). 그러나 대부분의 그리스도인들이 아직 깨닫지 못하는 것은, 하나님이 십자가에서 그리스도의 몸을 통해 당신의 옛사람 문제를 해결하셨다는 것이다. "이 뜻을 따라 예수 그리스도의 몸을 단번에 드리심으로 말미암아 우리가 거룩함을 얻었노라"(히 10:10).

이 말은 용서의 차원에 머무는 것이 아니다. 그리스도의 몸을 통해 당신은 신분 변화를 체험했다. 죄인에서 성도로 변화되었다. 다시 말하면, 그리스도 안에서 새로운 피조물이 된 우리는 그분의 피가 아니라 그분의 몸을 통해 하나님 앞에서 정결하고 거룩하게 되었다는 것이다(사 53:5의 의미).

마지막으로 그리스도의 영, 즉 성령을 통해 당신은 과거 아담의 생명과 그리스도의 생명을 교환하게 되었다. 내주하시는 그분의 영으로 인해 주님은 당신을 통해 자신을 표현하고 당신과 교제하기를 원하신다. 그리스도의 피, 그리스도의 몸, 그리고 그리스도의 영, 이 세 가지는 당신이 세상과 육체적인 삶, 그리고 사탄을 이기기 위해 필요한 것이다.

그리스도의 피와 몸은 둘 다 매우 중요하다. 예수님은 왜 최후의 만찬에서 포도주와 떡을 모두 말씀하셨는가? 우리가 성찬에 참여할 때 교회에서 듣게 되는 대부분의 메시지는 죄 사함에 관한 것이다. 그러나 이것은 단지 전체 예식의 반쪽만을 지키는 것이다.

두 번째 요소인 떡은, 과거 사탄의 자식이었으며 자기중심적이었고 옛사람의 죄성을 지닌 우리를 십자가에 못 박으신 그리스도의 몸을 상징한다. 그런 다음 당신은 부활하신 예수님 안에서 새로운 피조물로 재창조되었다. 에베소서 2장 10절은 "우리는 그가 만드시는 바라 그리스도 예수 안에서…지으심을 받은 자니…"라고 말하고 있다. 모태에서 창조된 영적인 인간을 의미하는 것이 아니라 그리스도 안에서 창조된 새로운 당신을 의미한다. 이것이 당신의 진정한 신분이다(의인, 성도, 하나님의 자녀, 왕 같은 제사장).

떡은 우리가 주님의 몸과 함께 죽은 것을 통하여 우리의 과거 신분이 소멸된 것과, 예수님의 부활과 함께 하나님의 의지를 갈망하는 완전히 새로운 사람으로 대체된 것을 기념하는 것이다.

"그런즉 누구든지 그리스도 안에 있으면 새로운 피조물(현재)이라 이전 것은 지나갔으니(과거) 보라 새것이 되었도다(현재)"(고후 5:17).

그리스도 안에 있는 나의 진정한 신분

하나님이 자기와 영원히 살도록 창조하신 새로운 영의 사람을 '원문'에서는 어떻게 표현하고 있는지 성경적으로 살펴보자. 그는 어떤 본성을 갖고 있는가? 이를 위해 우리는 '그리스도 안에서', '그분 안에서' 등과 같은 표현이 있는 성경 구절을 찾아보면 된다. 우리는 그 구절들의 시제를 잘 살펴서 미래에 관련된 본성을 의미하는지, 또는 현재 오늘의 실재를 의미하는지 알아볼 필요가 있다. 이것이 우리의 진정한 신분을 보여 줄 것이다.

- 당신은 이미 의롭게 되고 구속되었다(롬 3:24).
- 당신의 옛 자아는 (십자가에 못 박혔다) 죽었다(롬 6:6).
- 당신은 정죄 받지 않고 미래에도 정죄를 받지 않는다(롬 8:1).
- 당신은 죄와 사망의 법에서 자유롭다(롬 8:2).
- 우리는 하나님께 받아들여졌다(롬 15:7).
- 당신은 거룩하게 되었다(고전 1:2).

- 당신은 지혜, 의로움, 거룩함, 구속함을 지니고 있다(고전 1:30).
- 당신은 언제나 그분의 승리로 이끌린다(고후 2:14).
- 당신의 완고한 마음은 제거되었다(고후 3:14).
- 당신은 새로운 피조물이다(비록 내가 그것을 항상 느끼거나 그렇게 행동하는 것은 아니지만)(고후 5:17).
- 당신은 하나님의 의다(당신은 더 이상 의로워질 수 없다)(고후 5:21).
- 당신은 자유롭게 되었다(갈 2:4).
- 당신은 모든 믿는 자들과 하나로 연합하게 되었다(갈 3:28).
- 당신은 아들이며 그 유업을 이을 자다(갈 4:7).
- 당신은 하늘에 속한 모든 신령한 복을 받고 있다(엡 1:3).
- 당신은 택함 받았고 거룩하며 하나님 앞에서 흠이 없다(엡 1:4).
- 당신은 구속되었고 죄 사함을 받았다(엡 1:7).
- 당신은 기업이 되었다(엡 1:10-11).
- 당신은 성령의 인 치심을 받았다(엡 1:13).
- 당신은 산 자다(전에는 죽은 영이었다)(엡 2:5).
- 당신은 이미 하늘에 앉아 있다(엡 2:6).
- 당신은 선한 일을 위해 지음 받았다(나는 이것을 위해 그리스도께서 나를 통해 사시도록 하면 된다)(엡 2:10).
- 당신은 하나님께 가까워졌다(엡 2:13).
- 당신은 약속에 참여하는 자가 되었다(엡 3:6).
- 당신은 담대함과 하나님께 당당히 나아감을 얻었다(엡 3:12).
- 당신은 예전에 어두움이었으나 이제는 빛이다(엡 5:8).

- 당신은 예수님의 지체다(다른 사람에게 절대 열등하지 않은)(엡 5:30).
- 당신의 마음과 생각은 하나님의 평강으로 보호받고 있다(평강은 느끼는 것이 아니라 뭔가를 아는 것이다)(빌 4:7).
- 당신의 모든 필요(욕망이 아니라)는 채워졌다(빌 4:19).
- 당신은 충만해졌다(골 2:10).
- 당신은 다시 살리심을 받았다(골 3:1).
- 당신의 생명은 그리스도와 함께 하나님 안에서 감추어졌다(골 3:3).

이것이 하나님께서 그리스도 안에서 일으키신 사람의 모습이다. 당신은 경멸받을 존재가 아니라 본질상 영광스러운 존재다. 새로운 본성의 사람인 당신은 특별한 존재다. 예수님이 요한복음 1장 12절에서 말씀하셨듯이, 또 갈라디아서 3장 26절과 같이 수많은 성경 구절을 통해 알 수 있듯이 당신은 하나님의 자녀인 것이다. 그리고 이제 주님은 당신의 생명이다. 만일 당신이 주님과 협조한다면 그분은 이 세상에서 육신을 입고 사셨을 때와 같은 삶을 당신을 통해 똑같이 사실 것이다. 이것은 당신의 필요를 채우기 위해 끊임없이 애쓰는 삶이 아닌, 아가페 사랑의 초자연적 삶을 의미한다. 예수 그리스도께서는 하늘 아버지께서 자신에게 하셨듯이 당신을 통해 상처받은 세상에 사랑과 소망을 주는 삶을 살기 원하신다. 이 삶은 당신 자신에게서 시작된다.

🕊 은혜로 구원받은 죄인인가, 아니면 죄를 짓는(죄를 지을 여지가 있는) 성도(의인)인가

나는 본성을 결정하는 것은 출생이지 행위가 아니라고 지적했다. 죄인에 관한 인간적 정의는 행위에 근거한 것이다. 어떤 사람이 죄를 지으면 그 사람은 죄인이다. 그러나 이것은 하나님의 정의가 아니다. 하나님의 관점에 따르면, 죄인은 그렇게 태어났기에 죄인인 것이므로 선한 일이나 악한 일을 행한다고 해서 신분이 바뀌는 것은 아니다. 죄가 사람을 지옥으로 보내는 것이 아니라 본성이 지옥으로 보내는 것이다. 지옥에 가기 위해 당신이 해야 할 것은 그저 태어나서 기간이 찰 때까지 늙어 가는 것뿐이다. 당신의 본성을 바꾸기 위한 하나님의 계획에 복종하지 않는 한 당신은 그렇게 늙어 갈 뿐이다.

어떤 죄인이 구원받았다면 그는 은혜로 구원받은 죄인이 아니다. 그는 죄짓는(죄를 지을 여지가 있는) 성인(saint)이 되는 것이다. 세상의 관점에 따르면, 성인은 죄를 거의 짓지 않는 사람이다. 우리는 대개 이 호칭을 너무 늙어서 죄짓기 힘든 사람들에게 붙여 주기 위해 아껴둔다. 우리는 그들을 '사랑스러운 노(old) 성자'라고 부른다. 이 호칭은 여러 해 동안 선한 일을 쌓아 온 것에 대한 공로로 붙여진다. 그러나 그것은 하나님의 말씀이 아니다. 인간의 종교적 전통에서 나온 말이다.

성경 말씀은 십자가 사건 이후 63회에 걸쳐서 거듭난 사람들을 '성도'(대부분 바울에 의해 기록)라고 불렀다. 한편 그리스도인을 언급한 곳은 한 군데, 바울이 디모데전서 1장 15절에서 자신을 죄인 중에 괴수라고 선언하였다. 이 명백한 모순을 어떻게 다루어야 할까?

바울의 의도를 설명하기 위해 비유를 들겠다. 당신이 대학의 높이뛰기 선수라고 가정하고 30센티미터 차이로 학교 기록을 깼다고 하자. 학교에서는 체육관 벽에 당신 이름을 붙이고 높이뛰기 기록을 보여 주며 당신이 챔피언 혹은 '최고'라고 선언할 것이다. 그리고 10년 후에 당신이 체육관을 방문한다. 당신의 이름은 여전히 벽에 붙어 있고, 지금까지 아무도 당신의 기록을 깰 엄두조차 내지 못하고 있다. 당신은 아직도 최고다. 이것이 바로 바울이 의미하는 것이다.

다소 사람 사울은 하나님께 받아들여지기 위해 노력한 사람 중 역대 최고의 성취자였다. 그는 우리 중 누구보다 높이 '뛰었다.' 하나님 말씀에 따르면, 이것이 그를 죄인 중에서 가장 '성숙하고' '금메달감으로' '가장 높게' 혹은 '최고'로 만들었다(바울의 전과를 보면).

이 설명을 받아들이든지 안 받아들이든지 간에 성경은 우리에게 '성도'와 '죄인'을 63대 1의 비율로 말해 주고 있다. 전통적인 가르침은 성도와 죄인에 대해 잘못된 행위를 근거로 정의하기 때문에 1의 비율로 기울어진다(여전히 죄를 짓기 때문).

❦ 누구의 생명이 무덤에서 일어났는가

당신의 옛 죄의 본성이 부활의 능력을 가지고 있는가? 그 생명이 무덤 밖으로 걸어 나왔는가? 아니다. 그것은 그런 능력이 없다. 하나님이 이러한 생명의 부활에 관심이 있으신가? 그렇다면 처음에 당신을 왜 주님과 함께 십자가에 못 박으셨겠는가? 옛 죄의 본성이 부활할 수 있다면 십자가는 무의미하고 무익한 것이 되고 말 것이다. 오직 하나님의 생명만이 죽음을 이기고 승리를 가져올 수 있다.

당신은 언제 그 생명을 획득할 것인가? 아니면 이미 그 생명(주님)을 가지고 있는가? 당신이 새롭게 거듭났다면 이미 예수님의 인성 안에 있는 영원한 생명을 소유하고 있는 것이다. 영생은 예수님과 동의어다(요일 1:1-2).

지금 그리스도 안에서 새롭게 거듭났다면 하나님의 말씀은 당신의 현재 삶을 어떻게 묘사하는가? 바로 그리스도가 당신의 생명이라고 말한다. 골로새서 3장 3-4절은 다음과 같이 말하고 있다. "이는 너희가 죽었고 너희 생명이 그리스도와 함께 하나님 안에 감추어졌음이라 우리 생명이신 그리스도께서…." 당신을 죽었다고 했는가? 그렇다. 이것은 사실이다. 당신은 언제 죽었는가? 당신은 그리스도의 육신 안에서 그분이 죽었을 때 함께 죽었다. 당신은 어떻게 다시 살아났는가? 당신은 주님 안에서 새롭게 태어났으며, 지금 그분은 당신의 생명이시다. 당신의 생명이 감추어졌다는 것에 주의하라. 그리스도께서 당신의 진정한 생명이심을 믿음의 눈을 통해 분별해야 한다.

어쩌면 당신은 예전의 나처럼 전깃줄 없는 드릴이 되어 일주일 내내 자신의 힘으로 돌아가려고 노력하다가, 주일이 되면 배터리 충전을 위해 교회에 나오는 모습을 하고 있는지도 모른다. 이것은 하나님의 계획이 아니다. 우리는 전원 플러그가 거대한 원자력 발전소에서 연결된 드릴처럼 힘있게 움직여야 한다. 이렇게 사는 삶은 주님에 대한 감사와 사랑으로 채워질 것이며, 당신은 매주 그 기쁨을 보이기 위해 교회로 나갈 것이다.[4]

하나님의 계획은 당신이 그리스도와 협력하여 당신의 인격과 육신을 통해 그분의 생명을 직접 나타내는 것이다. 사랑하는 그리스도인들이여, 하나님은 한 번도 당신이 그리스도인의 삶을 살기 위해 최선을 다하며 수고하도록 의도하신 적이 없다. 주님은 당신 안에 그분의 영(성령)을 자리 잡게 하셔서 당신을 통해 그분의 생명이 살게 하신다(은혜의 삶, 믿음으로 사는 삶, 성령 충만한 삶). 그럼으로써 예수 그리스도, 그분 자신에게 영광과 명예가 돌아오게 하신다.

어릴 때부터 배운 과거의 방식으로 당신의 필요를 채우려 했던 옛 사람의 목적은, 이제 새사람이 된 당신의 목적이 될 수 없다(육체적 삶에서 자유). 당신의 새 목적은 예수님께 영광을 돌리는 것이다. 하나님은 당신에게 새로운 마음을 주셨고, 당신의 마음과 생각에 그분의 소망을 기록해 놓으셨다(히 10:14-16).

또 하나님께서는 당신 안에 성령을 두셔서 에스겔 36장 26~27절에서 예언하셨듯이 당신으로 하여금 사랑의 법을 지키며 살 수 있게 하셨다. "또 새 영을 너희 속에 두고 새 마음을 너희에게 주되 너희 육신에서 굳은 마음을 제거하고 부드러운 마음을 줄 것이며 또 내 영을 너희 속에 두어 너희로 내 율례를 행하게 하리니 너희가 내 규례를 지켜 행할지라."

그렇다. 이 예언은 이스라엘 백성에게 주어졌다. 그러나 이것은 실제로 오늘날 모든 믿는 자들에게 일어나는 역사다. 당신과 나는 이미 아브라함의 영적 자녀다. 유대인들은 육체적 자녀이며, 이 예언의 성취가 그들에게는 아직 미래의 일로 남아 있다.

❧ 예수와 함께 천국에 있다

나는 휴거를 말하려는 것이 아니라 이미 이루어진 또 다른 그리스도인의 삶에 관한 기본적 진리를 논하려는 것이다. 예수님은 부활 후 지상에서 40일 동안 지내셨고, 그 후에 하나님 아버지의 우편으로 승천하셨다. 우리가 주님 안에 있다면 우리는 지금 여기 어디에 있는 것인가? 에베소서 2장 5~6절에는 "허물로 죽은 우리를 (하나님께서는) 그리스도와 함께 살리셨고…또 함께 일으키사 그리스도 예수 안에서 함께 하늘에 (이미) 앉히시니"라고 기록되어 있다. 이 모든 것은 영적인 것이며 육체적인 것이 아니다(《그림 3-9》 참조).

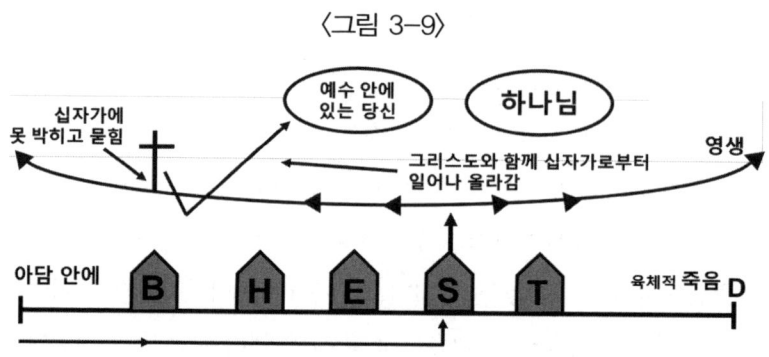

〈그림 3-9〉

다른 말로 하면 이미 우리는 천국에 있는 것이다. 당신은 지금 "나는 천국에 있는 것 같다"라고 말할지도 모른다. 그렇다면 당신의 감정을 다스려라. 하나님께서 당신이 거기에 있다고 말씀하시고 당신의 감정이 그렇지 않다고 말한다면 누가 거짓말쟁이겠는가? 하나님이신가, 아니면 당신의 감정인가? 골로새서 3장 1절부터 4절까지 동사의 시제에 주의를 기울이며 읽어 보라. 그리고 하나님은 당신이 지금 어디에 있다고 말씀하시는지 잘 들어 보라.

"그러므로 너희가 그리스도와 함께 다시 살리심을 받았으면 위의 것을 찾으라 거기는 그리스도께서 하나님의 우편에 앉아 계시느니라 위의 것을 생각하고 땅의 것을 생각하지 말라 이는 너희가 죽었고 너희 생명이 그리스도와 함께 하나님 안에 감추어졌음이라 우리 생명이신 그리스도께서 나타나실 그때에 너희도 그와 함께 영광 중에 나타나리라."

우리는 천국에 있다. 현재 우리는 이것을 하나님의 선포에 근거하여 사실로 받아들이고, 우리의 감각들(오감)이 진실처럼 말하는 것에 의지하지 말아야 한다.

'반항하던' 과거의 당신은 그리스도 안에서 십자가에 못 박혔고 땅에 묻혔다. '새로운 당신'이 태어났고, 일으켜졌고, 그리스도 안에서 완전한 용납과 사랑 속에 거하는 천국으로 올라갔다.

🌿 천국은 어디쯤에 있을까

천국을 '저 별들 건너편에 있는 어떤 장소'로 생각하기보다는 훨씬 더 가까운 장소로 생각할 수 있다면, 아마도 당신이 천국에 앉아 있는 모습을 그리는 데 도움이 될 것이다. 성경은 천국이 위에 있다고는 이야기하지만, 그것이 얼마나 위에 있는지는 말해 주지 않는다.

이 지구에서부터 단지 1센티미터밖에 떨어져 있지 않을 수 있다. 거리가 얼마나 떨어져 있든 천국이 위에 있는 것은 확실하다. 왜냐하면 성경은 천국이 명왕성보다 4천만 광년 더 떨어져 있다고 지적하지는 않기 때문이다. 그러나 성경은 천국이 위쪽에 있다고 가르친다. 마가복음 9장 2-13절을 보면, 예수께서 제자들과 산에 올라가 변형되신 사건은 천국이 바로 땅 위에 있다는 것을 우리로 알게 한다.

예수께서 천국에 들어가신 것을 제자들의 영의 눈을 열어 천국의 영광을 보게 하신 사건이다(천국은 육신의 눈으로 볼 수 없다). 또한 누가복음 16장 19-31절에서 아브라함과 부자가 천국과 지옥에서 서로 마주 보면서 대화하는 것을 본다.

그러므로 천국이 마치 이 세상에서 약간 위에 있는 것처럼 생각하고 행동해 보라. 천국이 세상의 표면에 입 맞출 정도에 있으며 지구 표면 전체를 감싸고 있다고 생각해 보자. 이런 식으로 보면 어떻게 당신이 '천국에 앉아 있으면서' 동시에 당신의 육신을 입고 이 땅에 사는지 이해할 수 있지 않을까? 물론이다. 이것에다 마음을 고정시켜라. 그러면 이 진리는 당신을 파멸시킬 수 없는 빛나고 아름다운 존재로 변화시킬 것이다. 하나님이 그렇게 말씀하셨다(롬 12:2).

천국은 이 지구를 둘러싸고 있다. 그래서 당신이 지구 어디에 서 있든지 상관없이 당신은 지구 위에 발을 딛고 있지만, 그러나 동시에 천국 안에도 있는 것이다. 왜냐하면 지금까지 우리가 이미 살펴본 대로 우리는 그리스도 안에 있기 때문이다(엡 2:6; 골 3:3-4).

❦ 우리가 왜 아직도 죄를 짓고 있는지에 대한 실마리

하나님의 계획은 반항적인 옛사람을 청산하고 새로운 영적 피조물로 태어나서 주님을 사랑하고, 마음과 생각에 그분의 사랑의 법을 새겨 넣는 것이다. 그러나 하나님은 이 새사람을 과거의 육신에 자리 잡게 하셨다. 이 육신은 과거의 방식과 감정의 고착으로 휩싸인 두뇌를 그대로 간직하고 있다. 그러나 그렇게 되면 사탄이 죄의 권세(몸 안에 거한)를 통해 새롭게 된 사람을 지배하려 하고(마음에 1

인칭 대명사로 위장한 사탄의 거짓 생각과 함께), 두뇌를 통해 그를 과거 방식에 짜맞추려 하기 때문에(《그림 3-10》 참조) 문제가 야기되지 않겠는가?

누군가 말한다. "아닙니다. 최 목사, 당신은 이해하지 못합니다. 그것은 하나님이 우리를 보시는 관점에 불과합니다. 그것은 조건적 진리입니다." 내 말을 잘 들어 보라. '조건적 진리'와 같은 것은 없다. 성경에 따르면, 조건적 진리라는 말은 하나님께서 당신의 문제를 해결하기 위해 지금 마련하신 실제 해결책을 받아들이지 못하게 하는 사탄의 속임수인 것이다. 하나님께서는 지금 새롭게 된 당신을 기쁘게 받아들이신다. 지금 아담이 아닌 그리스도 안에 있는 사람의 신분과 정체에 관해 기록한 많은 성경 구절(이 장에 인용된) 중 몇 구절이라도 공부하면서, 성령께 당신의 진정한 신분과 정체를 보여 달라고 간구하라.

〈그림 3-10〉

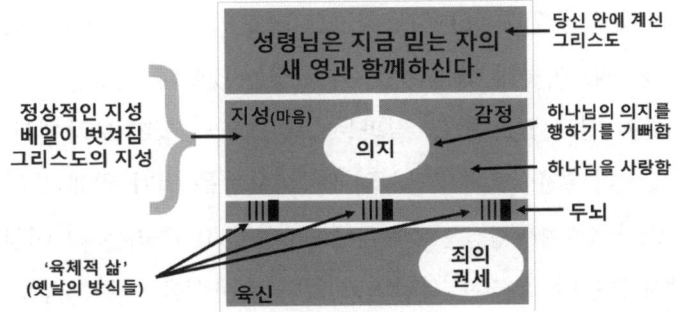

🕊 당신을 통한 그리스도의 삶을 경험하고 있는가

당신은 이미 용납되고 자존감을 부여받았는데도 세상에서 구원받지 못한 사람들처럼 그것을 채우려고 노력하고 있지는 않은가? 아직도 과거의 방법들을 의지하고, 다른 사람들에게 당신을 받아들이게 하려고 그들을 위해 일하며, 매 순간 자존감을 생성하고 유지하기 위한 육체적 기준들에 맞추고자 몰두하며 분투하는 삶을 살고 있지는 않은가?(쉼과 승리를 잃게 된 이유)

당신은 무한한 가치를 지닌 사람이다(현재). 당신은 용납되고 받아들여졌다(현재). 사람들에 의해서가 아니라 바로 하나님에 의해서 말이다. 당신이 만일 어떤 사람들에게 거부당했다면 당신을 기쁨으로 맞이하고 싶다. 예수님도 똑같은 경우를 당하셨으니까. 그러나 그분은 고개를 푹 숙인 채 주위를 방황하지 않으셨다. 왜 그런가? 예수님은 문제의 핵심이 어떻게 느끼는가가 아니라 무엇을 알고 있는가에 달려 있다는 것을 아셨기 때문이다. 예수님은 자신이 하나님께 이미 받아들여졌다(용납)는 것을 아셨다.

당신도 이것을 알고 있는가? 아니면 당신의 용납과 인정에 대한 필요를 채우기 위해 노력하느라 그리스도의 생명을 영적으로 갉아먹고 있는가? 이렇게 하는 것은 죄를 짓는 것이다. 당신은 여전히 육체를 좇아 살고 있으며, 그 결과는 그리스도의 심판 보좌에서 타 없어질 것이다(고전 3:10-15). '당신의 의'는 사랑을 얻기 위해 분투할 필요가 없다(예수께서 당신을 통해 사시게 하면 된다). 우리는 더 이상 그렇게 살지 않는다. 우리는 사랑받고 있다는 사실을 아는 사람의 태도로 살고 있다.

지금은 주님께 다가가 회개할 시간이다(주님과 함께하는 삶으로 전환). 당신은 사기꾼의 속임수에 넘어가서, 육체적 삶을 통해 사랑을 획득하기 위해 분투하면서 그리스도의 생명을 오랜 세월 동안 낭비해 왔다. 당신은 지금 주님 안에 있는 새사람으로서 하나님 아버지께서 당신을 완전히 받아 주신 것처럼, 당신을 받아들일 수 있다.

사랑의 주님 안에서 가장 중요한 문제를 해결하신 하나님의 놀랍고 은혜로운 계획에 대해 그분을 찬양하라. 이로 인해 하나님께서 무한히 기뻐하시고 사랑으로 탕자를 맞이하는 아버지처럼 당신을 맘껏 끌어안아 주실 것이다. 당신은 이미 새로운 피조물이며 영원히 용납되고 받아들여졌다.

⚜ 당신이 아는 것에 초점을 둠

앞에서 말한 것은 당신의 진정한 정체성, 곧 지금 당신이 누구인지에 대한 부분적인 설명일 뿐이다. 당신은 하나님과 더불어 화평을 누릴 수 있다(롬 5:1). 그렇지만 하나님께서 당신에 관해서 말씀하시는 것에 그저 고개만 끄떡끄떡하면서 맞장구친다고 당신이 추구하는 화평을 얻을 수 있는 것은 아니다. 만일 하나님께서 앞에서 인용한 진리로 당신의 마음을 만지셨다면, 당신은 이를 악물고 열정적으로 끈질기게 그것을 당신 자신의 것으로 주장한 다음, 무릎을 일으켜 세우고 그 진리의 실체 속으로 발걸음을 내디뎌야 한다. 하나님께서 그렇다고 말씀하시는 것은 그런 줄 알고 행동하라! 이것이 믿음으로 사는 것이다. 이를 위해서 당신은 다음과 같은 것들을 알아야만 한다.

첫째로, 위선자(사기꾼)가 무엇인지 알아야 한다. 예수님은 바리새인들을 '위선자들'이라고 낙인찍으셨다. 왜냐하면 그들은 대단하지도 않으면서 대단한 사람인 체하고, 자신들만이 하나님의 택함을 받은 거룩한 소수라고 행세했기 때문이다(마 23:13). 위선자란 자신이 그런 사람이 아니면서도 그런 사람인 체 행세하는 사람을 가리킨다. 마귀는 하나님께서 말씀하시는 것과 정반대로 위선자를 정의하여 세상을 속여 오고 있다. 마귀는 위선자 란 자신이 느끼는 방식과 정반대로 행동하는 사람이라고 세상이 믿게 만들어 왔다. 마귀는 우리의 감각이 주된 판단 기준이라고 우리가 계속해서 믿기를 바란다. 그것은 거짓말이다. 하나님의 말씀이 우리의 유일한 진리의 기준이다.

둘째로, 하나님의 안식을 경험하기 위해서는 하나님께서 우리가 누구라고 말씀하시는지를 알아야 한다. 당신은 그리스도 안에 있는 자신의 정체성을 알아야만 한다. 왜 이것이 절대적으로 필요한가? 그 이유는 당신 자신이 사기꾼이나 위선자 같은 느낌을 갖지 않기 위해서 자신이 믿는 자기 정체성에 따라 무슨 일이든 하려고 하기 때문이다. 만일 당신이 자신을 아무짝에도 쓸모없는 무익한 죄인이라고 믿는다고 하자. 그렇다면 당신은 정말 그런 삶을 살 것이다. 만일 그리스도 안에 있는 당신의 진정한 정체성을 알고 있다면, 그것은 당신이 원하는 방향으로 자신을 변화시킬 것이며, 당신에게 능력을 주어서 당신의 삶의 방식을 변화시키도록 할 것이다.

마지막 셋째, 당신은 그리스도께서 당신의 생명이라는 것과 당신을 통해서 그분 자신을 드러내는 것이 그분의 뜻임을 알아야 하고, 그리스도의 생명이 당신을 통해 나타나도록 힘써 노력함으로써 초자연적인 내적 평화를 얻게 된다는 것을 알아야만 한다.

예수님을 생각해 보라. 예수님은 자신의 진정한 정체성을 알고 있었다. 그분은 자신이 하나님의 아들이고 하나님이 보낸 구원자이며 어린양임을 아셨고, 자신이 목수의 일을 최우선적으로 해야 하는 사람이 아님을 아셨다(고후 5:16). 예수님은 이런 것을 알고 있었기 때문에 사회 속에서 자신의 자존심을 높이기 위해 벌어지는 권력 쟁투에서 자유로울 수 있었다. 그분은 가장 잘나가는 자동차를 몰거나 유행을 따라 멋을 부리며 사치할 필요가 없었다. 또 자신의 골드 신용카드를 과시하거나 큰 주택을 소유할 필요가 없었고, 자신을 좀 더 근사하게 보이고 싶어서 친구 중에 유명한 사람들의 이름을 들먹이면서 자신과 잘 아는 사이라고 떠벌일 필요도 없었다. 그분은 평안하였고 자신의 정체성 가운데서 안정감을 지니셨다. 그런데 이것은 어떻게 반응할지 종잡을 수 없는 감정에 기초한 것이 아니라 그분이 알고 있었던 지식에 기초한 것이었다.

그리고 예수님은 위선자에 대한 진짜 정의를 알고 있었기 때문에, 자신의 진정한 정체성을 나타내셨을 때 '자신이 아닌 어떤 사람인 것처럼 행세하지 않고' 자신의 있는 모습 그대로 행동하셨다.

이런 지식은 예수님의 삶의 방식에 극적인 영향을 주었다. 당신도 이러한 진리들로 무장되었다. 당신은 자신이 "하나님의 상속자요 그리스도와 함께한 상속자니"(롬 8:17). 그리고 그리스도께서 당신을 통해 생명을 표현하시는 것처럼 행동하는 것(설령 당신이 느끼지 못한다고 해도)이 당신을 위선자로 만드는 것이 아님을 당신은 알고 있다. 그것은 당신을 순종하게 만든다. 그리스도는 당신의 생명이다. 그리스도의 생명이 당신을 통해서 사시는 것을 믿으면서 살아갈 때 당신은 당신의 모습대로 행동하게 된다(요 15:5).

당신의 감정과 행동, 그리고 마귀에게서 나온 어떤 생각들을 따라 행동하면 당신은 자신의 모습이 아닌 어떤 다른 것을 흉내 내고 있는 것이다. 당신을 위선자로 만드는 것은 바로 이 같은 것이다! 그렇지만 당신이 겨자씨 같은 믿음만이라도 사용한다면, 자신의 정체성에 대한 하나님의 관점에 동의할 수 있다. 당신은 당신의 감정이 어떻든지, 마귀가 어떤 말을 하든지 간에 당신이 누구냐에 따라 행동해야 한다. 이것이 우리가 '위선자'라는 꼬리표를 피할 수 있는 유일한 길이다.

우리 안에 계신 성령님은 우리에 대한 하나님의 순수하고 희석되지 않은 은혜와 사랑에 우리가 압도될 때 우리를 은혜롭고 이타적인 하나님의 사랑을 경외하는 자리로 이끄신다.

하나님은 알라나 부처를 믿는 단순한 추종자들처럼 우리를 추종자로 삼으신 것이 아니라 진짜 아들로 낳으셨다. 진짜, 진실로, 영원무궁하신 하나님의 영적인 자녀로 삼으신 것이다.

나처럼 사랑받을 자격이 없는 자를 사랑하시는 하나님의 사랑은 어떤 것인가? 그분은 진정으로 사랑하는 자, 곧 독생자를 희생제물로 삼으시는 일을 주저하지 않으셨다.

4장
하나님이 계획하신 그리스도인의 삶, 은혜의 삶

"저… 이런 말씀드리고 싶지는 않지만, 이 차는 엔진 수명이 다 되었네요. 다시 고쳐 쓰기에는 수리 비용이 너무 많이 듭니다. 새 엔진으로 바꾸시는 게 낫겠어요."

자동차 엔진에 대한 이런 진단은 영적인 '엔진'에도 적용해 볼 수 있다. 나는 예전에 쓰던 옛날 엔진을 계속 이리저리 고치는 것이 정상적인 기독교라고 생각했다. 그리고 그렇게 고치는 일에 정말 죽을 힘을 다했다. 이렇게 19년 남짓한 세월을 보냈을 때 내 차 엔진에서 연기가 모락모락 피어나는 것을 발견하고 나는 급히 '응급실'을 찾아갔다. 나는 그때까지 예수님이 약속하신 풍성한 삶을 경험하지 못했다. 대부분 우리는 예수님이 전부가 되기 전까지는 그분이 우리가 필요로 하는 모든 것임을 절대로 알지 못한다. 내게도 예수님이 전부가 되는 그런 순간이 찾아왔다.

하나님은 나를 진단하고 치료하시기에 앞서, 먼저 내 인생을 통해

개인적인 실패를 경험하게 하셨다. 이러한 부분에서는 다른 많은 그리스도인과 별반 다르지 않았다. 그렇게 해서 나는 자신을 믿는 것을 완전히 포기했다. 나는 내 노력으로 그리스도인의 삶을 사는 것이 어려운 것이 아니라, 불가능함을 알고 바로잡아야 한다는 것을 알았다.

❦ 모든 죄의 모체인 홀로서기

나에 대한 하나님의 진단은 승리하는 삶에 관한 나의 신학이 잘못되어 있다는 것이었다. 신앙생활이 전반적으로는 잘 조율되어 있기 때문에 조금만 손을 보면 된다는 이야기가 아니라, 전면적인 수술이 필요할 정도로 심각하게 잘못되어 있다는 이야기였다. 내가 충분히 개선되기만 하면 예수님 없이도 제 기능을 다할 수 있다고 말하는 명백한 오류를 나는 미처 알지 못했다.

내가 예수님을 필요로 하는 유일한 때는 주님이 나를 천국으로 인도하는 순간뿐인 줄 알았다. 내가 헌신되고 혼자서 충분히 일을 처리할 수만 있다면, 예수님도 시간이 생겨서 내게 신경 쓰실 시간을 나보다 좀 더 약한 자들을 돕는 데 쓰실 수 있다고 생각했다. 그것이 예수님을 도와드리는 것인 줄 알고 실제로 나는 이런 식으로 주님을 도우려고 노력해 왔다. 나는 혼자서 잘해 나가는 것이 미덕인 줄 알고 살아왔다.

사실 그것은 죄인데도 말이다(롬 14:23). 나는 멍청하게 아담과 똑같은 죄를 짓고 있었다. 그는 최초로 개인적인 홀로서기를 선포한 사람이었다. 기억나는가? 그는 자기 하고 싶은 대로 했다. 그리고 지금 그의 후손들도 계속 그를 좇아 자기 마음대로 하는 데 열심이다.

❦ 갈보리에서 그리스도와 함께 십자가에 못 박혔다

당신이 주일학교에서 배운 것 중 한 가지는 두 강도가 갈보리에서 예수님과 함께 십자가에 매달렸다는 것이다. 그러나 당신이 그리스도와 함께 십자가에 못 박혔다는 사실은 두 강도의 죽음에 대한 기록보다 훨씬 더 중요한 성경적 의미가 있다.

속이는 자들의 거짓말을 통해서 이 진리가 많은 교회에서 없어지고 있다. 대다수의 많은 현대 신학자들이 이 진리를 사장해 버리거나 부인하고 있으며, 비웃거나 대강 얼버무리기도 하고 합리화시키기도 하며, 그냥 잘못 이해하고 있는 경우도 있다. 내가 지금 나 혼자만 진리를 독점하고 있다고 주장하는 것인가? 전혀 그런 것은 아니다. 그러나 하나님은 내게 한 가지 진리를 계시하셨다. 하나님은 열두 구절(롬 6:2-13)을 하나의 고리로 묶어서 말씀하셨는데, 그중 아홉 구절이 우리가 그리스도와 함께 죽었다고 말하고 있다. 그렇다면 우리는 하나님이 사실을 있는 그대로 말씀하고 있다고 보아야 한다.

하나님은 내가 십자가에 못 박힌 것처럼 나를 보시지만 그것은 실제로 일어난 일이 아니라고 말할지도 모른다. 나는 내가 그리스도와 함께 십자가에 죽는 것이 하나님의 마음속에 있는 그저 '서류상의 거래' 같은 것이라고 생각했고, 그것이 세상과 육체 그리고 마귀에 대한 나의 승리와 어떤 연관이 있으리라고는 전혀 생각하지 못했다.

로마서 6장은 성경 가운데서 이 사건에 관한 가장 완벽한 논문이다. 성경은 분명히 우리가 그리스도와 함께 십자가에 못 박혀 죽었다고 말하지만, 대부분의 신학자들은 노골적으로 또는 암묵적으로 이 진리를 문자 그대로 받아들이지 않고 있다. 그들은 '명제적인 진리'(positional truth)라는 말로 교묘히 얼버무린다. 명제적인 진리의 가장 기본적인 요소들은 보험증서와 아주 흡사하며, 그리스도인이 육체적으로 죽을 때에야 비로소 이익을 챙기게 된다고 가르친다. 성경은 우리가 육신을 벗은 다음에야 실현될 일에 대해서 말한다. 그러나 그런 경우에 사용되는 언어는 미래 시제를 수반한다. 우리가 그리스도와 함께 십자가에 못 박힌 것은 정반대로 과거 시제로 전달되고 있다. "우리가 알거니와 우리의 옛사람이 예수와 함께 십자가에 못 박힌 것은"(롬 6:6). "내가 그리스도와 함께 십자가에 못 박혔나니"(갈 2:20). 이것은 이미 끝난 일에 대한 설명이다.

이 말씀을 오늘의 현실이 아닌 것처럼 다루는 그리스도인은 성경을 잘못 해석하고 있는 것이다. 우리는 지금 당신이 천국에 가면 백마를 타게 되는지 아닌지와 같은 문제를 다루고 있는 것이 아니다(계 19:14). 우리는 지금 승리하는 삶의 열쇠에 대해 논하고 있다.

하나님은 당신의 생명에서부터 뭔가 아름다운 것을 만들어 내려고 계획하지 않으셨다. 당신의 생명은 아담에게서 유전된 생명으로, 무엇이든지 스스로 하려는 생명이다. 하나님의 계획은 아담의 생명을 죽이고 당신의 생명을 승리하며 순종하는 생명, 곧 그리스도의 생명으로 재창조하려는 것이었다. 그리스도는 구주와 주님일 뿐 아니라 우리의 생명이다. "예수께서 이르시되 내가 곧 길이요 진리요 생명이니"(요 14:6). 하나님은 당신의 옛 생명을 보수하신 것이 아니다. 당신의 생명, 곧 당신의 옛 생명을 새 생명이신 그리스도로 교체

하신 것이다.

그리스도인의 생명은 모태에 있는 아이와 같다. 아이가 아직 어머니 몸 안에 있지만, 어머니는 아이 안에 있는 생명이다. 어머니의 생명이 탯줄을 통해서 아이에게 흘러 들어가지 않으면 아이는 생명을 가질 수 없다. "우리가 그를 힘입어 살며 기동하며 존재하느니라"(행 17:28). 아이는 어머니 안에서 살고 움직이며 생존한다. 엄마는 아이의 근원이다. 모태 안에 있는 아이는 어머니의 생명 표현이다.

아마 당신은 이렇게 물을 것이다. "만일 그리스도께서 모든 그리스도인의 생명이라면, 나는 내 정체성을 상실하는 것입니까? 나는 자동 로봇입니까?" 천만의 말씀이다. 내 작업실 벽면에 달려 있는 소켓에 꽂아 둔 전기기구들을 유추해서 생각해 보자.

그런 기구들은 독립적인 생명이 없다. 모든 도구는 그 안에 흐르는 생명(전기)에 의존하고 있지만, 그 생명의 일부는 아니다. 그것은 개개의 그리스도인들에 대한 은유다. 각각의 도구는 벽면 소켓에 플러그를 꽂아 두어야만, 즉 '그 안에 있는' 동안에만 자신의 정체성을 나타낸다(그것을 만든 사람이 의도한 대로 제구실을 함).

또 그것은 기구들이 자신의 개성, 자신의 정체성을 언제 상실하게 되는지를 말해 줄 것이다. 기구들이 개성이나 정체성을 잃을 때는 바로 플러그를 뽑아 놓을 때다. 그러면 그것들은 모두 꿔다 놓은 보릿자루가 되어 버린다. 도구들의 독특한 정체성을 갖게 하는 것은 바로 도구들 안에 있는 생명이다. 생명이 없다면 그것들은 아무것도 할 수 없다.

예수님이 우리에 관해 말씀하신 것에도 이와 유사한 것이 있음을 주목하라. "나는 포도나무요 너희는 가지라 그가 내 안에, 내가 그 안에 거하면 사람이 열매를 많이 맺나니 나를 떠나서는 너희가 아무것도 할 수 없음이라"(요 15:5). 생명 되신 예수 그리스도께 플러그를 꽂고 있는 그리스도인은 믿음을 통해서 자신의 진정한 정체성을 경험한다. 그는 수백만 그리스도인들 가운데 유일한 존재지만 그리스도라는 동일한 생명을 그들과 나누게 된다. 반면에 자신만의 개성을 표현하면서 독립적으로 산다고 믿는 그리스도인은 잘못된 정체성을 나타내고 있는 것이다. 그런 사람은 세상에서 결코 단 한 번도 자신의 진정한 정체성을 경험하지 못할 것이다.

❦ 하나님의 관점

"그렇지만 최 목사, 내가 어떻게 그리스도와 함께 십자가에 못 박힐 수 있을까요? 예수님은 내가 태어나기 2천 년 전에 십자가에서 죽지 않았나요? 그런데 내가 어떻게 예수님과 함께 십자가에서 죽을 수 있단 말이지요?"

하나님은 그리스도인의 삶에 관한 모든 것을 우리가 반드시 알아야 한다고 강요하지 않으신다. 하나님의 관심은 자신이 말한 것을 우리가 믿느냐 하는 것이다. 우리는 종종 이해되지 않아도 그냥 믿어야 할 때가 있다. 간단한 그림을 통해서 우리가 십자가에 죽는다는 것이 무엇인지 생각해 보자.[1]

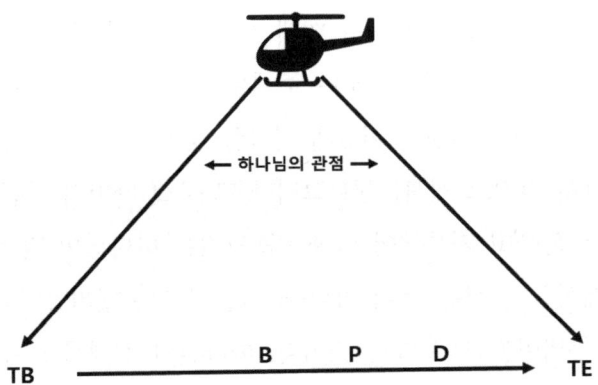

〈그림 4-1〉 하나님의 관점

〈그림 4-1〉에서 TB(Time Begins: 시간의 시작)와 TE(Time Ends: 시간의 마지막) 사이의 공간은 시간의 차원을 나타낸다. 시간이란 하나님의 창조물이다. 하나님 자신은 시간적인 차원에 얽매이지 않는다는 것을 알 수 있다. 만일 하나님이 시간에 구속된다면, 자신의 피조물인 시간에 종속되거나 통제되는 셈이다. 그럴 수는 없다. 그러나 당신과 나는 시간에 구속되어 있다. 시간대 안에 갇혀 있는 당신의 육신을 머리에 그려 보라. B(Birth)는 육체적인 탄생을 의미하며, D(Death)는 육체적 죽음을, 그리고 P(Present)는 현재를 의미한다. 당신은 시간을 의식하는 피조물이기 때문에 P에서부터 뒤쪽에 있는 모든 것은 '과거'로, P에서부터 앞쪽에 있는 모든 것은 '미래'로 생각한다. 그러나 하나님은 B에서 D까지의 전 시간대를 '현재'로 보신다.

하나님은 당신이 서 있는 시간대를 멀리 위에서 헬리콥터를 타고 가면서 지켜보시는 분이라고 생각하면 간편하다. 또 하나님은 당신이 '미래'라고 부르는 시간 속에 있는 '영원'을 보신다. 그렇기 때문에 성경 속에 있는 모든 예언을 명령하실 수 있는 것이다. 헬리콥터의 관점에서 보면 그런 것들은 미래 시제가 아니라 현재 시제다. 베드로후서 3장 8절의 전반부에는 '주께는 하루가 천 년 같다'고 기록되어 있다. 그러면 당신은 이렇게 생각할 것이다. '음, 하나님은 손에 많은 시간을 가지고 계시는군!' 그러나 그 구절 나머지 부분에는 '천 년이 하루 같다'고 기록되어 있다. 즉, 그것은 하나님이 많은 시간을 가지고 계심을 말하는 것이 아니라, 시간이라는 헬리콥터의 관점에서 보면 무의미함을 말하는 것이다. 하나님의 전체를 보는 관점은 현재 시제다!

하나님은 미래의 영원을 보시는 것뿐 아니라 과거의 영원도 보신다. 나는 〈그림 4-2〉에서 아담과 십자가를 그려 놓았다. 당신이 세상과 육신 그리고 마귀에 대한 승리를 경험하기 위해 필요로 하는 모든 것은, 놀랍게도 며칠 동안 일어난 예수님의 희생의 죽음, 장사되심, 그리고 부활과 승천 사건 안에 다 포함되어 있다. "세상을 창조할 때부터 그 일이 이루어졌느니라"(히 4:3).

〈그림 4-2〉

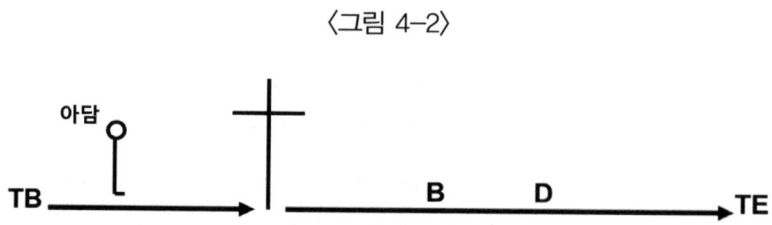

"내가 태어나기도 전인데 어떻게 내가 그리스도 안에서 십자가에 못 박혀 죽는 것이 가능한가?"라는 질문을 던지면서 이 문제를

중점적으로 다루어 보자. 2천 년 전에 그리스도께서는 당신의 얼마나 많은 죄를 십자가에 지고 가셨을까? 물론 죄 전부를 지고 가셨다. 그러면 당신의 죄 가운데 얼마나 많은 죄가 2천 년 전에 저질러진 것일까? 그때 지은 죄는 하나도 없다. 아직 태어나지도 않았으니 당연한 말이다. 그렇다면 어떻게 하나님이 당신의 죄를 십자가 상의 그리스도에게 전가하는 것이 가능할까? 정답은 헬리콥터 예화 안에 있다. 하나님은 시간의 차원에 제한받지 않으신다. 하나님은 전지전능하신 분이시다. 헬리콥터 관점에서 보면, 하나님은 모든 시간적 차원을 현재 시제로 보신다. 하나님은 미래와 과거 두 가지 시간 안에서 영원을 보신다.

수세기 후에 범할 죄들도 2천 년 전 하나님께서 그리스도에게 이미 전가시키셨음을 당신은 믿음으로 충분히 수용할 수 있다. 마찬가지로 그리스도 안에서 당신은 새로운 정체성과 새 생명으로 거듭날 뿐 아니라, 당신의 옛사람은 그리스도와 함께 십자가에 못 박혀 죽었음을 믿어야 한다. 그리스도께서 2천 년 전 당신이 출생하기도 전에 당신의 죄를 짊어지셨다는 것을 믿는 것이 신기한 것인 만큼, 이런 것을 믿는 것도 신기한 일이 아닌가? 당신이 전자를 믿을 수 있다면 후자도 믿을 수 있을 것이다.

당신이 믿는 그리스도, 당신이 가지고 있는 성경과 믿음 그리고 구원은 비록 예전과 같은 것일지 모르지만, 당신은 이제 전에는 결코 생각조차 해 보지 못한 두 가지 엄청난 보배를 갖게 될 것이다. 그것은 바로 그리스도 안에 있는 새로운 정체성과 생명 되신 그리스도다. 구원의 꾸러미 안에 들어 있는 이런 것들도 믿음을 통해 받아들여야 한다. 이것은 당신이 받은 복된 용서만큼이나 중요한 것임이 틀림없다. 그렇지 않다면 하나님은 그 일을 실행하지 않으셨을 것이다.

물론 당신은 그리스도를 통해서 얻게 되는 모든 것들을 이해하지 않아도 구원받을 수 있다. 그러나 영적인 전쟁과 영적인 성장에서 큰 장애를 겪게 될 것이다. 예수님과 함께 나란히 십자가에 달렸던 강도는 구원의 꾸러미에 어떤 것이 포함되어 있는지 알지 못했다. 그러나 그는 믿음으로 그리스도께 나아옴을 통해 완전한 유익을 얻었다.

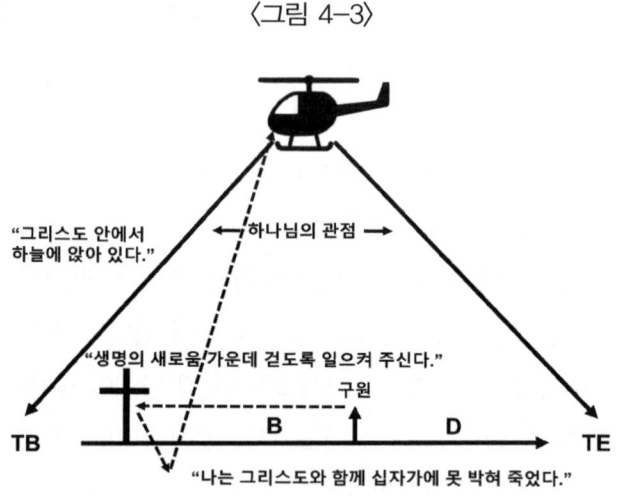

〈그림 4-3〉

〈그림 4-3〉을 보라. "하나님이 죄를 알지도 못하신 이를 우리를 대신하여 죄로 삼으신 것은 우리로 하여금 그 안에서 하나님의 의가 되게 하려 하심이라"(고후 5:21). 과거의 당신은 십자가 상의 그리스도 안에서 죽었다. "우리가 알거니와 우리의 옛사람이 예수와 함께 십자가에 못 박힌 것은 죄의 몸이 죽어 다시는 우리가 죄에게 종 노릇 하지 아니하려 함이니"(롬 6:6). 당신은 그다음에 장사 지낸 바

되었다가 예수의 부활하심 가운데 다시 태어났다. "그러므로 우리가 그의 죽으심과 합하여 세례를 받음으로 그와 함께 장사되었나니 이는 아버지의 영광으로 말미암아 그리스도를 죽은 자 가운데서 살리심과 같이 우리로 또한 새 생명 가운데서 행하게 하려 함이라"(롬 6:4). "우리는 그가 만드신 바라 그리스도 예수 안에서 선한 일을 위하여 지으심을 받은 자니…"(엡 2:10). 이후에 당신은 그리스도 안에서 하늘로 올라갔다. "또 함께 일으키사 그리스도 예수 안에서 함께 하늘에 앉히시니"(엡 2:6).

이 말씀에 있는 동사들을 주목하라. 전부 과거 시제다! 이것은 당신이 믿음으로 죄 용서함을 받아들이는 것처럼 믿음을 통해 당신이 자신의 것으로 받아들여야 하는 뜻이다.

✷ 하나님과 함께 헬기로 하늘에 오르다

차에서 내려와 건너편 헬리콥터 이륙장에 대기해 있는 하나님의 헬리콥터에 탑승하라. 하나님은 헬리콥터의 프로펠러 회전수를 높이시면서 출발 준비를 마무리하고 계신다. 당신은 당신의 인생을 멀리서 살펴보는 기회에 참가하는 것이다. 헬기가 이륙하면서 땅에서 멀어지기 시작하면 도로 뒤쪽에 있는 십자가 사건이 보인다. 이제 헬기가 더욱 높이 올라간다. 다음의 구절들을 읽으면서 아래쪽을 바라보라. 특별히 동사의 시제들에 주의를 기울이라. 이 구절들은 전부 하나님의 여행 가이드북인 로마서에서 가져온 것이다. 끝에 있는 숫자는 로마서 6장에서 인용해 온 절수를 의미한다. 이 구절들은 모두 당신의 옛사람이 죽었다고 말하고 있다.

- 죄에 대하여 죽은 우리가 어찌 그 가운데 더 살리요(2절).
- 무릇 그리스도 예수와 합하여 세례를 받은 우리는 그의 죽으심과 합하여 세례를 받은 줄을 알지 못하느냐(3절).
- 우리가 그의 죽으심과 합하여 세례를 받음으로 그와 함께 장사되었나니(4절).
- 만일 우리가 그의 죽으심과 같은 모양으로 연합한 자가 되었으면 (5절).
- 우리가 알거니와 우리의 옛사람이 예수와 함께 십자가에 못 박힌 것은(6절).
- 이는 죽은 자가 죄에서 벗어나 의롭다 하심을 얻었음이라(7절).
- 만일 우리가 그리스도와 함께 죽었으면(8절).
- 너희도 너희 자신을 죄에 대하여는 죽은 자요 그리스도 예수 안에서 하나님께 대하여는 살아 있는 자로 여길지어다(11절).
- 너희 자신을 죽은 자 가운데서 다시 살아난 자같이 하나님께 드리며(13절).

❦ 하나님께서 당신에게 하시는 말씀을 경청하라

"너의 머리를 왼쪽으로 돌려서 여기 나를 쳐다보아라. 아니, 내 눈을 정면으로 보아라. 나를 보아라. 저기 내 아들 안에서 누가 십자가에 못 박혀 죽었는지 보이느냐? 그래, 맞다. 바로 네가 내 아들 예수 안에서 죽었다. 내 거룩한 임재 안에서 내가 묵인할 수 없는 너에 관한 모든 것들을 나는 십자가에 못 박았다. 이제 네 눈을 들어 거기 길을 따라 3일 동안 일어난 사건을 보아라. 무엇이 보이느냐?

그래, 맞다. 그것은 바로 내 아들이 부활할 때 새롭고 의로운 자녀로 거듭나고 있는 너다(고후 5:17, 21). 나는 너를 영적으로 출산했다. 너는 이제 내 자녀가 되었다. 나는 네가 너무도 자랑스럽다! 그리고 저기를 보아라. 오직 한 생명이 저 무덤에서 일어났다. 내 아들은 네 생명이다.

그렇다. 그의 영으로 태어나는 사람은 누구나 그리스도를 생명으로 갖는다. '이는 너희가 죽었고 너희 생명이 그리스도와 함께 하나님 안에 감추어졌음이라 우리 생명이신 그리스도께서 나타나실 그 때에 너희도 그와 함께 영광 중에 나타나리라'(골 3:3-4). 너는 새롭게 만들어진 영적인 존재다. 그리고 너는 내 아들을 생명으로 부여받았다. 굉장하지 않으냐! 여기에 혹 다른 뜻이 있을 수가 있겠느냐! 이렇게 함으로 네 죄를 용서함과 동시에 나는 너와 나 사이에 분리되었던 고리를 연결시켰다. 그래서 우리는 항상 이처럼 함께 있을 수 있게 된 것이다.

이제 너를 정류장으로 다시 데려가야겠구나. 내가 네게 보여 준 것들을 계속 믿어야 한다. 내 약속과 신실함이 이 일들에 대해서 평생 네 보증이 될 것이다. 그것들을 소중히 간직해라. 그것들은 네가 세상의 깊은 심연과 같은 세월을 잘 견디게 하기 위해서 내가 마련한 것들이다. 나는 내 약속을 결코 다시 물리지 않는다는 '보증'으로 내 거룩한 영을 네게 주었다(고후 5:5). 아, 이제 다 왔구나. 나는 너와 함께한 이 비행을 항상 소중히 간직하마. 그리고 너를 항상 사랑할 것이다. 내게 충실할 수 있겠지? 내 아들이 곧 너를 데리러 갈 것이다."

정말 대단한 비행이지 않은가? 하나님 최고! 당신이 보았던 당신 자신이 그리스도 안에서 십자가에 못 박혀 죽은 장면은 정말 사실이다. 알고 있는가? 만일 카드 한 장을 책 사이에 끼워 두면 그 책에 일어나는 모든 일이 그 카드에도 영향을 주게 된다. 책을 나무에 못으로 박아 보라. 그러면 그 카드도 못에 찔릴 것이다.

그러므로 당신은 예수님이 갈보리로 올라가실 때 그분 안에 있었다. 당신은 그분이 십자가에 못 박힐 때 그분 안에 있었다. 책 속에 있던 카드처럼 당신도 그분 안에서 십자가에 못 박혀 죽은 것이다. 십자가에 못 박혀 죽는 것이 예수께는 육체적인 현상이었고, 당신에게는 영적인 현상이었다. 이것은 하나님의 영이 함께 거하는 거룩한 성도가 되게 하기 위해서 하나님이 당신을 깨끗한 그릇으로 다시 창조하시려고 취하신 첫 번째 조치였다. 이것은 당신이 새롭게 거듭남을 통해 얻는 구원의 일부다. 당신이 그리스도 안에서 새로운 피조물이 되기 위해서 할 수 있는 일은 먼저 과거의 옛사람을 십자가에 못 박아 죽게 하고, 그리스도의 부활하심 가운데서 새롭게 태어나는 것뿐이다.

마틴 로이드 존스(Martyn Lloyd-Jones)는 내과 의사를 그만두고 세계에서 가장 존경받는 신학자 중 한 명이 되었다. 그는 로마서 6장으로 책 한 권을 저술했다. 우리가 그리스도 안에서 십자가에 못 박혀 죽는 것에 관해서 그가 말하는 것을 살펴보자.

옛사람은 아담 안에 있던 과거의 나다. 그는 단 한 번에 영원히 죽어 버린 사람이다. 우리는 결코 우리의 옛사람을 십자가에 못 박도록 부름 받지 않았다. 왜 그런가 하면 그것은 이미 이루어진 사건이기 때문이다. 옛사람은 십자가에서 예수님과 함께 못 박혀 죽었다. 이것을 깨닫지 못하는 것은 마귀로 하여금 당신을 미혹하게 하고 당신을 속이도록 방치하는 것이다. 당신과 나는 무엇을 하도록 부름 받은 것일까? 우리는 아담 안에서 사는 것을 중단하도록 부름 받았다. 우리가 그렇게 사는 일을 중단하는 유일한 길은 거기에 속해 있지 않음을 깨닫는 것이다. 만일 당신이 그리스도인이라면 당신의 옛사람은 이제 존재하지 않는다. 그는 전혀 실체가 없는 것이다. 당신은 그리스도 안에 있다. 만일 우리가 마땅히 보아야 하는 대로만 이것을 본다면 우리는 진정 그리스도인으로서 살아가기 시작하는 것이다. 우리는 머리를 똑바로 세워 들고서 죄와 사탄을 대적할 것이다. 그리고 우리는 마땅히 그래야 하는 것처럼 그리스도 안에서 기뻐할 것이다.[2]

당신이 그리스도인으로서 거듭날 때 그리스도 안에서 죽도록 하나님이 정해 놓지 않으셨다면, 당신은 영적으로 등이 서로 붙어서 태어나는 샴쌍둥이(Siamese twins)가 될 것이다. 하나는 악하고 다른 하나는 선해서 서로 이기려고 계속 싸움박질하는 그런 쌍둥이 말이다. 이것은 영적인 정신분열증이요, '스스로 분쟁하는 집'(마 12:25)이다.

나는 이것을 가지고 소란 피울 생각은 없다. 그러나 이러한 머리 두 개 달린 괴물이 바로 우리의 모습이라고 선량한 성경 교사들에게서 가르침을 받아 왔다. 헬라어 원문은 이런 주장을 지지하지 않는다. 만일 우리가 사실상 한쪽은 선하고 다른 한쪽은 악한, 두 가지 영적인 본질을 가진 피조물이라면 우리는 '스스로 분쟁하는 집'이다. 하나님이 당신을 거듭나게 하기 전에 먼저 그리스도 안에서 십자가에 못 박아 죽게 하신 이유가 바로 여기에 있다. 절대로 당신이 스스로 분쟁하는 집이 되지 않도록 하기 위함이었다. 예수님의 말씀에도 불구하고 현대의 그리스도인들은 우리가 한쪽은 선하고 다른 한쪽은 악한 두 가지 영적인 본질을 가지고 있다고 배우고 있다.

너무도 많은 그리스도인이 속아서 매일 주저앉고 있다. 교회가 우리의 정체성에 대해서 이런 비진리를 계속 믿고 가르치는 한, 우리는 계속해서 패잔병들이 모인 집단이 될 것이다. 집회에서 하나님을 찬양할 때는 상당히 용감한 것 같아 보이지만, 교회를 나와서 주차장으로 향할 때는 이미 적의 저격수에게 조준되어 사살당할 위험에 빠지는 사람들이다.

"그렇지만 최 목사, 바로 그런 것이 내 삶이 아닌가 하는 느낌이 드는 걸 어찌하겠나? 내 안에는 선한 나와 악한 내가 서로 싸우고 있는 것 같거든. 지금 내가 살고 있는 모습의 실체를 부인할 수는 없지 않은가?" 그러나 우리는 경험이 아니라 성경을 토대로 우리의 주장을 계속 내세워야만 한다. 이 책의 뒤에서 이 작업을 계속해서 하나님이 말씀하시는 실체와 당신의 감정과 경험이 말하는 실체를 더욱 잘 비교할 수 있게 하겠다.

❦ 나를 통해 생명이신 그리스도가 살게 하라

평생 독립적으로 살던 습관을 그리스도에게 의존하면서 그분의 생명이 당신을 통해서 나타나도록(사시도록) 하는 삶으로 바꾸는 데는 몇 가지 작업이 필요하다. 사실 너무도 자주 하나님의 말씀이 아닌 우리의 감정이 삶을 통제하는 요소가 된다. 감정이나 생각이 지시하는 프로그램이 아니라 하나님이 선포하시는 우리 자신에 관한 사실을 사실 그대로 믿어야 한다.

그리스도 안에 있는 우리의 정체성이 단지 위치적(positional)이라는 잘못된 신학에 덧붙여서, 사탄은 당신의 마음속에 또 다른 속임수를 심어 놓을 수 있다. 즉, 그리스도를 생명으로 주장하는 것은 단지 위기 상황을 처리하기 위한 수단이며, 그렇기 때문에 당신은 위기가 닥치기 전까지는 자신의 모습대로 계속 살다가 위기가 오면 그때 예수님을 불러서 그것을 처리하도록 해야 한다는 것이다. 그러나 그런 것은 아무 소용이 없다.

당신이 현재 일하는 방법은 이것과 어떻게 다른가? 그리스도인들은 대부분 최선을 다해 일하다가 일이 암초에 걸려서야 비로소 도와 달라고 그리스도를 부르지 않는가? 이런 것은 하나님의 계획이 아니다. 하나님의 말씀이 전하는 사실은 그리스도가 당신의 생명이라는 것이다. "이는 너희가 죽었고 너희 생명이 그리스도와 함께 하나님 안에 감추어졌음이라 우리 생명이신 그리스도께서 나타나실 그때에 너희도 그와 함께 영광 중에 나타나리라"(골 3:3-4). 이것이 바로 당신이 매일 순간마다 어떻게 인생을 살아야 하는지에 대한 것이며, 그것은 반복적인 경험(훈련)을 필요로 한다. 당신 안에 있는 생명 되신 그리스도를 경험하면 할수록, 그분께서 당신 가운데서 세상과 육체와 마귀에 대해 승리하시는 것을 경험하게 될 것이다(히 5:14). 당신은 삶에 대한 이러한 새로운 방식을 사랑하게 될 것이다. 그 삶의 방식은 내주하신 그리스도의 생명(성령)이 나를 통해 사는 삶이다.

그리스도만이 그리스도인의 삶을 살게 할 수 있다

우리가 누리는 현대 문명의 수많은 이기들 가운데는 무선(cordless) 장치들이 있다. 무선 드릴, 무선 면도기, 무선 안마기, 재충전되는 손전등같이 무선 장치들의 목록은 끝이 없다. 그런데 원칙이 있다. '전지가 소모될 때까지만 사용하고, 충전 장치에 넣어서 재충전시킨 다음 다시 써야 한다. 전지가 마침내 수명을 다하면 그것은 말끔하게 폐기 처분하고 새것을 사용해야 한다. 당신은 틀림없이 그것을 좋아할 것이다.'

그러나 하나님께서는 우리가 그분과 매일 갖는 인격적인 관계에 그렇게 스스로 충전하는 장치를 도입하지 말라고 하신다. '무선' 방식을 통해서 삶에 접근하는 그리스도인들은 자기 자신의 인격이나 자기 몸의 능력 안에서 살게 된다. 그들에게는 삶을 살아가는 원천이 그들 자신이다. 그렇기 때문에 그들은 자기의 최고의 모습이 나이가 들면서 점점 쇠퇴해 가는 것을 지켜보다가, 결국에는 그것조차 죽음을 맞이하면서 끝나 버리는 꼴을 당한다.

하나님은 이것을 '육체의 힘'을 의지하는 것이라 부르신다(대하 32:8). "여호와께서 이와 같이 말씀하시니라 무릇 사람을 믿으며 육신으로 그의 힘을 삼고 마음이 여호와에게서 떠난 그 사람은 저주를 받을 것이라"(렘 17:5). 그리스도인의 삶에 대해서 이같이 자기 의존적인 철학을 가지고 있는 사람들은 소모적인 도구와 같은 인생을 사는 것이며, 결국 그런 삶은 쓰레기통에 버려질 것이다. 그러나 하나님을 주인으로 모시고 사는 그리스도인들은 그리스도를 구원자와 주님 이상의 더 위대한 분으로 자신 안에 모시는 법에 대해 새로운 계시를 받을 준비가 된 것이다.

그리스도는 그들을 통해서 자신의 생명을 나타내시려 한다. 만일 당신이 그리스도께서 이런 일을 행하시도록 협조하는 법을 알고 있다면, 정말 그리스도께서는 당신을 통해서 승리하는 삶을 사실 수 있을까? 물론 그렇다. 그것이 바로 그리스도를 우리 가운데서 생명으로 경험하는 것이다. 그리스도께서 우리를 통해 사실 때만 우리가 하나님의 말씀을 순종할 수 있다.

유선(fixed-line) 그리스도인

승리하는 삶의 비결은 마치 우리가 재충전 가능한 배터리인 양 움직이는 것과는 정반대로, 매 순간 그리스도에게 플러그가 꽂힌 상태로 머무는 법을 이해하는 데 있다. 예수님은 그것을 그분 안에 '거함'이라고 부르셨다(요 15:4). 우리는 독자적이며 자기 의존적인 삶이 우리가 추구할 만한 가치 있는 고상한 삶이고 심지어 선한 것이라는 비성경적인 믿음을 내버리고, 우리 안에 계시는 그리스도를 철저하게 의지하면서 우리를 통해서 그분의 생명을 나타내는 법을 배워야 한다. 그리스도를 계속 의존하라는 것이 지금부터 영원까지 복음의 메시지가 된다.

그러나 어떻게 하든 속이는 자, 마귀는 호시탐탐 우리의 빈틈을 노리다가 조금이라도 틈이 보이면 헤집고 들어와서 이 진리를 무력하게 하려고 안간힘을 쓴다. 마귀는 예수님이 자신의 생명을 몸, 그분과 연합된 교회의 각 지체를 통해서 나타내시도록 허용하기보다는 마치 그분이 우리의 도움이 필요할 정도로 무능하신 것처럼, 그래서 우리가 예수님을 생각해서라도 알아서 삶을 살아야 한다고 우리를 꼬드긴다.

만일 당신 몸의 각 지체들이 머리에서 떨어져 나와 독립적으로 행동한다면 어떤 일이 벌어지겠는가? 그리스도의 몸 안에서 지체로 있는 각각의 그리스도인들은 머리이신 예수 그리스도를 자신의 생명으로 삼고 전적으로 의존함으로써 자신의 독특한 정체를 표현할 수 있게 된다.

처음 그리스도인의 신분을 얻을 때와 마찬가지로 그리스도인의 생명을 누리는 것도 그리스도를 전적으로 의지하는 것에서 나온다. 즉, 믿음으로 되는 것이다. 우리는 단순하게 그리스도께서 우리의 생명 되심을 믿기만 하면 된다. 왜냐하면 하나님이 그렇게 말씀하셨기 때문이다(요 14:6; 롬 5:18; 골 3:3-4). 그런 다음 그것이 사실인 것처럼 행동하기만 하면 된다. 다시 살펴보면, 그리스도를 위해서 살려고 애쓰는 것과 우리를 통해서 그리스도 자신이 사시도록 하는 것에는 엄청난 차이가 있다. 그것이 실패와 승리를 가르는 차이다.

나는 무선 그리스도인으로서 한 주를 살아갈 때, 쉴 틈 없이 벽면을 맞고 내 머리 위로 날아오는 라켓볼 공처럼 세상의 중압감이 나를 억눌렀지만, 그것을 견뎌 내기 위해서 젖 먹던 힘까지 다했다. 그때 나는 하나님을 찬양했다. 용케도 한 주의 일과를 무사히 끝마친 것이었다. 주일은 내게 영적으로 재충전하는 시간이었다(주일 예배는 또 한 주를 살기 위한 재충전하는 것이라고 앎). 그러고는 다시 쳇바퀴 도는 것과 같은 한 주의 생활을 반복했다.

삶에 대한 이런 접근 방법이, 십자가 사건 있기 전 유대인의 삶의 태도와 별반 다르지 않다는 것을 당신은 알고 있는가? 그들은 자신을 의지하면서 필요할 때 하나님을 찾았다. 그리고 종종 자신의 외침이 하나님의 음성 메일에 전송되고 있는 것 같은 느낌을 받았다. 신실하신 그리스도께서 나를 부르신 후 내가 은혜의 삶을 깨닫기 전까지 19년 동안 살아온 삶의 방식도 이런 것과 너무나 비슷했다. 정말 나는 교회 문이 열려 있을 때마다 교회에 있었고, 예수님은 분명히 내 삶의 중심에 있었다. 그러나 그분은 내 생명이 아니었다. 하나님이 어쩌다가 내 육체의 힘(내 삶이라고 내가 부르는 것)을 제거하기라도 한다면, 나는 마치 구멍 난 풍선처럼 주저앉아 버리고 말았을 것이다. 왜냐하면 육체가 내 유일한 힘의 원천이었기 때문이다. 나는 나 자신의 인격적 능력 안에서가 아니라 그리스도의 충만하심 가운데 안식하면서, 그분이 내 안에서 사시도록 해야 한다는 생각을 티끌만큼도 해보지 못했다.

시간이 지날수록 이런 식으로 사는 그리스도인에게는 처음 주님을 만났을 때의 기쁨이 피곤한 종교적 의무로 퇴색한다. 그는 죽으면 천국에 가게 되리라는 생각에 안주한다. 지금 이 세상에서 사는 동안에도 그리스도 안에서 안식할 수 있다는 생각을 하지 못한다. "그의 안식에 들어갈 약속이 남아 있을지라도 너희 중에는 혹 이르지 못할 자가 있을까 함이라"(히 4:1). 사람들은 대부분 이 말씀에 의지해서 구원받은 후에도 앞으로 있을 안식만을 기다리며 살아간다. 그렇다고 세상을 놀이동산으로 삼으라는 말은 분명 아니다. 그리스도인의 삶에는 많은 사람들이 경험하는 것보다 훨씬 더 많은 것들이 있다는 것이다. 당신이 깨달아야 할 중요한 것은, 그리스도인의 삶에는 다양한 무선 인생들이 제공하는 것보다 많은 것이 있다고 하나님께서 말씀하신다는 점이다. 하나님은 이것을 '풍성한 삶'이라고 부르신다.

🕊 승리의 삶이 정상적인 그리스도인의 삶이다

그리스도인이 승리하는 삶을 사는 열쇠란 오랜 옛날이야기를 새로 각색한 것이 아니다. 그것은 정상적인 기독교다. 그것은 신약성경만큼이나 오래되었다. 한 주 동안 계속적으로 정상적인 기독교를 경험하면 아주 달콤하고 친밀하여 순종하는 하나님과의 관계가 형성되기 때문에 재충전할 목적으로 예배에 참여하는 행위 같은 것은 하지 않아도 된다. 대신 사랑과 감사가 차고 넘치기 때문에 경배와 찬양을 하나님께 온전히 드리고 싶어 예배에 참여하게 된다.

그리스도께서 매 순간 우리를 통해서 그분의 생명을 나타내시도록(은혜의 삶) 함으로써, 우리는 예수님이 말씀하신 승리하는 풍성한 삶을 체험한다(요 10:10). 많은 그리스도인이 하나님의 '자유로'를 벗어나서 '내 일은 내가 한다'는 식의 독립적인 삶을 좇는 출구로 이탈했다. 무선 기독교는 왜 많은 그리스도인이 재미없거나 패배한 삶을 경험하고 있는지를 설명한다. 소위 남자들의 중년 위기와 우울증, 엄습하는 지독한 권태와 염려, 수동적이거나 지배적인 태도, 늘 마찰을 빚는 대인관계와 이와 반대로 지나친 무기력, 일 중독과 빈둥거림, 율법주의와 방종주의와 완벽주의와 대충주의에 이르는 모든 것을 설명한다. 이런 것은 사람이 육체의 능력 안에서 살 때 나타나는 것들이다.

예수 그리스도는 그리스도인의 삶을 완벽하게 사신 유일한 분이다. 나는 예수님이 우리 가운데 그분의 생명을 나타내시도록 믿음으로 맡기면, 하나님이 작정하신 그리스도인의 생명을 경험하게 된다는 사실을 알게 되었다. 이것이 매일 그리스도인이 사는 '기적의 삶'

〈은혜의 삶〉이다.

🌿 얼마큼의 믿음이면 되는가

구원받았을 때 당신은 자신을 얼마나 믿었는가? 자신에 대한 믿음은 전혀 필요치 않았다. 그렇다면 당신은 왜 믿음으로 얻은 생명을 누리는 일에 있어서는 당신 자신의 능력, 재능, 은사, 학력, 지능, 아름다운 신체, 심지어 당신의 영적인 은사 같은 것을 믿으려 하는가? 스스로 살고자 하는 인생의 어리석음이여! 예수님은 "내가 곧 길이요 진리요 생명이니"(요 14:6)라고 말씀하셨다. 예수님은 한 생명이 아니시다. 그분은 당신에게 한 가지 유형의 인생만을 주시지 않았고, 한 가지 삶의 양식만을 정해 놓고 그렇게 살기 위한 원칙들을 정해 놓으신 것도 아니다. 그리스도는 정말로 당신의 생명, 생명, 생명이 되시는 분이다. "이는 너희가 죽었고 너희 생명이 그리스도와 함께 하나님 안에 감추어졌음이라 우리 생명이신 그리스도께서 나타나실 그때에 너희도 그와 함께 영광 중에 나타나리라 그러므로 땅에 있는 지체를 죽이라"(골 3:3-5).

영생이란 죄지은 아담의 생명을 단순히 연장한 것이 아니다. 여기에 영생에 대한 하나님의 정의가 있다. "태초부터 있는 생명의 말씀에 관하여는 우리가 들은 바요…이 영원한 생명을 우리가 보았고 증언하여 너희에게 전하노니 이는 아버지와 함께 계시다가 우리에게 나타내신 바 된 이시니라"(요일 1:1-2). 예수 그리스도는 당신이 거듭날 때 이미 받았다는 것을 확인하는 서명을 한 후에 얻게 되는 '영생'이다. 영생은 한 인격이며, 옛 아담의 생명이 연장된 것도 아니고 어떤 물건도 아니며, 현상이나 일련의 가치관도 아니다. 이 인격은 그 자체가 영생이다. 이 생명은 당신이 자신을 하나님께 산 제물로 드릴 때(롬 12:1) 믿음에 의해 나타난다. 이것은 이해하는 것이라기보다는 오히려 믿고 행동으로 나타내야 하는 것이다.

구원받았다는 것에는 천국에 가는 것 이상의 굉장한 일들이 내포되어 있다. 그리스도인의 삶은 구원받을 당시의 믿음과 동일한 믿음으로 경험된다. 그것은 당신 안에 거하시는 그리스도와 순간순간 친밀하고 인격적인 관계, 즉 생명으로 연합된 관계 가운데 사는 것을 경험하는 것이다(골 2:6). 하나님은 당신이 그리스도를 구주와 주님으로 믿을 뿐 아니라 그리스도를 신뢰함으로 생명 되신 그리스도가 당신을 통해 하루하루 사시는 은혜의 삶을 살기를 바라신다.

바울은 이렇게 쓰고 있다. "이제 내가 육체 가운데 사는 것은 나를 사랑하사 나를 위하여 자기 자신을 버리신 하나님의 아들을 믿는 믿음 안에서 사는 것이라"(갈 2:20). 나는 그리스도를 믿는 신앙의 사람은 자신을 죽이고자 노력해야 한다는 것을 알고 있었다. 그러나 내가 그분 안에서 동일한 신앙을 가지고 살아야 한다는 것은 알지 못했다. 예수님은 "나는 포도나무요 너희는 가지라 그가 내 안에, 내가 그 안에 거하면 사람이 열매를 많이 맺나니 나를 떠나서는 너희가 아무것도 할 수 없음이라"(요 15:5)라고 말씀하셨다. 중요한 것은, 포도나무의 가지가 포도나무의 생명에 의존하여 사는 것처럼 나도 그렇게 살아야 한다는 것이다. 이제 이 생각을 놓지 말고 꽉 붙잡아라. 이것이 그리스도가 나를 통해 사시는 '은혜의 삶'이다.

❧ 구원이 미래에 천국 가는 것보다 나은가

바울의 말을 생각해 보라. "곧 우리가 원수 되었을 때에 그의 아들의 죽으심으로 말미암아 하나님과 화목하게 되었은즉 화목하게 된 자로서는 더욱 그의 살아나심으로 말미암아 구원을 받을 것이니라"(롬 5:10).

인생의 여정을 지나오면서 이 구절을 무심코 지나쳐 버린 시절이 있었다. 나는 그때 이 구절이 미래에 있을 천국에 대한 이야기라고 생각했다. 나는 죄를 사하여 주시는 예수님의 죽음에만 몰두했다. 그분이 그 영광스러운 일 이상의 것을 나를 위해 성취하셨다는 것을 깨닫지 못했던 것이다. 그런데 어느 순간 지금 막 읽은 말씀 속에 있는 '더욱'이라는 표현이 눈에 확 들어왔다. 의도적으로 그런 것은 아니었지만, 나는 예수님이 완성하신 사역 가운데서 아주 중요한 일부분을 축소시키고 있었던 것이다. 나는 그분의 생명에 관한 말씀이 이 세상에 사는 우리의 삶에 관계된 것이기보다는 미래의 천국에만 관련된 것이라 믿었고, 모든 교리적인 중심점을 그분의 죽으심에만 두었지 그분의 생명에는 두지 않았다. 나는 많은 그리스도인들이 똑같은 우를 범하고 있는 것으로 알고 있다(교회 교육 내용: 죄 사함 받고 천국 감 + 선한 행위).

당신은 위 구절의 전반부, 곧 "아들의 죽으심으로 말미암아 하나님과 화목하게 되었은즉"이라는 말씀이 우리를 영원한 지옥에서 구원하는 하나님의 방법인 그리스도의 죽음을 가리키고 있다는 것에 동의할 것이다. 그런데 바울은 '더욱'이라는 말을 다음에 쓰고 있다. 당신은 이 단어를 사랑해야만 한다. 하나님께서는 최상급 표현을 좋아하지 않으신다. 그러므로 하나님이 '더욱'이라는 단어를 사용하실 때, 우리는 중대한 선포가 있을 것을 생각하고 준비해야 한다.

여기 하나님의 말씀이 있다. "화목하게 된 자로서는 더욱 그의 살아나심으로 말미암아 구원을 받을 것이니라." 그의 살아나심으로 말미암아 구원을 받을 것이라니, 무엇으로부터 구원을 받는다는 말인가? 우리는 이미 이 구절의 전반부에서 그리스도의 죽음을 통해 지옥에서 구원받았다. 그렇다면 우리가 그리스도의 살아나심으로 말미암아 구원을 받게 된다는 것은 무슨 말인가?

당신 안에 있는 예수님의 생명은 당신 혼자 힘으로 힘든 세상살이를 해야 하는 것에서 당신을 구원한다. 바로 그렇다. 그리스도의 죽음은 당신을 음부에 있는 지옥에서 구원하셨다. 그러나 그리스도의 살아나심(그리스도의 생명)은 당신을 이 세상의 지옥에서 구원하신다(은혜의 삶). 이 말씀이 어떻게 적용되는지 살펴보자.

당신의 상사가 호출해서 자신의 사무실로 오라고 하고, 당신이 제출한 분기별 보고서가 마음에 들지 않으니 일주일 후까지 보고서를 다시 작성해 오라고 했다고 하자. 이런 것이 바로 그리스도께서 당신을 이 세상의 지옥에서 구원하신다고 말씀하셨을 때의 그런 지옥 같은 상황이다. 당신은 상사의 사무실에서 마음 졸이며 앉아 있을 때 이렇게 생각해야 한다. "주님, 제힘으로 보고서를 다시 작성하지 않아서 기쁩니다. 주님은 내 생명이시며 저는 주님의 자녀입니다. 이 일에서 구원하여 주실 것으로 인해 감사드립니다." 당신은 이런 생각을 잠깐 하고 나서 이렇게 말한다. "예, 알겠습니다. 사장님, 최선을 다하여 잘못된 부분을 시정하도록 하겠습니다. 믿고 맡겨 주십시오." 그런 다음에 이렇게 생각한다. "휴, 주님! 문제를 하나 가지고 왔습니다. 제 힘으로 보고서를 다시 작성하지 않아도 되니 기쁩니다 (생명 되신 예수님께서 자신을 통해 일하심을 믿음으로)." 바로 이렇게 하는 것이다! 당신의 짐을 주님께 맡겨 버리라!

그런 다음 당신은 최대한 집중해서 밤늦도록 불을 밝히고 양손을 부지런히 놀리면서 열심히 자판을 두드려가며 일한다. 그리스도께서 매 순간 당신을 '통해서' 당신을 '위해' 보고서를 작성하는 일을 하고 계심을 믿으면서 말이다. 그렇다! 당신은 그리스도의 영에 감동되어 컴퓨터 앞으로 끌려 나올 때까지 TV를 보면서 기다릴 필요가 없다. 컴퓨터 키보드 앞에는 당신이 앉아 있어야 한다. 문서를 작업 중인 파일에 저장하고 보고서를 다시 작성하는 것은 당신이 할 일이다. 그렇지만 당신의 믿음은 이렇게 말한다. "좋습니다. 주님. 어디서부터 시작할까요? 실마리가 잘 안 잡히네요." 이렇게 하는 것이 바로 믿음으로 그리스도께서 당신 가운데 사시는 것을 신뢰하는 것이다. 이런 삶이 은혜의(은혜 영성의) 삶이다.

혹시 구원의 방정식 가운데서 이 부분을 빼먹고 있지 않은가? 당신이 구원받았을 때 생명의 그리스도가 그 구원의 선물 꾸러미 가운데 딸려 왔다. 우리 중 많은 사람이 예수님을 구주로 믿어 왔다. 그러나 우리는 예수님을 주님으로는 믿었지만, 우리의 능력이 미칠 수 없는 어떤 일을 당하기 전에는 절대로 주님을 신뢰하지 않았을 수도 있다.

그리스도를 생명으로 믿는다는 것은 "네 짐을 여호와께 맡기라" (시 55:22)는 말씀을 믿는 것이다. 이것은 명령이지 선택 항목이 아니다. 하나님은 세상살이의 모든 짐을 곧바로 우리 주님의 넓은 어깨 위에 넘겨 버리라고 순간순간 명령하신다. 각자의 짐을 각자가 지게 하기 위해서 당신을 구원하신 것이 아니다. 그것은 마귀의 생각이다. 각자의 짐을 각자가 지고 가는 것은 고귀한 일이 아니라 죄다. 하나님은 이렇게 말씀하신다. "믿음을 따라 하지 아니하는 것은 다 (예를 들어 공기를 마시는 것까지도) 죄니라"(롬 14:23).

당신이 작은 볼트 세 개로 천장에 있는 선풍기 틀에 선풍기를 고정시키는 일을 해야 한다고 하자. 주님과 함께함으로 쉽게 단번에 선풍기를 고정시키면 얼마나 좋을까! 그런데 대개는 그렇지 않을 때가 많다. 볼트가 떨어지고 하마터면 선풍기를 망가트릴 수도 있다. 이 일을 마치려고 대여섯 번은 시도하여 마침내 성공했다. 그러나 당신은 주님과 함께 천장 위에 선풍기를 달면서 깊은 우정을 나누는 시간을 보내게 될 것이다.

이런 것이 예수님을 기쁘게 한다. 이런 것이 영적인 훈련이다. 주님은 당신과 이런 식으로 사귀는 것을 간절히 원하신다. 주님은 정말로 당신과 단둘만 가질 수 있는 의미 있는 추억거리를 만들기 원하신다. 이것이 바로 당신이 그리스도와 관계를 형성해 가는 방법이다. 당신은 다음 날 일하러 가기 위해 주님과 함께 차를 타고 가면서 전날 있었던 일을 이야기할 것이다. 그 골칫덩이 선풍기를 달기 위해 조그마한 구멍에 볼트를 끼우느라 서로 옥신각신했던 것에 대해 웃으면서 정답게 이야기꽃을 피울 수 있을 것이다.

이것이 바로 예수 그리스도를 알아가는 방법이다. 이런 것은 당신이 세상에 종말이 왔다는 광고판을 몸의 앞뒤에 달고 떠들어 댄다고 해서 얻어지는 것이 아니다. 이것이 바로 '정상적인 그리스도인의 삶'인 것이다. 이것은 '예수님은 포도나무요 우리는 가지'라는 비유의 말씀을 삶 속에서 실현하는 것으로, 내주하신 그리스도께서 나를 통해 사시는 은혜의 삶을 말한다.

　이와 같이 그리스도와 교제하는 그리스도인은 곧 주님과 가까운 친구가 될 것임을 당신은 알 수 있다. 이렇게 사는 사람이 아이들을 구박하거나 자신의 배우자를 괴롭힌다는 것은 정말 드문 일이 아닐까? 두말하면 잔소리다. 그리스도와 동거하는 이런 친밀한 관계를 계속 발전시켜 가는 사람은 강건해질 것이며, 습관적으로 자신을 통해 그리스도의 생명을 나타냄으로써 이 세상에서 하나님의 뜻을 이루고 싶어 할 것이다. 대단하지 않은가? 당신은 일련의 어떤 규율이나 규칙으로 통제받는 것이 아니라 예수 그리스도의 내적인 생명으로 통제받게 될 것이다. 이것이 바로 하나님이 그분의 법을 우리 마음속에 새겨 두겠다고 하신 말씀이 의미하는 바다(히 10:16).

❦ 매일의 삶 속에 나타나는 생명 되신 그리스도

　"누구든지 그리스도의 영이 없으면 그리스도의 사람이 아니라"(롬 8:9). 당신이 그리스도인이 될 때 '그리스도의 영'(성령)이 당신 안에 들어오신다. 예수님이 왜 당신 안으로 들어오셨을까? 예수님은 왜 전방에서 당신을 인도할 수 있도록 당신 앞으로 오시지 않는 것일까? 또 당신이 지칠 때 기댈 수 있도록 왜 당신 옆으로 오시지 않는 것일까? 당신에게 도움이 필요할 때 뒤에서 번쩍 들어올릴 수 있도록 왜 당신 뒤로 오시지 않는 것일까? 또 당신이 혼자 힘으로 해낼 수 없을 때 도울 수 있도록 왜 당신의 아래로 오시지 않는 것일까?

　예수님이 우리 안으로 들어오신 까닭은, 예수님이 아버지를 기쁘시게 하는 삶을 사셨고 그런 삶을 사실 수 있는 유일한 분이며 순간

순간마다 자신을 통해서 아버지의 생명을 나타내고자 하시기 때문이다. 그리스도의 생명만이 하나님이 주시는 '착하고 충성된 종'이라는 인증서를 얻게 해준다. 이것이 없이 행한 모든 것은 쓰레기일 뿐이다.

어떤 사람이 자신도 그리스도의 삶을 따라 할 수 있다고 생각한다면 그것은 주제 파악을 못하는 것이다. 하나님이 당신을 구원하실 때도 단지 거들어 주는 일만 한 것이 아닌 것처럼, 당신이 세상 가운데 살 때도 단지 거들어 주는 일만 하지는 않으신다. 당신을 구원하실 때도 모든 일을 혼자 하셨던 것처럼 지금도 우리를 위해 모든 일을 혼자 행하신다. 이런 식으로 될 때 존귀(영광)를 받는 분은 당신이 아니라 하나님인 것이다.

구원은 하나님께 속한 것이다. 사람에게 속한 것은 아무것도 없다. 그리스도인의 생명은 그리스도인의 삶을 처음 시작했을 때와 똑같은 방식으로 경험되어야 한다. 예수님은 모든 것을 당신을 위하여, 그리고 당신을 통해서 이루기 원하신다. 이렇게 될 때에 예수님이 음부의 지옥에서 당신을 구원하셨을 때 받은 영광만큼이나 큰 영광을 세상의 지옥에서 당신을 구원하심을 통해서도 받으실 것이다. 그리고 주님은 바라던 대로 당신과의 친밀한 관계를 구축하기 시작하실 것이다. 주님은 당신과 이런 관계를 이루기 위해 죽으셨다. 하나님이 당신의 힘을 자랑스러워하고 기뻐하시리라 믿고 자기 멋대로 자기충족만을 추구하는 삶을 살려는 당돌함을 제발 버리라. 하나님은 이것에 대해 사랑의 편지 속에서 이렇게 말씀하신다. "그들은 자기들의 힘을 자기들의 신으로 삼는 자들이라…범죄하리라"(합 1:11).

하나님은 홀로서기를 싫어하신다. 당신은 자신을 산 제물 드림(살아 있는 사람으로서 생명 되신 그리스도께서 자신을 통해서 사시도록 내어 드림)을 통해 하나님을 의뢰함으로 그분을 기쁘시게 할 수 있다. 그리스도는 이런 제물 드림을 통해서 세상에 생명을 나타내셨다. 주님은 자신의 몸인 교회의 지체 된 당신을 통해서 사심으로 그분의 생명을 나타내기 원하신다. 당신은 그리스도 안에서 유일무이한 존귀한 그릇으로 재창조되었다. 당신을 통해 주님은 자신을 세상에 계시하신다. 아버지께서는 그리스도의 부활 가운데서 당신을 새로운 피조물로 거듭나게 하심으로써 이 일을 성취하셨다(벧전 1:3).

이것은 교회 활동에만 한정되는 것이 아니다. 당신의 배우자와 아이들을 그리스도가 하는 것처럼 대우하는 일, 엘리베이터 안에서 친절히 대하는 일, 교차로에서 예절 지키는 일, 계산대에서 참을성 있게 기다리는 일 등에 모두 적용된다. 하나님은 경건한 삶을 사는 것에 대해서 말씀하신 것이다.

하나님은 여러 해 동안 목회자로서의 사역은 물론 사랑하는 아내와 자녀들에게 내 역할을 제대로 하지 못한 내게 이것을 계시해 주심으로 상황을 완전히 바꾸어 주셨다. 즉 내가 만일 믿음으로 그리스도께서 원하시는 대로 그저 행동하기만 한다면, 내 안에서 주님의 생명을 나타내시는 그분은 아내를 존귀하게 사랑으로 대우하실 것이고, 자녀들에게 친절하게 교제하실 것이라는 계시였다. 그것은 나의 목회와 가정생활을 180도 바꿔놓았다. 예수님은 2,025년 전 자신이 한 사람의 육신 안에 있을 때 보여 주셨던 것과 같은 아가페적인 삶의 방식을 지금 우리를 통해서 모든 시간과 삶에서 다시 보여주려고 하신다.

헬라어로 아가페라는 단어는 행동을 내포하고 있으며, '다른 사람을 위해서 가장 효과적이고 도움이 되는 일을 하는 것'을 의미한다. 육신을 입고 있는 많은 사람을 통해 나타내는 주님의 생명으로 우리는 모든 거듭난 사람들이 갈망하는 일, 곧 이 땅에서 주님의 이름을 영화롭게 하는 일을 할 수 있다.

하나님은 당신 스스로 그리스도인의 삶을 사는 것을 결코 원하지 않으신다는 것을 모든 그리스도인이 알기 바라신다. 하나님은 예수님을 믿는 자들로 이루어진 그리스도의 몸을 통해서 생명을 나타내시며, 그런 몸 안에 거할 때 우리가 세상과 육체 그리고 마귀를 대항하여 지속적인 승리를 경험할 수 있다는 것을 우리가 알기 원하신다. 그런 사람은 무선 그리스도인이 아니라 원자력 발전기보다 더 강력한 힘의 근원인 그리스도께 플러그를 꽂아 놓고 있는 사람이다. 이러한 삶이 하나님께서 그리스도 안에서 계획하신 그리스도인의 삶, 은혜의 삶이다(그리스도인의 '믿음으로 사는 삶', '성령 충만한 삶', '은혜 영성의 삶', '기적의 삶', '승리의 삶'이다).

5장
은혜의 삶과 그리스도인의 믿음으로 사는 삶

만약 그리스도인이 사용하는 용어 중 가장 잘못 이해되고 있는 단어를 열 가지 대라면, 첫 번째로 믿음이라는 단어를 댈 것이다. 믿음이라는 단어는 그리스도인의 삶의 핵심 요소를 말해 주는 것으로, 우리의 삶에 자유와 능력을 가져다주기 위한 것이다. 하지만 다른 단어와는 달리, 믿음이라는 단어는 혼동과 실망, 심지어 죄책감을 사람들에게 가져다주었다.

진리가 삶으로 나타나게 하는 것이 믿음이다(=예수가 나를 통해 사는 삶인 은혜의 삶). 믿음이 없으면 진리가 이해하기 어렵고 비현실적이며 단지 이론적인 것에 지나지 않는다.

히브리서 저자는 구약 시대 이스라엘 백성들과 당시 독자들을 비교하면서 이렇게 말한다. "그들과 같이 우리도 복음 전함을 받은 자이나 들은 바 그 말씀이 그들에게 유익하지 못한 것은 듣는 자가 믿음과 결부시키지 아니함이라"(히 4:2).

두 부류의 사람들이 동일한 진리를 들었다. 한 부류에게는 그 진리가 엄청난 가치를 지닌 것이었으나 다른 한 부류에게는 전혀 가치가 없는 것이었다. 그 원인이 무엇일까? 한 부류는 그들이 아는 것에 믿음을 합했으나 다른 부류는 그렇지 않았기 때문이다. 삶 속에서 진리가 진가를 발휘하려면 진리에 믿음을 합해야 한다.

성경을 읽을 때 우리가 반드시 깨닫게 되는 사실은, 믿음이 그리스도인의 삶에 있어서 없어서는 안 되는 요소라는 것이다. 성경은 우리가 믿음으로 죄에서 깨끗하게 되었고, 믿음으로 의롭게 되었으며, 믿음으로 하나님께 나아갈 수 있게 되었다고 말한다. 그러나 믿음으로 구원받은 이후에야 우리는 믿음으로 살며, 믿음으로 걸어가야 함을 깨닫게 된다. 그리고 그렇게 할 때, 믿음의 방패를 들고 믿음의 선한 싸움을 싸워야 하며, 믿음으로 세상을 정복해 감을 깨닫게 되는 것이다. 그런 뒤에 믿음이 없이는 하나님을 기쁘시게 할 수 없음과 믿음으로 하지 않은 것이 죄임을 깨닫게 된다.

그러므로 우리가 믿음에 대해 어떤 의견을 갖고 있든지, 믿음이 중요하다는 사실에는 동의해야 한다. 더 나아가, 그리스도인의 삶을 사는 데 어려움을 겪고 있다면, 그 이유는 믿음을 발휘하는 데 문제가 있거나 아니면 믿음이 부족해서일 가능성이 매우 크다.

❦ 믿음이란 무엇인가

우리가 첫 번째로 해야 할 일은 믿음이라는 단어를 정의 내리는 것이다. 단어의 의미가 분명히 정의되어 있지 않음으로 인해 많은 혼동이 생길 수 있는데, 특히 어떤 단어의 의미를 이해하는 데 있어서 듣는 사람과 말하는 사람 사이에 차이가 있을 때 그렇다. 그런 차이는 반드시 혼돈을 일으킨다.

믿음의 의미를 정의하기에 앞서 많은 사람이 사용하나 잘못된 믿음의 정의 두 가지를 지적하려고 한다.

1. 믿음은 신비한 능력이 아니다

어떤 사람들은 믿음을 어떤 힘, 즉 믿음을 통해 어떤 일이 현실적으로 일어나도록 하는 정신력과 같은 것으로 이해한다.

한번은 내가 "오늘은 궂은날이 될 거예요"라고 말해서 누군가로부터 비난받은 적이 있다. 그의 말인즉, "오늘 화창한 날이 될 거예요"라고 말했어야 했다는 것이다. 나는 일기예보도 그렇거니와 날씨가 곧 비가 내릴 것 같아서 '궂은 날씨가 될 것이다'라고 말했다. 그러자 그는 "그러나 당신은 오늘이 화창한 날이 될 거라고 말해야 합니다"라고 말했다. "왜 그래야 합니까?"라고 내가 묻자 그는 "그것이 믿음이니까요. 만약 당신이 오늘은 화창한 날이 될 거라고 믿으면, 정말로 화창한 날이 되는 겁니다"라고 대답했다.

그러나 이것은 믿음이 아니다. 그것은 소원일 뿐이며, 믿음이라기보다는 어리석음에 훨씬 가깝다. 믿음은 우격다짐으로 믿어 어떤 일이 일어나도록 하는 신비한 능력이 아니다.

2. 믿음은 사실의 대체물이 아니다

어떤 사람들은 믿음을, 우리가 사실을 버릴 때만 힘을 발휘하는 어떤 것으로 이해한다. 사실을 붙들고 있는 한 우리는 안전하다. 그러나 사실을 버리거나 상황이 약간 불안해지면, 우리는 믿음을 발휘할 필요성을 느낀다. 다른 말로 하면 믿음을 발휘하는 기본 요소는 좋은 상상력, 즉 실현될 수 없는 일이 일어날 것을 기꺼이 믿는 태도인 것이다.

그러나 이것은 사실과 정반대다. 믿음은 사실의 대체물이 아니다. 오히려 믿음은 사실에 근거할 때에만 효력이 있다. 믿음은 스스로 존재할 수 없고, 단지 어떤 대상을 향한 태도로서만 존재할 수 있다. 이런 점에서 보면, 사랑과 비슷하다. 사랑은 어떤 사물이나 사람에 대한 태도로서만 존재할 수 있다.

다리에 힘이 없어 보이고 눈동자를 굴리며 약간 들떠 있는 소녀를 만났다고 상상해 보라. 당신이 그 소녀에게 무슨 일이 있느냐고 물으니 "사랑에 빠졌어요"라고 대답한다. "상대가 누구냐?"라고 질문하자 "아! 아무것도 아니에요. 나는 그냥 사랑에 빠진 거라구요"라고 대답한다. 이런 일은 있을 수가 없다. 그리고 그것은 사랑이 아니다. 사랑은 혼자 고립된 상태에서 느낄 수 있는 감정이 아니라 어떤 사람 혹은 어떤 사물을 향한 태도인 것이다.

믿음도 이와 비슷하다. 믿음은 눈을 감고 두 손을 꼭 쥐고서 어떤 일이 일어나기를 바라는 것이 아니라, 어떤 대상에 대한 신뢰의 태도로서 그 대상이 반응을 보이도록 만드는 것이다.

만약 내가 나의 차에 대한 믿음을 가진다면, 그것은 내가 그 차에 대해 신뢰의 태도를 갖는다는 뜻이며, 그 신뢰로 인해 그 차는 나를 태우고 갈 수 있게 된다. 그리고 믿음을 발휘한다는 것은, 내가 기꺼이 그 차에 타서 그것으로 나를 실어 나르도록 맡기는 것이다.

믿음의 효과를 내느냐 못 내느냐를 결정하는 것은 우리가 믿는 대상이다. 만약 내가 부실한 의자를 깊이 믿고서 그 위에 앉으면 곧

바닥에 엉덩방아를 찧게 될 것이다. 그 원인은 나의 믿음이 부족해서가 아니라 내가 믿었던 대상인 의자가 약하기 때문이다.

반대로 믿음이 작다고 해서 믿음의 대상이 가진 능력이 약화되지는 않는다. 만약 내가 두꺼운 얼음판을 믿지 못하여, 허리에 고무튜브를 차고 가까운 나무에 묶인 밧줄을 붙잡고 유언장을 잘 준비해 놓고 매우 조심스럽게 얼음판에 발을 내딛는다 해도 나는 그 얼음판을 걸을 수 있을 것이다. 그것은 내 믿음이 크기 때문이 아니라 내가 믿는 대상이 강하기 때문이다. 믿음에 있어서 가장 중요한 것은 믿음 자체가 아니라 믿는 대상이다. 왜냐하면 믿음은 그 대상으로 하여금 우리를 위해 행동하도록 만드는 것이기 때문이다.

그리스도인의 삶에서 믿음의 대상은 주 예수 그리스도이다. 믿음이란 그리스도에 대한 신뢰의 태도로서, 그분이 우리의 삶 속에서 그분의 성품과 능력을 나타내시도록 하는 것이다.

성경이 우리가 '믿음으로 구원받았다'고 할 때, 그것은 우리 자신을 구원할 능력이 우리에게 없음을 인정하는 것이며, 그리스도를 의지하여 "주 예수님, 저는 저 자신을 구원할 수 없으나 주님은 저를 구원하실 수 있습니다. 저는 주님이 저를 구원하실 것을 믿습니다"라고 말하는 것이다. 즉 그리스도에 대한 우리의 믿음의 결과로 그분은 역사하실 수 있게 되는 것이다. 왜냐하면 믿음을 발휘한 결과 하나님이 우리를 위해, 우리 안에서, 우리를 통하여 일하실 수 있게 되기 때문이다. 이것이 바로 은혜의 삶이다(믿음으로 사는 삶 = 은혜의 삶).[1]

그리스도인들은 이런 삶을 살도록 계획되었다. 많은 그리스도인이 그리스도께서 그들을 구원하셔야 한다는 사실을 알고 있다. 믿음으로 그리스도인이 된다는 것은 그들에게 기본적이며 기초적인 이론이다. 그러나 그들이 맨 처음 믿음으로 그리스도인이 된 것과 마찬가지로 매일의 삶 속에서 믿음으로 살아야 한다는 사실을 인식하지 못함으로써 문제가 발생한다.

만약 그리스도인의 삶이 단지 하나님을 위해 사는 것이라면, 그런 삶은 또 다른 종교적인 삶의 차원으로 떨어지게 되며, 다른 종교들처럼 지루하고 율법주의적인 삶이 될 것이다.

그리스도인의 삶은 하나님을 위해 사는 삶이 아니라 하나님이 우리 안에 사시는 삶이다. 처음부터 끝까지 그리스도인의 삶은 하나님의 능력에 대한 믿음으로 사는 삶이다.

많은 그리스도인 사이에서 '믿음으로 산다'는 것이 특수한 용어가 된 것에 대해 매우 안타깝게 생각한다. 그들은 다른 수입원이 없이 재정적, 육체적 필요를 전적으로 하나님께 의탁하며 하나님을 섬기도록 부름 받은 사람들에게만 '믿음으로 산다'는 말을 적용한다. 하나님은 많은 사람을 그런 상황으로 부르신다. 하지만 오직 그런 삶에만 '믿음으로 산다'는 말을 붙이는 것은 잘못이다. 모든 그리스도인이 믿음으로 살도록 부름을 받았다. 믿음으로 산다는 것은 우리의 수입원이 어딘가와 거의 혹은 아무런 상관이 없다. 믿음으로 산다는 것은 전적으로 하나님에 대한 우리의 태도와 상관이 있다. 이것은 너무도 중요한 사실이다.

그러므로 믿음으로 사는 것 대신 취할 수 있는 것은 죄 가운데 사는 것이다. 왜냐하면 "믿음을 따라 하지 아니하는 것은 다 죄"(롬 14:23)이기 때문이다. 성경적으로 말해서, 어떤 것을 믿음의 역사라고 칭할 때, 그것은 단순히 '죄의 역사'가 아님을 말하는 것이다. 사람들이 '믿음으로 살고 있다'고 말한다면 '죄 가운데 살고 있지 않다'는 말이다.

믿음으로 사는 것은 모든 그리스도인이 부름 받은 삶이다. 왜냐하면 하나님을 의지하는 삶을 사는 대신 취할 수 있는 유일한 대안은 하나님으로부터 독립해 사는 삶이기 때문이다. 바로 이런 독립적인 삶의 태도가 죄의 핵심이다.

☙ 믿음이라는 말이 사용된 두 가지 방식

한번은 예수께서 성령의 역사에 대해서 말씀하시면서 "그가 와서 죄에 대하여…세상을 책망하시리라 죄에 대하여라 함은 그들이 나를 믿지 아니함이요"(요 16:8-9)라고 하셨다. '죄'란 예수 그리스도에 대한 믿음에서 나오지 않는 모든 것을 말한다. 이러한 맥락에서 우리는 믿음이란 단어를 정의할 필요가 있다. 왜냐하면 믿음이란 말이 사용되는 방식에는 두 가지가 있기 때문이다.

만약 내가 당신에게 포천 산정호수의 괴물을 믿는지 묻고, 그러고 나서 아스피린을 믿는지 물어 본다면, 나는 매우 다른 두 가지 질문을 한 것이다. 산정호수의 괴물을 믿는지 물을 때는 정말 산정호수에 괴물이 살고 있다는 사실을 믿는지 알고 싶은 것이다. 당신은 "예" 혹은 "아니오"라고 대답할 수 있다. 당신은 그 괴물이 존재한다고 믿을 수도 있고 안 믿을 수도 있다. 이런 관점에서 믿음은 순전히 지적인 문제이다.

그러나 내가 당신에게 아스피린을 믿는지 물어 볼 때는, 당신이 고통을 제거하는 약으로서 아스피린이 존재한다는 사실을 이미 알고 있다고 간주하는 것이다. 내가 묻는 것은, "두통이 있을 때 아스피린을 복용합니까?"라는 것이다. 이 경우에 믿음은 당신이 존재한다고 알고 있는 어떤 것이 기능을 하도록 기꺼이 허용하는 것이다.

이것이 신약에서 그리스도와 우리의 관계를 말할 때 사용하는 '믿음'이다. 이 믿음은 단순히 그분이 존재하심을 믿는 것이 아니다. 물론 우리는 먼저 이런 믿음을 가져야 한다. 왜냐하면 하나님께 나아가는 자는 반드시 그가 계신 것을 믿어야 하기 때문이다(히 11:6). 그러나 이런 믿음은 그 자체로 우리에게 아무런 유익을 주지 못한다. 야고보는 "네가 하나님은 한 분이신 줄을 믿느냐 잘하는도다 귀신들도 믿고 떠느니라"(약 2:19)라고 했다. 그러나 우리는 이 첫 번째 믿음을 기초로 하여 두 번째 종류의 믿음-하나님이 일하시도록 하는 우리의 태도-을 발휘해야 한다.

죄의 핵심은 두 번째 종류의 믿음이 없어서 예수께서 역사하시도록 하지 않는 것이다. 하나님을 의지하지 않고 독립적으로 행한다면, 그 행위가 아무리 선하고 합당한 것이라 하더라도 우리는 실제로 죄를 범하고 있는 것이다.

예수님이 "그들이 나를 믿지 아니하므로" 죄에 대해 세상을 책망하신다고 말씀하신 것은, 예수 그리스도를 믿지 않는 것이 가장 큰 죄라는 의미가 아니다. 그보다는 하나님을 의지하는 데서 비롯되지 않은 모든 것이 가장 큰 죄라는 것이다.

우리의 삶에서 하나님을 기쁘시게 하는 것은, 그분이 우리의 하나님이 되어 우리 안에서 그리고 우리를 통하여 역사하시도록 맡기는 것이다. 이것이 "믿음이 없이는 하나님을 기쁘시게 하지 못하나니"(히 11:6)라고 말씀하신 이유이다.

그러므로 믿음으로 사는 것은 예수 그리스도를 향하여, 나의 주인으로서 그분의 권위를 인정하며 내 안에 있는 나의 생명으로서 그분의 권능을 인정하는 태도를 가지는 것이다. 믿음으로 사는 것은 우리 행동의 성격보다는 그 행동의 원인과 관계가 있다.[2]

❦ 믿음을 더하소서

그런데 문제가 하나 있다. 믿음으로 사는 것에 대해서 말하면, 사람들의 마음에 가장 많이 떠오르는 생각 중의 하나가 그들 자신이 충분한 믿음을 소유하지 못했다는 것이다. 사람들은 자주 "내게 좀 더 큰 믿음이 있다면…" 하고 말하거나 다른 사람을 바라보며 "나도 그와 같은 믿음이 있다면…" 하고 말한다. 많은 사람이 "주여, 나의 믿음이 커지게 하옵소서!"라는 단순한 기도를 해 왔다. 만약 당신이 그와 같은 기도를 한 적이 있다면 하나님과 좋은 교제 속에 있는 것이다. 왜냐하면 그런 기도는 한때 제자들이 예수님께 했던 부탁과 똑같은 것이기 때문이다. 그러나 주님의 대답은 그들을 놀라게 했다.

누가복음 17장 5-6절의 이야기다. 제자들은 주님께 "우리에게 믿음을 더하소서"라고 말했다. 이에 대해 예수님은 "너희에게 겨자씨 한 알만 한 믿음이 있었더라면 이 뽕나무더러 뿌리가 뽑혀 바다에 심기어라 하였을 것이요 그것이 너희에게 순종하였으리라"라고 대답하셨다. 겨자씨는 당시 중동 지역에서 가장 작은 씨였다. 그래서 믿음을 더해 달라는 제자들의 요구에 예수님은 무엇이 필요한지 보여주기 위해 가장 작은 것을 예로 드신 것이다. 예수님이 말씀하신 의도는 무엇이었는가? 핵심은 이것이다. 즉 믿음에 있어서 가장 중요한 것은 믿음의 대상이며, 믿음의 크기는 그다음 문제라는 것이다. 당신이 강한 대상에 대해 작은 믿음을 갖고 있다 하더라도 그 대상은 여전히 역할을 감당할 것이다. 다른 말로 하면, 주님은 제자들의 질문이 믿음의 성질을 이해하지 못하고 있음을 보여 주신 것이다.

가장 중요한 것은 믿음의 양이 아니라 믿음의 대상이 갖고 있는 질이다. 강한 대상을 향해 작은 믿음을 갖고 있어도 그 대상으로 하여금 역사하도록 할 수 있는 것이다.

예를 들어 설명해 보겠다. 내가 난생처음 비행기를 탄 것은 선교대학원 졸업 과정으로 모스크바 선교 여행을 갔을 때였다. 당시 나는 약간 들뜬 상태였다. 그러나 동시에 약간은 두려움을 느꼈다. 내가 탈 비행기는 보잉 707이었고, 통로 양쪽으로 좌석이 세 개씩 줄지어 놓여 있었다. 내 자리는 통로 왼편에 있는 세 개의 의자 중 가운데였다.

비행기 안에 들어가니, 나이 많은 부인이 이미 창가 쪽 옆 좌석에 앉아 있었다. 자리에 앉으면서 보니 그 부인은 매우 긴장하는 것 같았다. 좌석의 팔걸이를 너무 세게 쥐어 손가락 마디가 하얗게 될 정도였다. 그 부인은 딸이 모스크바에서 결혼하여 세 명의 아이를 낳았는데 손주들을 아직까지 보지 못했단다. 왜냐하면 비행기를 타는 것이 두려워 그랬다는 것이다. 이번에 딸이 왕복 비행기표를 선물해 줘서 가긴 가는데 정말 두렵다고 했다.

자리에 앉고 얼마 안 있어 한 모스크바 출신의 사업가가 내 옆 좌석에 앉았다. 그는 전에 여러 번 비행기를 탔다고 하는데, 앉자마자 책을 꺼내더니 읽기 시작했다. 그는 주위에서 일어나는 일에 둔감한

듯했고 염려하거나 두려워하는 기색이 조금도 없었다. 이윽고 비행기는 이륙을 위해 활주로 끝을 향해 움직이기 시작했다. 모스크바까지 중간에 한 번 쉬고 오랜 시간이 걸렸다. 그동안 부인은 조금씩 긴장을 풀기 시작했고, 나는 그보다 훨씬 더 많이 긴장을 풀었다. 그리고 오른쪽의 남자는 전혀 긴장하지 않고 먹기도 하고 책을 보기도 하고 음료를 마시거나 자기도 했다.

이 이야기를 하는 이유는, 한 줄에 앉은 우리 세 사람이 갖고 있던 믿음의 분량이 달랐다는 점을 말하기 위함이다. 왼편 부인은 겨자씨만 한 믿음을 갖고 있었다. 나는 그보다는 약간 더 확신을 갖고 있었고, 감자만 한 크기의 믿음을 갖고 있었다. 오른편에 앉은 남자는 아마 비행기를 탈 때부터 멜론만 한 크기의 믿음을 갖고 있었기 때문에 자기가 무사히 도착하지 못할지도 모른다는 생각은 결코 하지 않았을 것이다.

그러나 놀라운 것은, 비록 그 부인이 겨자씨 크기만 한 믿음을, 나는 감자 크기만 한 믿음을, 내 오른쪽의 남자는 멜론만 한 크기의 믿음을 가졌지만, 우리는 모두 동시에 목적지에 도착했다는 것이다. 많은 믿음을 가진 오른편의 남자가 먼저 도착하고, 내가 그다음 도착하고, 왼편의 부인이 나보다 6시간 후에 도착한 것이 아니었다.

무엇보다 중요한 것은 우리가 가진 믿음의 양이 아니라 믿는 대상이 무엇인가 하는 것이다. 비행기를 믿으면, 믿음의 크기가 겨자씨만 하든, 감자만 하든, 멜론만 하든, 우리를 목적지까지 도착하게 하는 것은 바로 비행기이다.

만일 내가 도착했을 때 누군가가 모스크바에 어떻게 왔냐고 물었다면 "믿음으로"라고 대답하지 않았을 것이다. 그 대답이 분명 진리인 것은 사실이지만 말이다. 나는 "비행기로요"라고 대답할 것이다. 왜냐하면 실제적으로 일을 이루는 것은 내가 믿는 대상이기 때문이다.

그렇기 때문에 큰 믿음을 달라는 제자들의 요구에, 예수님께서 믿음의 양은 둘째 문제이고 믿음의 대상이 첫째 문제라고 대답하신 것이다. 만약 제자들이 적은 믿음이라도 하나님께 둔다면, 그들은 하나님의 역사하심을 체험하게 될 것이다.

"믿음이 작은 자여!" 의미

예수께서 제자들에게 '작은 믿음'에 대해 책망하신 다른 몇몇 경우들은, 작은 분량에 대해 언급한 것이 아니라 그들의 믿음이 짧게 지속된 것을 말씀하신 것이었다. 그들의 믿음은 오래 지속되지 않았다.

예를 들면, 베드로가 다른 제자들과 함께 폭풍 속에서 갈릴리 바다 위에 배를 타고 있을 때, 예수님께서 바다 위에 걸어오셨다. 베드로가 "주여, 만일 주님이시거든 나를 명하사 물 위로 오라 하소서"(마 14:28)라고 외쳤다. 예수께서 "오라"고 말씀하시자 베드로가 배에서 내렸고 예수님과 동일한 기적을 체험하였다. 그도 물 위를 걸어 예수께로 간 것이다.

우리는 베드로가 얼마나 오래 그리고 얼마나 멀리 물 위를 걸었는지 모른다. 그러나 마태는 베드로가 "바람을 보고 무서워 빠져가는지라 소리 질러 이르되 주여 나를 구원하소서 하니 예수께서 즉시 손을 내밀어 저를 붙잡으시며 이르시되 믿음이 작은 자여 왜 의심하였느냐 하시고"(마 14:30-31)라고 기록하고 있다.

베드로는 잠시 동안 믿었다. 물 위를 걸었으나 주위를 둘러보고 바람과 자신을 둘러싼 상황을 깨닫고 나자 두려움에 사로잡혔다. 그의 생각에 주 예수 그리스도의 능력보다 폭풍의 힘이 더 커 보였던 것이다. 그 결과 그는 바다 속으로 가라앉았고 믿음이 작은 연고로 책망을 받았다. 이는 그가 많은 믿음을 갖지 못했다는 의미가 아니라 믿음이 오래 지속되지 못했다는 의미에서 책망을 받은 것이다. 그는 믿기를 중단했다. 문제가 된 것은 분량이 적은 믿음이라기보다는 오래 지속되지 못한 믿음이었다.

그러나 우리는 겨자씨 크기만 한 믿음보다는 멜론 크기만 한 믿음의 가치가 크다는 사실을 알아야 한다. 비행기를 타고 있던 우리 세 명은 모두 똑같이 목적지에 도착했지만 가장 큰 믿음을 갖고 있던 남자는 믿음이 거의 없었던 부인이나 중간 정도의 믿음을 갖고 있던 나보다 더 많이 안식을 취하며 여행을 즐길 수 있었다. 그러므로 믿음의 성장을 구하는 것은 타당한 것이다.

❦ 믿음의 성장

믿음이 성장할 수 있는 유일한 방법은 믿음의 대상에 대한 지식의 증가다. 이것은 매우 간단하면서도 분명한 원리다. 아마도 비행기를 타고 있던 그 남자는 여러 번 비행기를 탄 경험이 있을 것이다. 그리고 비행기 여행에 대해 많은 것을 알고 있었기에 훨씬 더 확신을 가질 수 있었을 것이다.

하나님에 대한 믿음은 하나님을 알아 감으로써 자란다. 다른 방법은 없다. 바울은 "믿음은 들음에서 나며 들음은 그리스도의 말씀으로 말미암았느니라"(롬 10:17)라고 말한다.

중요한 점은 하나님의 말씀을 통해서 그리스도가 우리에게 계시된다는 것이다. 또한 그리스도가 우리에게 계시됨으로 인해 우리는 하나님에 대한 더 많은 지식을 얻고 그분에 대한 확신을 갖게 되고, 따라서 그분을 더 신뢰하고 믿게 된다. 이것은 성경을 읽는 주된 이유다. 즉 우리가 예수 그리스도를 더 잘 알아 가기 위함인 것이다. 그리스도를 알게 될 때에 우리는 그분을 신뢰할 수 있게 되며, 그분을 더 많이 알수록 당연히 그리고 반드시 그분을 더욱더 신뢰하게 된다.

예수 그리스도를 알아 가는 것 외에는 다른 방법이 없다. 이것은 우리의 삶에 가장 필요한 것으로서, 그 목적은 멀리서 그분을 영웅처럼 숭배하기 위해서가 아니라 그분이 우리의 삶과 경험 속에 들어와 자신을 나타내시도록 하기 위해서다.

지금까지 우리는 믿음에 대해 정의 내리는 것을 다루었다. 믿음이 무엇인가를 아는 것이 의미를 가지려면 그 믿음이 어떻게 작동하는가를 깨달아 가야 한다. 절대 어떤 것을 알고 있다는 것에 만족하지 말라. 알고 있는 그것이 당신의 삶의 부분이 될 때만 만족하라.

믿음으로 산다는 것은 곧 그리스도의 생명이 나를 통해서 사는 은혜의 삶을 말하는 것이다.

6장
은혜의 삶과 성령을 따라 사는 삶
(성령 충만한 삶)

성령 충만한 삶에 대해서도 은사와 능력 행함을 너무 강조하는 이들(신학자, 성령 운동 하는 목회자)로 말미암아 교회와 성도들은 혼란을 겪고 있다. 이 장에서는 성령을 따라 사는 삶을 다루고자 한다. 결론을 먼저 말하자면, 성령 충만한 삶은 성경을 깊이 상고하면 할수록 그리스도께서 그분을 믿는 사람을 통해서 사시는 은혜의 삶임을 알 수 있다.

예수 그리스도의 사역 목적은 우리의 죄를 사하고 우리를 깨끗게 하시는 것 이상이다. 죄 사함의 은총은, 이미 앞에서 살펴보았듯이 분명 사람들의 가장 깊은 필요를 채워 준다. 그러나 사람들은 단지 죄 사함만을 필요로 하는 것이 아니라 선에 대한 갈망도 가지고 있다. 사람들이 죄의식을 갖는 이유는 선하게 살고자 하기 때문이다. 그러므로 그리스도의 사역 목적은 선을 확립하는 것이다.

그리스도는 우리의 죄를 사하시는데, 그 이유는 죄로부터 깨끗하게 되는 것이 그분의 사역 최종 목적이기 때문이 아니라, 성령으로 말미암아 우리 안에 사시기 위함이다. 실제로 한 사람을 그리스도인으로 만드는 것은 죄 사함을 기초로 한 성령의 임하심이다. 어떤 사람의 죄가 사라졌다고 해서 그가 그리스도인이 되는 것이 아니라, 성령이 임하셔야 될 수 있다. 사도 바울은 "누구든지 그리스도의 영이 없으면 그리스도의 사람이 아니라"(롬 8:9)라고 썼다.

만일 내가 10,000원짜리 책을 사러 책방에 간다면 두 가지 일이 발생할 것이다. 나는 10,000원을 지불할 것이고, 그러고 나서 그 책을 받을 것이다. 그리고 책방에서 나오는 나를 보고 내 친구가 뭘 했냐고 물어 보면 나는 "10,000원을 지불했어"라고 대답하지는 않을 것이다. 대신 "책을 한 권 샀어"라고 대답할 것이다. 돈을 지불한 것은 목적을 위한 수단이지 그 자체가 목적은 아니었다. 나의 목적은 책을 구입하는 것이었다.

이와 마찬가지로 죄 사함 받는 것이 아무리 중요하고 놀라운 일이라 하더라도(한순간도 그것의 중요성을 무시하지 않지만), 그것이 우리를 그리스도인으로 만들거나 그리스도인이 되는 목적을 충족시켜 주지는 못한다. 죄 사함 받는 것은 단지 목적을 위한 수단일 뿐이다. 죄 사함을 받음으로 말미암아 성령께서 죄 사함 받은 자들의 마음속에 임하셔서 그들 안에서 예수 그리스도의 삶을 사시고, 그들을 통하여 예수 그리스도의 성품을 재생산하실 수 있게 된다.

죄 사함 받은 것에 대해 감사하면서도 성령의 능력 안에서 살지 못하므로 죄 사함 받은 목적을 누리지 못하는 그리스도인들을 보면 참으로 안타깝다.

갈보리 십자가에서 죽으실 때 그리스도는 죄 사함에 대한 우리의 필요를 채워 주셨다. 그러나 그리스도께서 권능 있는 삶, 거룩한 삶에 대한 우리의 필요를 채워 주신 것은, 성령 받을 조건을 갖춘 사람에겐 누구에게든지 성령이 임했던 오순절 때였다.[1] 실제로 한 사람을 그리스도인으로 만드는 것은 바로 이것이다.

❦ 성령과 예수 그리스도

성령의 사역과 그리스도의 사역 간의 관계는 중요하다. 사도 요한은 예수님이 제자들에게 "내가 아버지께 구하겠으니 그가 또 다른 보혜사를 너희에게 주사 영원토록 너희와 함께 있게 하리니 그는 진리의 영이라"(요 14:16-17)라고 말씀하신 것을 기록하고 있다. 이 구절에서 '또 다른'이라고 번역된 헬라어는 중요한 단어다. '알로스'(allos)라는 단어로 '같은 종류의 또 하나'란 의미이다. '또 다른'으로 번역될 수 있는 다른 헬라어 단어는 '헤테로스'(heteros)인데, 이것은 '다른 종류의 또 하나'란 의미이다.

만약 티스푼 하나를 들고 누군가에게 '헤테로스'란 단어를 사용하여 또 하나의 스푼을 달라고 요청하면, 그 사람은 당신에게 식사용 스푼이나 나무 스푼을 가져다줄 것이다. 그러나 만약 '알로스'라는 단어를 사용한다면, 당신은 손에 쥐고 있는 것과 동일한 종류의 스푼을 요청하는 것이며, 결국 티스푼을 받게 될 것이다. 성령의 정체성과 사역은 예수 그리스도와 동일하다. 그리스도의 사역과 성령의 사역 사이에는 어떤 종류의 불일치나 충돌 혹은 분쟁이 없다.

성경은 때때로 '우리 안에 계신 그리스도'와 '우리 안에 계신 성령님'이란 표현을 번갈아 가며 사용한다. 이것은 우리를 혼란에 빠뜨리기 위함이 아니다. 우리 안에서 예수 그리스도의 삶을 살고 우리를 통해 예수 그리스도의 성품을 나타내는 것은 바로 성령님이시다. 성령의 존재와 사역은 전적으로 그리스도 중심이며 그리스도와 연관된 것이다.

우리는 성령의 활동에 집중하면서도 그리스도의 성품과는 거리가 먼 기독교를 조심해야 한다. 곧 살펴보겠지만 성령은 우리 주위에 있는 사람들이 그리스도를 인식할 수 있도록 우리 안에 그리스도의 성품을 창조하신다.

🌿 우리 안에 성령 임재의 증거들

당신은 어떻게 성령께서 당신 안에 살아 계심을 알 수 있는가? 우리는 이 사실을 분명히 알아야 한다. 결국 성령님이 하나님이시라면, 그리고 죄를 깨닫고 회개하는 사람들의 마음속에 들어오시도록 그분께 간구했다면, 그분이 그들의 삶 속에 사신다는 증거들이 있어야 한다. 그분은 동면하시기 위해 오신 것이 아니라 살아서 역사하시기 위해 오셨다. 성령에 대한 우리의 믿음은 실제 삶 속에서 표현될 때에만 가치가 있다. 우리는 성령에 대한 진리들을 성경이 말하는 대로 알고 믿어야 한다. 그러나 그것만으로는 충분하지 않다. 그 진리들은 단순한 성경상의 진리에서 더 나아가 체험적인 삶으로 발전되어야 한다.

내가 가고자 하는 도시의 버스 시간표가 내게 있다고 하자. 그 시간표는 진짜이고 정확하다. 그러나 그것이 나를 목적지로 데려다주지는 못한다. 그 시간표는 진짜이고 나는 그 시간표를 보고 정보를 얻는다. 그러나 시간표에 적혀 있는 사실이 나의 경험이 되는 것은 내가 그것을 보고 알게 된 시간에 버스에 올라타서 목적지로 향해 갈 때 비로소 이루어진다. 버스를 타지 않으면 그 버스 시간표는 아무런 소용이 없다.

예수 그리스도의 몸 된 교회 중 많은 교회가 진리를 경험한 여부보다는 진리를 믿는 여부에 의해 정통이냐 아니냐를 판가름한다는 사실이 안타깝다. 물론 우리는 전적으로 확고히 성경의 객관적인 계시에 기초해 있어야 한다. 성경에서 어떤 것도 빼거나 더해서는 안 된다. 그러나 성경의 진리들은 실제 삶 속에서 체험되고 이루어져야 한다.

사도 바울이 3차 전도 여행 중 에베소에 도착했을 때, 그는 '제자'라고 불리는 몇몇 사람들을 만났다. 사도 바울은 그들에게 흥미로운 질문을 하나 했다. "너희가 믿을 때에 성령을 받았느냐"(행 19:2). 이 질문 속에서 심오한 의미를 찾으려고 하지 말라. 왜냐하면 이 질문은 의미가 매우 분명한 직설적인 질문이기 때문이다. 그는 "너희가 그리스도인이냐?"라고 물은 것이다. 만약 사도 바울이 이런 식으로 질문을 했다면 그들은 그리스도인이 된다는 것이 어떤 의미인지 잘 모른 채 "그렇다"라고 대답했을 것이다.

그러나 사도 바울의 질문은 그렇게 쉽게 대답할 수 있는 성질의 것이 아니었다. 사도 바울은 그들에게 교리적인 질문을 한 것이 아니라 개인적인 체험에 대해 물은 것이다. "성령께서 찾아와서 당신 안에 살아 계심을 나타내는 증거가 있는가?"라고 물은 것이었다. 사도 바울은 그들이 자신들의 체험을 기초로 깨닫게 되길 원했다. 사도 바울은 후에 로마에 있는 성도들에게 보내는 편지에서 "성령이 친히 우리의 영과 더불어 우리가 하나님의 자녀인 것을 증언하시나니"(롬 8:16)라고 썼다.

성경에는 우리가 거듭난 사실에 대한 객관적인 증거만 있는 것이 아니라 매일의 삶에서 성령이 함께하신다는 주관적인 증거도 있다. 사도 요한은 "우리에게 주신 성령으로 말미암아 그가 우리 안에 거하시는 줄을 우리가 아느니라"(요일 3:24)라고 썼고, 잠시 후에는 "그의 성령을 우리에게 주시므로 우리가 그 안에 거하고 그가 우리 안에 거하시는 줄을 아느니라"(요일 4:13)라고 썼다. 사도 요한은 우리가 스스로 그리스도인이라고 생각하는 것은 우리 안에 성령이 계심을 알기 때문이라고 말하고 있는 것이다.

나는 "당신이 그리스도인이라면 당신 안에 성령님을 모시고 있어야 한다"라고 말하는 것을 여러 번 들은 적이 있다. 이 말은 한편으로는 진실이다. 그러나 나는 신약성경이 그 순서를 반대로 말하고 있다고 생각한다. 즉 당신이 성령님을 모시고 있다면 당신은 그리스도인임에 틀림없다는 말이다. 그리스도인이 됨으로써 성령을 받을 권리를 부여받는 것이 아니라, 성령을 내면에 모심으로써 그리스도인이 되는 권리를 부여받는 것이다.

이것은 중요한 문제다. 바울은 고린도 교인들에게 "너희는 믿음 안에 있는가 너희 자신을 시험하고 너희 자신을 확증하라 예수 그리스도께서 너희 안에 계신 줄을 너희가 스스로 알지 못하느냐 그렇지 않으면 너희는 버림받은 자니라"(고후 13:5)라고 말했다.

우리는 우리의 삶 속에 성령께서 임재하시는 증거를 기대해야 한다. 성령의 임재하심을 나타내는 증거로써 무엇을 들 수 있겠는가? 많은 종류의 증거들이 제기되어 왔다. 나는 여기에서 그리스도인의 삶에 나타나는 성령의 역사를 모두 포괄하는 세 가지를 제시하려고 한다. 이것이 우리 속에서 역사하시는 성령님의 사역에 대한 완결된 연구는 결코 아니지만, 성령께서 그 속에서 자유롭게 역사하실 수 있는 사람 안에서 발견할 수 있는 중요한 특징들이다.

1. 예수 그리스도를 알고자 하는 갈급함

성령의 임재를 나타내는 첫 번째 증거는 예수 그리스도를 알고자 하는 새로운 갈망이다. 성령님은 자신을 높이거나 영화롭게 하지 않으신다. 대신 그분은 그리스도를 높이며 영화롭게 하신다. 그리스도를 계시하시며(고전 12:3), 그리스도께서 말씀하신 모든 것을 우리로 생각나게 하시고(요 14:26), 그리스도에 대해 증언하시며(요 15:26), 그리스도께 영광을 돌리시고(요 16:14), 그리스도의 것을 가지고 우리에게 알리시는 것(요 16:15)이 성령의 사역이다.

그러므로 어떤 사람의 삶 속에서 성령님이 역사하시는 첫 번째 증거 중의 하나는 그에게 예수 그리스도가 매력적으로 보이기 시작한다는 것이다. 예수 그리스도가 더 이상 멀리 있거나 신화적인 존재로 여겨지는 것이 아니라 실제적인 존재로 여겨진다. 그리고 그런 변화를 일으키는 것은 바로 성령님이시다.

왜 그리스도인이라고 자처하는 많은 사람이 때때로 그리스도에 대해 말하기를 수줍어하는 것일까? 그들은 교회에 대해 그리고 기독교 교리의 좋은 점들에 대해서는 기꺼이 말할 것이다. 그러나 예수 그리스도(하나님, 성령님)에 대해 말하기는 꺼린다.

지금까지 한 번도 교회 집회에 참석하여 복음을 접해 본 적이 없는 18세 소녀가 있었다. 하나님은 그녀의 삶 속에서 역사하기 시작하셨고, 친척의 인도로 교회 예배에 참여했다. 그녀는 성경책을 한 권 빌려 가서 온종일 읽었다. 집회 중에 그녀는 설교 내용을 모두 받아들였다.

그녀는 왜 아무도 예배 후에는 그리스도에 대해 말하기를 원치 않는지 이해하기가 어렵다고 했다. 사람들은 앉아서 커피를 마시며 날씨 얘기, 휴가 얘기, 혹은 부동산과 주식에 관한 정보에 대해서는 얘기하지만, 아무도 그리스도에 대해서는 이야기하려고 하지 않았다. 그 교회는 참으로 좋은 교회로 그리스도께서 일하심을 보여 준 교회였다. 그녀의 말은 아마도 한 부분을 일반화시킨 것이라고 생각된다.

하지만 그녀가 말한 것이 사실일 때가 자주 있다. 이런 일이 교회에서뿐만 아니라 우리의 가정에서조차 반복되고 있다. 그리스도에 대한 갈급함이나 그분을 더 잘, 더 깊이 알아 가려는 열망이 없으면 당신 속에 성령님이 계시지 않거나 소멸되었거나 탄식하고 계신 것이다.

우리는 이미 그리스도인의 삶은 관계지 단순히 체험이나 감정이 아니라고 말한 적이 있다. 우리 안에 있는 성령님의 생명이 표현되는 방식은 우리가 믿는 것을 아는 것이 아니라, 바울의 말처럼 '내가 믿는 분을 아는 것'이며 우리가 믿고 있는 그분을 더욱더 깊이 아는 것이다.

사람들이 사랑에 빠지면 가장 먼저 나타나는 증상 중의 하나가 서로에 대해 알고자 하는 강한 열망이다. 무엇보다도 가능한 많은 시간을 함께 보내려고 한다. 서로 사랑하면 자신이 사랑하는 상대방을 더 깊이 알고자 하는 강한 열망이 있는 것이다.

당신의 내면 깊은 곳에 예수 그리스도를 더 깊이 알며 사랑하고

자 하는 갈급함이 있는가? 이러한 갈급함을 표현하기를 두려워할 수 있으나 만약 그런 갈급함이 있다면 그것은 당신 안에 성령이 계신다는 하나의 증거라고 할 것이다.

그리스도를 알고자 하는 열망이 표현되는 방식의 하나는 성경을 읽고자 하는 새로운 열정이 생기는 것이다. 성경은 그리스도에 대해 가장 잘 계시하고 있다. 예수님은 한때 몇몇 유대인들에게 성경공부의 무익함에 대해 말씀하신 적이 있다. "너희가 성경에서 영생을 얻는 줄 생각하고 성경을 연구하거니와 이 성경이 곧 내게 대하여 증언하는 것이니라 그러나 너희가 영생을 얻기 위하여 내게 오기를 원하지 아니하는도다"(요 5:39-40).

그 유대인들은 단지 성경을 알고 싶어서 공부했으며, 따라서 그런 공부가 그들에게 전혀 유익을 주지 못했다. 예수님은 그들에게 성경을 공부하는 목적이 그리스도를 발견하기 위함이며, 그 이유는 성경이 그리스도를 계시하는 책이기 때문이라고 말씀하셨다. 바로 이러한 이유 때문에 우리가 성경을 매일 읽는 것이 유익한 것이다. 즉 성경을 매일 읽는 것이 유익한 이유는, 성경이 일종의 미신의 대상이라서 만약 하루라도 성경을 읽지 않으면 버스에 치일 가능성이 많기 때문이 아니라, 성경이 그리스도를 계시해 주기 때문이며 성경을 읽는 당신의 마음속에 그를 더욱 알고자 하는 갈급함이 있기 때문이다.

성경은 오직 예수 그리스도의 빛 아래서만 의미를 가진다. 그래서 사람들이 그리스도를 알게 될 때, 성경은 새로운 책으로 다가온다. 사랑하는 아내의 편지를 자주 읽게 되는 것은 편지를 쓴 사람이 내가 알고 사랑하며 돌보는 사람이기 때문이며, 그 사람의 관심사가 곧 나의 관심사이기 때문이다. 아내가 쓴 편지는 그 자체로 내게 소중하다. 왜냐하면 그 편지는 나의 아내에 대해 말해주는 것이기 때문이다.

성경도 마찬가지다. 예수 그리스도에 대한 사랑은 항상 당신을 그분의 말씀으로 인도한다. 이것은 기록된 말씀을 통하여 살아 있는 말씀이신 주 예수님 자신을 계시하기 위함이다. 성령의 사역은 우리를 그리스도께 더 가까이 인도하는 것이며, 따라서 우리를 그의 말씀으로 인도하는 것이기 때문이다.

2. 예수 그리스도를 닮고자 하는 갈급함

우리는 그리스도를 알고자 하는 갈급함뿐만 아니라 그리스도를 닮고자 하는 갈급함을 갖게 된다. 바울은 그리스도인의 삶 속에 나타날 '성령의 열매'에 대해 말한다. '열매'란 그리스도인의 삶 속에 성령이 임재하심으로 반드시 나타나는 결과들을 말한다. "오직 성령의 열매는 사랑과 희락과 화평과 오래 참음과 자비와 양선과 충성과 온유와 절제니"(갈 5:22-23).

이 구절을 보면 열매의 목록들이 하나로 묶여 있음을 알 수 있다. "성령의 열매는…"이라고 했지 "성령의 열매들은…"이라고 하지 않았다. 아홉 가지 다른 열매들이 있어서 어떤 열매들은 이 사람에게, 어떤 열매들은 저 사람에게 나타나는 것이 아니다. 아홉 가지 성품 모두가 함께 우리 삶 속에서 나타나는 성령의 사역을 표현하고 있는 것이다.

이러한 성령의 열매들은 한 단어로 압축할 수 있는데, 그것은 '인격'이다. 보다 구체적으로 말하면, 그것은 그리스도의 인격이다. 왜냐하면 그리스도의 삶 속에서 이 열매를 완벽하게 산출하신 분이 성령님이며, 바로 그 성령님이 우리의 삶 속에서 동일한 인격을 나타내기 원하시기 때문이다.[2]

사탄이 성령의 은사들은 흉내 낼 수 있지만 성령의 열매는 흉내 낼 수 없는데, 성령의 열매가 하나님의 성품의 표현이며 사탄은 그것을 증오하기 때문이다.

이런 변화된 인격은 세 가지 방식으로 나타나는데, 사람들에 대한 태도의 변화와 환경에 대한 태도의 변화, 그리고 자기 자신에 대한 태도의 변화가 그것이다.

1) 사람들에 대한 태도의 변화

성령의 첫 번째 열매는 사랑이다. 그리고 뒤에 언급되는 '자비와 양선과 충성' 그리고 '온유'도 사랑이 표현되는 방식으로써 다른 사람들에 대한 우리의 태도에서 나타난다.

사랑은 그리스도인임을 나타내는 증거라고 예수님은 말씀하셨다. "너희가 서로 사랑하면 이로써 모든 사람이 너희가 내 제자인 줄 알리라"(요 13:35). 예수님이 이렇게 말씀하신 이유는 분명하다. '하나님은 사랑'이시기 때문이며, 사랑의 나타남은 하나님의 성품이 회복되는 것을 의미하기 때문이다(요일 2:5).

신약성경에는 '사랑'에 해당하는 단어가 두 가지 나온다. 그중 여기서 사용된 단어는 '아가페'(agape)다. 이 단어가 의미하는 것은 감정적이기보다는 의지적인 것이다. 다시 말해 누군가를 향한 단순한 감정만을 말하는 게 아니라 그 사람을 향한 마음과 의지의 상태를 나타낸다.

이것은 바울의 빌립보서에 잘 나타나 있다. "아무 일에든지 다툼이나 허영으로 하지 말고 오직 겸손한 마음으로 각각 자기보다 남을 낫게 여기고"(빌 2:3). 자기보다 남을 낫게 여기라는 말씀은 자기를 남보다 선하지 않은 것으로 여기라는 가치 판단을 내포하고 있는 것처럼 들린다. 그러나 본래의 의미는 다른 사람들을 자신보다 더 중요하게 여기는 것이며, 이것이 '아가페' 사랑의 본질이다. 당신이 누군가로부터 사랑받고 있다는 증거의 하나는 그 사람에게 당신이 중요한 존재라고 느껴지기 시작하는 것이다. 우리의 삶 속에 성령께서 역사하시면 사람들은 중요한 존재가 된다. 그리고 그들을 향한 우리의 태도가 전반적으로 새로워진다.

사랑은 우리가 좋아하는 사람들을 향한 감정 그 이상이다. 사랑은 태도다. 심지어 우리가 좋아하지 않거나 좋은 관계를 유지하기 힘든 사람들에게도 "내가 그들과 관계를 맺는 순간에 그들은 나 자신보다 더 중요한 존재이다"라고 말하는 것이다.

성경에 나오는 사랑에 대한 고전적인 정의는 바울이 쓴 고린도전서 13장에서 찾아볼 수 있다. 그중 한 부분(고전 13:4-8)은 다음과 같다.

"사랑은 오래 참고 사랑은 온유하며 시기하지 아니하며 사랑은 자랑하지 아니하며 교만하지 아니하며 무례히 행하지 아니하며 자기의 유익을 구하지 아니하며 성내지 아니하며 악한 것을 생각하지 아니하며 불의를 기뻐하지 아니하며 진리와 함께 기뻐하고 모든 것을 참으며 모든 것을 믿으며 모든 것을 바라며 모든 것을 견디느니라 사랑은 언제까지나 떨어지지 아니하되."

여기서 사랑이라는 말 대신에 그리스도를 집어넣어 다시 읽어 보면 의미가 완벽하게 통한다는 것을 알게 될 것이다. 예수 그리스도는 사랑의 화신이다. 왜냐하면 하나님이 사랑이시기 때문이다. 이것은 우리의 삶 속에서 역사하시는 성령님의 목적이기도 하다. 예수 그리스도를 닮고자 하는 마음은 우리 안에 성령께서 역사하고 계신다는 증거이다.

2) 환경에 대한 태도의 변화

바울이 성령의 열매로서 열거한 자질들 중에는 '희락', '화평' 그리고 '오래 참음'이 있다. 우리는 자신의 기쁨을 빼앗고 마음의 평안을 흔들며 참을성을 소진시키는 환경의 어려움에 취약하다. 그런데 성령께서는 우리의 문제들에 대해 전혀 새로운 태도와 관점을 갖도록 하신다. 그리스도인은 어떤 사람들이 생각하듯 고난에서 완전히 제외된 자들이 아니다. 그리스도인은 고난에 직면하여 극복할 수 있는 힘을 부여받은 자들이다.

희락은 행복과는 다른 개념이다. 행복은 환경에 의해 결정되는 편안한 감정이다. 당신이 만약 화창한 날에 해변에서 한 손에 큰 아이스크림을 들고 사랑하는 사람과 함께 누워 있다면, 아마도 행복하다고 할 수 있을 것이다. 그러나 만약 검은 구름이 당신과 태양 사이를 가로막고서 굵고 차가운 빗줄기를 퍼붓기 시작하고, 사랑하는 사람이 일어나 떠나 버리며, 파도가 밀려와 당신의 옷을 휩쓸어 가 버린다면, 당신은 아마 행복한 감정을 상실하게 될 것이다. 행복한 감정은 좋은 환경과 관련되어 있으며, 따라서 표면적이고 피상적이다.

그러나 희락은 훨씬 더 심오하다. 그것은 환경 너머에 있는 것을 바라보시는 하나님에 대한 확신이다. 바울은 빌립보서를 쓸 당시 로마의 감옥에 갇혀 있었다. 그는 쇠사슬에 매여 있다고 자신을 묘사한다. 그리고 감옥에 있는 동안 자신을 괴롭히려고 애쓰는 사람들에 대해 말한다. 그는 그리스도의 십자가의 원수들에 대해 언급하면서 눈물을 흘린다(빌 3:18).

그러나 같은 서신에서 "주 안에서 항상 기뻐하라 내가 다시 말하노니 기뻐하라"(빌 4:4)라고 말한다. 바울이 이런 말을 할 수 있었던 것은 그가 받고 있는 고통을 즐기기 때문이 아니라, 고난 너머를 바라보며 하나님의 선하심과 역사하심 안에서 기뻐할 수 있었기 때문이다.

화평(평화, 평강과 같은 말)은 평온과 다른 개념이다. 한번은 미술 경시대회가 열렸는데, 대회에서 정해 준 제목이 '평화'였다. 그 대회에서 수상자가 두 명이 나왔다. 한 사람의 그림을 보면, 하늘에는 흰 구름이 한두 점 떠 있고, 언덕이 있고, 잘 정돈된 침엽수들이 무성하게 덮여 있으며, 호수 가장자리까지 나무들이 있어 그 그림자가 호수 면에 마치 거울처럼 비쳤다. 호수 위에는 오리 한 마리와 오리 새끼 몇 마리가 햇살이 쬐는 평온함 속에서 유유히 떠 있었다. 이 그림이 2등 상을 차지했다.

다른 한 사람의 그림을 보면, 우레를 동반한 폭우가 내리고, 세찬 바람으로 파도가 맹렬히 바다 위에 깎아 놓은 듯 서 있는 절벽에 와서 부딪혔다. 하늘은 먹구름으로 덮여 있고, 비가 억수같이 쏟아지고 있으며, 번개가 그림 오른편에 그려져 있었다. 대략 절벽의 3분의 2 지점에 있는 바위에 갈라진 틈이 있었는데 그 틈 안에 새 둥지 하나가 있고 그 둥지 안에 눈을 감고 앉아 있는 갈매기가 있었다. 이 그림을 그린 사람은 그림의 제목을 '평화'라고 붙였고 1등 상을 수상했다.

하나님의 평화는 우리가 어려움으로부터 벗어나는 것이 아니라 그 어려움들 속에서 경험하는 것이다. 이것은 마치 "바다에 큰 놀이 일어나 배가 물결에 덮이게"(마 8:24) 되었을 때 배 안에서 주무시던 예수님의 모습과도 같다.

사도 바울은 빌립보서 4장 6절에서 우리가 염려하는 것이 당연한 상황이 있다는 것을 인정했다. 그러나 염려하는 대신, 그 상황을 하나님께 가져가서 맡겨야 한다고 말한다. 만약 당신이 그분을 신뢰한다면 더 이상 걱정할 필요가 없다. 왜냐하면 그분이 그 상황을 해결해 나가실 것이기 때문이다.

하나님은 우리의 문제에 대해 걱정하지 않으신다. 그러므로 공포 대신 평강이 있다. 그리고 이 평강은 "모든 지각에 뛰어난 평강"이다. 하나님은 우리가 문제에서 도피하는 것이 아니라 문제들 가운데서 그분의 능력을 입증해 보이기 원하신다.

오래 참음은 평화와 연관성이 매우 크다. 현재 일어나고 있는 일들로 염려할 때 우리의 평화는 위협받는다. 우리가 시야를 넓혀 현재 너머를 볼 수 있다면, 사물을 다른 시각에서 보게 된다. 우리로 하여금 현재 너머를 보고 기다릴 수 있게 하는 것이 오래 참음이다. 그런데 흥미로운 사실은, 우리에게 오래 참음을 가르쳐 주는 것이 바로 고난이라는 것이다. 바울은 "환난은 인내를…이루는 줄 앎이로다"(롬 5:3-4)라고 썼다.

많은 경우 환난은 우리의 가장 친한 친구다. 왜냐하면 환난이 우리를 가르치고 우리를 위해 일하기 때문이다. 우리의 삶 속에 성령님이 임재하신다는 사실은 환경에 대한 새로운 태도로 드러난다. 즉 환경에 대해 기쁨과 평강 그리고 오래 참음의 태도를 보이게 되는 것이다.

3) 자기 자신에 대한 태도의 변화

성령의 임재하심으로 말미암은 열매는 '자기 제어'로 나타난다. 성경은 우리가 성령의 제어 아래 들어가게 된다고 말하지 않고, 성령께서 우리가 제어할 수 있도록 만드신다고 말한다. 성령에 의해 제어된다는 생각이 수년 동안 발전해 왔다. 그러나 엄격히 말하면 그것은 성경적인 생각이 아니다. 새 국제역(NIV)은 한두 군데서 '성령 안에서'라는 표현을 '성령에 의해 제어받는'으로 번역했는데, 이것은 오해의 여지가 있다. 성령은 우리로 하여금 무엇을 하도록 만든다는 의미에서 우리를 제어하시는 것이 아니다. 그분은 우리를 통해 사심으로 제어할 수 있도록 만드신다.

우리를 제어하려는 것들이 많다. 우리의 습관, 탐욕, 이기심, 자만 등이다. 그러나 성령은 우리로 하여금 무엇을 강요받아 하게 하는 대신 우리와 함께하심으로 제어할 수 있도록 만드신다. 이것이야말로 진정한 의미의 자유함이다. 솔로몬은 "자기의 마음을 제어하지 아니하는 자는 성읍이 무너지고 성벽이 없는 것과 같으니라"(잠 25:28)라고 썼다.

성령의 열매들 중 어느 하나도 저절로 주어지는 것은 없다. 성령님은 열망을 이끌어 내시고 우리로 하여금 할 수 있게 만드신다. 그러나 성령의 열매와 관련된 모든 삶의 영역에서 우리가 훈련받아야 할 필요가 없어짐을 의미하지는 않는다. 베드로는 베드로후서 1장 3-7절에서 우리가 그리스도 안에서 생명과 경건에 속한 모든 것을 소유하고 있음을 전제한 뒤 그 위에 그런 모든 자질들을 우리의 삶 속에 계속해서 더 많이 나타낼 수 있도록 노력해야 한다고 말한다.

그러므로 성령의 사역 중 하나는 예수 그리스도를 닮고자 하는 갈급함을 우리 속에 창조하시는 것이다. 이런 성령의 사역이 지향하는 목적은, 그리스도의 삶이 사람들에게 매력적이며 하나님을 기쁘시게 하는 삶이 될 수 있게 했던 성품들이 우리의 삶에서 더욱더 나타나게 하기 위함이다.

3. 예수 그리스도를 섬기고자 하는 갈급함

성령은 우리를 통해 흐르기 위해 우리에게 찾아오신다. 예수님은 초막절 끝날에 예루살렘에서 "누구든지 목마르거든 내게로 와서 마시라 나를 믿는 자는 성경에 이름과 같이 그 배에서 생수의 강이 흘러나오리라"라고 말씀하셨다. 사도 요한은 계속해서 "이는 그를 믿는 자들이 받을 성령을 가리켜 말씀하신 것이라"라고 증거했다(요 7:37-39).

성령은 물이 컵 속에 부어지듯 우리의 삶 속에 부어지는 것이 아니다. 그보다는 물이 파이프 속에 부어지는 것에 더 가깝다. 컵에 물이 가득 차면, 그냥 차 있을 뿐이다. 그러나 무엇이든 파이프 속에 부어지면 그것은 파이프를 통해 흐르게 된다. 이것이 우리 삶의 모습이다.

성령이 임재하시는 증거 중 하나는, 우리가 하나님의 축복과 부요함을 다른 사람에게 전달하는 통로가 되고자 하는 갈급함을 느끼게 된다는 것이다. 자기 자신을 먼저 내세우는 것은 그리스도인의 삶과 관계없고 성령의 사역과도 관계가 없다.

예수님이 승천하신 직후 성령이 임하시면 권능을 주겠다고 제자들에게 약속하셨을 때, 그 권능은 증거하는 권능이었다. "오직 성령이 너희에게 임하시면 너희가 권능을 받고 예루살렘과 온 유대와 사마리아와 땅끝까지 이르러 내 증인이 되리라"(행 1:8). 이 약속은 제자들 자신의 유익을 위해 주어진 것이 아니라, 그들이 하나님을 섬기고 온 세계에 주 예수 그리스도를 증거함으로써 하나님의 계획을 성취하기 위한 방편이 되도록 주어진 것이다. 하나님의 영이 당신 안에 있다면 섬김에 대한 새로운 갈망을 갖게 될 것이다. 물론 당신이 그 영을 소멸시키지 않는다는 가정하에서 말이다.

신약성경이 교회에 주어지는 성령의 은사들에 대해 언급하는 것은 바로 이런 이유에서이다. 총 22개(~27개)의 능력들을 신약성경은 '은사'라고 표현하고 있다. 이것들은 고린도전서에 나온다. 고린도전서에 언급되지는 않았지만 동일하게 성령의 은사로 볼 수 있는 다른 능력들도 있다. 신약성경에는 찬양의 은사, 곡을 쓰는 은사, 혹은 상담의 은사를 가진 사람에 대해서는 전혀 언급하지 않지만, 우리는 이런 능력들도 교회를 세우고 성장시키는 데 유용한 은사로 인정한다.

여기서 논하고자 하는 것은 신령한 은사가 무엇이냐 하는 것이 아니라, 신령한 은사가 무엇을 위해 존재하느냐 하는 것이다. 은사는 예수 그리스도를 잘 섬길 수 있는 자들로 우리를 준비시키기 위한 방편(도구)으로 주어진다. 베드로는 "각각 은사를 받은 대로 하나님의 여러 가지 은혜를 맡은 선한 청지기같이 서로 봉사하라"(벧전 4:10)라고 말했다. 바울은 "각 사람에게 성령을 나타내심은 유익하게 하려 하심이라"(고전 12:7)라고 기록했다. 이 은사들은 결코 자기만족이나 개인적인 유익을 위해 주어진 것이 아니라, 예수 그리스도의 교회를 세우기 위한 것이다.

이런 관점에서 볼 때, 은사 중심이 되는 것은 잘못이다. 그보다는 섬김이 중심이 되어야 한다. "당신의 은사는 무엇입니까?"라고 묻기보다는 "당신은 예수 그리스도를 섬기기 위해 무엇을 합니까?"라고 질문해야 한다고 생각한다.

나는 사람들이 어떻게 하면 그들의 은사를 발견할 수 있는지를 물어 볼 때마다 마음이 불편하다. 그보다는 어디서 어떻게 하나님을 섬길 수 있는지 물어 보는 것이 훨씬 낫다고 생각하는데, 그 이유는 우리가 예수 그리스도 안에서 하나님을 기쁘게 최선을 다해 섬기다 보면 우리의 은사가 어떤 것인지를 곧 알 수 있게 되기 때문이다.

당신이 봄철 교회 대청소 팀의 일원이라고 가정해 보라. 이 일을 시작할 때, 전체 책임을 맡은 사람이 "이곳에 일할 사람이 열두 명 있고, 여러 가지 청소 도구들이 있습니다. 이제 각자 청소 도구를 하나씩 가지고 일을 시작합시다"라고 말할 것이다.

바울이 고린도 교인들에게 "신령한 것들을 사모하되"(고전 14:1)라고 촉구할 때 바로 이런 사고를 갖고 있었던 것으로 보인다. 바울의 말은, 일할 것이 있고 하나님은 우리에게 그 일을 이루기 위한 다양한 능력들을 각자에게 주셨으니 우리는 하나님의 계획에 동참하여 그 일을 계속해 나가려는 간절한 마음을 품어야 한다는 뜻이다.

비록 각자 하는 일은 다르나 모두가 예수 그리스도를 섬기는 하나의 일을 하는 것이다. 진공청소기를 갖고 일하는 사람들이 손걸레로 일하는 사람들보다 더 중요한 일을 하는 것이 아니다. 그들은 모두 하나의 일을 이루기 위해 필요한 역할들을 수행하고 있는 것이다. 하나님은 당신이 해야 할 일들을 갖고 계신다. 그것은 당신에게 부여된 특권이다. 당신의 삶 속에 성령님이 임재하셨는지 안 하셨는지는 당신 안에 하나님을 섬기려는 소망이 있는지, 그리고 그것은 오직 하나님의 힘으로만 할 수 있음을 알고 있는지를 보면 알 수 있다.

우리는 이에 대해 훨씬 많은 얘기를 할 수 있으나, 여기서 말하고자 하는 바는 성령께서 우리의 삶 속에서 자유롭게 역사하심을 나타내는 증거들에 대한 것이다. 당신의 마음속에 비록 남이 알아주지 않더라도 주 예수 그리스도를 섬기며 그분을 기쁘시게 해드릴 수 있는 일들을 이루고자 하는 열망이 있는가?

성령의 역사에는 많은 것들이 있다. 그러나 성령님이 하시는 일들은 그리스도 중심이므로, 다음의 세 가지 영역 안에 들어간다. 즉 예수 그리스도를 알고자 하는 갈망, 예수 그리스도를 닮고자 하는 갈망, 그리고 예수 그리스도를 섬기고자 하는 갈망이 생기게 하는 것이다. 그리고 그런 갈망들과 함께 그 일을 행할 능력이 생기게 하는 것이다.[3]

성령께서 우리를 예수 그리스도의 인격과 관심사로 더 깊이 인도하실 때, 예수님이 어떤 분인지 알고 그분께 사명을 받고 그분의 능력으로 성취할 때 만족감이 점점 더 커질 것이다. 이것이 우리 안에 성령님이 계신 증거이다.

❦ 성령 충만을 받음과 그 의미

성령의 내주하심(성령세례)은 모든 그리스도인이 거듭남과 함께 누리는 특권이다. 그러나 성령의 충만함을 받는 것은 별개의 것이다. 바울은 에베소 그리스도인들에게 다음과 같이 명령하였다. "술 취하지 말라 이는 방탕한 것이니 오직 성령으로 충만함을 받으라"(엡 5:18). 바울은 진정 어떤 의미로 이 말을 한 것일까?

성령으로 충만함을 받는다는 말은 신약 전체를 통틀어 14회 나온다. 누가복음에 4회, 사도행전에 9회, 그리고 에베소서에 1회 나온다. 누가복음에서 나오는 4회는 세례 요한(1:15)과 그의 어머니 엘리사벳(1:41), 그의 아버지 사가랴(1:67), 그리고 요단강에서 세례 요한의 세례를 받으신 예수님(4:1)에게 임한 성령의 충만을 언급하는 것이다. 이 경우들은 오순절 전에 있었던 일들로서 예수를 믿는 사람들 위에 성령이 임한 오순절(행 2:17)과 그 이후의 사건들과는 다른 범주에 속한다.

오순절 전에는 성령께서 주로 어떤 일을 이루시기 위해 사람들 위에 임하셨을 뿐, 오순절 이후의 경우들처럼 하나님과의 교제에 대한 보증으로서 사람들 안에 내재하지는 않으셨다. 한번은 예수께서 제자들에게 성령에 대해 이렇게 말씀하셨다. "그는 너희와 함께 거하심이요 또 너희 속에 계시겠음이라"(요 14:17). 여기에 나오는 '너희 속에 계심'이 오순절에 일어난 변화이다.

오순절 이후에는 '성령의 충만을 받는다'는 말이 열 가지 상황에서 언급된다. 우리는 이 말이 오늘날 우리에게 갖는 의미와 적용점을 찾기에 앞서, 먼저 성경 구절들을 살펴보고 역사적 문맥 속에서 그 말의 의미를 이해할 필요가 있다. 네 가지 문맥을 살펴보자.

1. 성령 충만은 성령을 받을 때 일부 사람들에게 일어난 현상을 말한다

이 말은 오순절 날 성령을 기다렸던 사람들에게 해당된다. "그들이 다 성령의 충만함을 받고 성령이 말하게 하심을 따라 다른 언어들로 말하기를 시작하니라"(행 2:4). 그때까지는 성령님이 그들과 함께 계셨지만, 이제는 성령께서 그들 안에 거하기 위해 오셨다. 예수께서 부활하신 후에 제자들에게 숨을 내쉬며 "성령을 받으라"(요 20:22)라고 말씀하셨는데, 이것은 오순절 사건을 예고하는 상징적 행동이었다. 왜냐하면 나중에 예수께서 "예루살렘을 떠나지 말고 내게서 들은 바 아버지께서 약속하신 것을 기다리라"(행 1:4)라고 말씀하셨기 때문이다. 여기서 '아버지께서 약속하신 것'이란 성령의 은사와 오순절을 가리키는 것이다. 오순절이 되자 그들은 하나님이 약속하신 성령을 받았고 또한 성령으로 충만해졌다.

다소 사람 사울은 다메섹으로 가는 길에 부활하신 그리스도를 만났다. 그러나 3일 후에 아나니아가 그를 찾아오기 전까지 사울은 성령으로 거듭난 상태가 아니었다. 하나님께서 "주의 이름을 불러 세례를 받고 너의 죄를 씻으라"(행 22:16)라는 지시와 함께 아나니아를 사울에게 보내 "다시 보게 하시고 성령으로 충만하게"(행 9:17) 하셨다. 그렇게 해서 바울은 다메섹에서 성령을 받음과 동시에 성령으로 충만케 된 것이다.

하나님께서는 이런 바울의 경험을 그리스도인이면 누구나 체험할 수 있도록 의도하셨다. 성령께서 어떤 사람 안에 내주하시는 목적은 그 사람을 예수의 생명으로 충만케 하기 위함이다. 만일 우리가 이것을 경험하지 못한다면, 그 이유는 복음의 목적에 맞게 잘 교육받지 못한 데서 기인한 무지함 때문이거나, 아니면 성령께서 오신 목적을 이루지 못하게 하는 불순종 때문이다. 우리가 하나님과 화목하게 된 것은, 단순히 우리의 악한 양심을 깨끗하게 하거나 지옥에 가지 않도록 하기 위함만이 아니라 하나님의 뜻을 이루시고 우리로 성령 충만한 가운데 살도록 하시기 위함이다.

2. 성령 충만은 계속되는 삶의 상태를 말한다

예루살렘에 있는 사도들이 너무 바빠서 현실적인 문제들이 도외시되고 있었을 때, 사도들은 일곱 명의 집사를 세워 과부와 고아를 돌보도록 했다. 사도들은 사람을 세우는 데 다음과 같은 기준을 정했다. "형제들아 너희 가운데서 성령과 지혜가 충만하여 칭찬받는 사람 일곱을 택하라"(행 6:3). 그 기준은 과거의 사건으로서 '성령이 충만하여 칭찬받았던 것'이 아니라, 현재 계속되는 경험으로서 '성령 충만하여 칭찬받는 것'이었다.

성령 충만은 그들이 관여했던 사건이 아니라 그들이 살고 있는 상태였다. 만약 주일에 교회에서 그들을 만나도, 월요일에 직장에서 만나도, 또 화요일 저녁에 가족들과 함께 집에 있을 때에도, 당신이 그들과 우연히 마주쳤을 때에도 그들은 항상 성령 충만한 상태일 것이다. 이것은 하나의 사건이 아니라 계속되는 삶의 상태인 것이다.

3. 성령 충만은 사역이 효과적인지 아닌지를 판단하는 기준이다

바로 이것과 연관해서 성령으로 충만케 된다는 말이 사도행전에 가장 자주 나온다. 베드로가 예루살렘에서 산헤드린 공회 앞에 섰을 때 목숨을 잃을 수도 있음을 알았지만, 성령이 충만하여 백성의 관원들과 장로들에게 말했다(행 4:8). 물론 베드로는 오순절 날 성령으로 충만케 되었지만, 산헤드린 공회원들에게 말할 때 성령께서 특별히 담대함과 권위를 가지고 말할 수 있도록 힘을 주셨다. 나중에 감옥에서 나온 그는 예루살렘에 있는 성도들과 만났으며, 성경은 이와 함께 "빌기를 다하매 모인 곳이 진동하더니 무리가 다 성령이 충만하여 담대히 하나님의 말씀을 전하니라"(행 4:31)라고 기록하고 있다. 그들이 성령으로 충만케 된 것은 처음에만 일어난 사건이 아니라 그들이 처한 상황들과 직접적인 관련이 있으며, 그들로 하여금 하나님의 말씀을 담대히 전할 수 있게 했다.

사도 바울은 1차 전도 여행 중 구브로에서 귀신 들린 마술사인 엘루마를 만났다. 바울이 "성령이 충만하여 그를 주목하고 이르되…맹인이 되어 얼마 동안 해를 보지 못하리라 하니 즉시 안개와 어둠이 그를 덮어 인도할 사람을 두루 구하는지라"(행 13:9-11). 바울은 이미 성령 충만한 사람이었다. 그러나 여기서의 성령 충만은 바울이 엘루마에 대해 말할 때 그의 말에 하나님의 권위가 있는 것으로 나타났다.

나중에 바울과 그의 동역자 바나바는 1차 전도여행 중 비시디아 안디옥에서 쫓겨나 다른 성도들과 다시 만나게 된다. 그때 "제자들은 기쁨과 성령이 충만하니라"(행 13:52)라고 성경은 말한다. 특별한 사역들은 성령 충만을 통하여 이루어질 수 있었다.

사도행전의 아홉 가지 경우들은 성령 충만에 대해 직접적으로 언급한 경우들이다. 그밖에도 성령에 대해, 그리고 성령의 사역에 대해 일반적으로 언급하고 있는 구절들이 많이 있다. 그러나 사도행전에서 말한 아홉 가지는 성령께서 구체적으로 사람들을 충만케 하시는 것을 묘사한 구절들이다. 사도행전 외에도 언급된 부분이 한 군데 더 있는데, 바울이 쓴 에베소서에 나온다.

4. 성령 충만은 순종해야 할 명령이다

바울은 "그러므로 어리석은 자가 되지 말고 오직 주의 뜻이 무엇인가 이해하라 술 취하지 말라 이는 방탕한 것이니 오직 성령으로 충만함을 받으라"(엡 5:17-18)라고 썼다. 성령 충만은 명령이다! 성령 충만은 주님의 뜻이다! 이 성경 구절에 해당하는 헬라어 원문은 '성령의 충만을 받고 있으라'고 현재 진행 시제로 번역하는 것이 더 타당하다. 성령 충만은 당신의 삶의 한 시점에서 한 번 일어나는 사건이 아니라 매일 계속해서 경험되어야 할 체험이기 때문이다.

그러나 큰 문제는 성령 충만이 과연 무슨 뜻인가 하는 것이다. 바울이 성령 충만을 받으라고 명령한 문맥을 보면, 성령에 대한 첫 경험을 말하는 것이 아니라 성령의 사역 전체를 배경으로 말함을 알 수 있다. 바울은 에베소 교회 성도들에게 그들이 성령으로 인 치심을 받았으며(엡 1:13), 성령 안에서 아버지께 나아감을 얻었고(엡 2:18), 성령 안에서 하나님이 거하실 처소가 되었으며(엡 2:22), 성령으로 말미암아 속사람이 능력으로 강건하게 되었고(엡 3:16), 성령의 하나 되게 하신 것을 지켜야 하며(엡 4:3), 성령을 근심케 해서는 안 된다(엡 4:30)고 말했다. 그러나 이와 같이 성령의 역사에 대해 나열해 놓고도 모자라서 바울은 성령의 충만을 받으라고 명령할 필요성을 느꼈던 것이다.

이것을 이해하기 위해서 나는 두 가지 혼동을 제거하려고 한다. 첫째, 바울의 말은 에베소 교회 성도들이 이전보다 성령을 더 많이 받아야 함을 뜻하는 것이 아니다. '충만'이라는 말은 자동차에 기름을 채우거나 물 주전자에 물을 채우듯 무엇인가를 더 부어서 가득 채우는 것을 나타낸다. 그러나 이 경우에는 그런 뜻이 아니다. 성령은 인격이지 액체가 아니다. 우리는 성령님을 모시거나 아니면 못 모시거나 둘 중 하나이지, 그분을 반만 모시고 있어서 나중에 그분의 나머지 부분을 모실 수 있는 것이 아니다. 당신은 한 사람의 신뢰와 확신, 그리고 관심과 사랑은 많이 혹은 적게 가질 수 있다. 그러나 그 사람 자신을 많이 혹은 적게 가질 수는 없는 것이다. 성령은 연날릴 때 사용되는 바람이나, 자동차를 움직일 때 사용되는 기름, 혹은 엔진을 움직이는 증기와 같은 것이 아니다. 성령은 인격체시다.

둘째, 성령의 충만을 받기 위해서 자아를 비워야 하는 것이 아니다. 나는 젊은 시절에 한 설교자가 한 손에 물이 든 컵을 들고서 그 컵에 우유를 채우기 위해선 어떻게 해야 하는지 묻는 것을 들은 적이 있다. 대답은 명백했다. 먼저 물을 쏟아 버리고, 그다음 컵에 우유를 붓는 것이었다. 이와 마찬가지로 우리가 성령 충만을 받기 위해서는 먼저 우리 자신을 비워야 한다고 그는 말했다. 당시 나는 그의 주장이 옳다고 생각해서, 성령 충만을 받기 위해 나 자신을 비우기로 결심했다.

그러나 나는 곧 문제에 봉착했다. 첫째, 내 '자아'를 구성하고 있는 것이 무엇인가 하는 것이며, 둘째는 내가 '자아'를 옳게 정의 내린다 하더라도 어떻게 그것을 비울 수 있는가 하는 문제였다. 이 문제로 인해 많은 번민과 낙심을 하였다. "육체의 소욕은 성령을 거스르고 성령은 육체를 거스르나니 이 둘이 서로 대적함으로 너희가 원하는 것을 하지 못하게 하려 함이니라"(갈 5:17)라는 말씀을 발견하기 전까지 말이다. '자아'가 무엇이든 간에 그 자아는 굴복하려 하지 않으며, 더구나 사라지지도 않는다. 성령과 나의 타고난 자아 사이에는 끊임없는 싸움이 진행되고 있었던 것이다.

'성령의 충만을 받는다'는 말을 이해하는 데 중요한 단서가 되는 것은, 사도행전에 나오는 다른 문맥들 속에서 '충만하다'는 말이 어떤 방식으로 사용되었는지를 살펴보는 것이다. 예를 들어, 오순절 날에는 모든 사람의 마음에 두려움이 '가득했다'(행 2:43. 한글개역성경: 사람마다 두려워하는데). 예루살렘 성전 문 앞에 있던 앉은뱅이가 베드로와 요한의 사역을 통해 고침 받았을 때 그 앉은뱅이를 알고 있던 군중들이 모여들었고, 그들의 마음에 경이감과 놀라움이 '가득했다'(행 3:10. 한글개역성경: 심히 기이히 여기며 놀라니라). 나중에 예루살렘에 있는 종교 지도자들이 이 새로운 운동에 반대하고 나섰을 때, 사두개인의 당파가 다 마음에 시기가 '가득하여' 일어났다(행 5:17). 바울이 첫 번째 선교여행 중 비시디아 안디옥에서 추방되어 이고니온에 도착하자 제자들은 기쁨이 '충만했다'(행 13:52). 두려움이 가득하고, 경이감이 가득하고, 놀라움이 가득하고, 시기가 가득하고, 기쁨이 충만하다는 것은 무슨 의미인가? 이 개념을 이해하게 되면, 성령으로 충만하다는 것이 무슨 의미인지 알 수 있다.

앞에서 말한 감정들로 충만하다는 것은 그 의미가 매우 분명하다. 누군가가 감정들로 충만하다면, 그 감정들이 그 사람의 인격을 지배하고 그 사람의 행동을 결정한다는 뜻이다.

만약 예루살렘 성전 미문에 있던 앉은뱅이가 고침 받고 난 후 군중들이 그 마음에 경이감과 놀라움으로 가득했다면, 그 의미는 경이감과 놀라움이 그 군중들의 마음을 지배하여 그들의 행동을 결정했다는 것이다. 군중들은 믿기지 않아 눈이 휘둥그레졌고, 누가는 '군중들이 경이감으로 가득했다'라고 기록했다.

사도들이 예루살렘에서 기사와 표적으로 믿을 수 없을 만큼 놀라운 영향력을 행사하는 것과 군중들이 그들의 설교를 듣기 위해 모여든 것을 본 사두개인들은 시기심이 가득했다. 시기심이 그들의 인격을 지배하여 그들의 행동을 결정했다. 결국 그들은 사도들을 잡아다가 옥에 가두었다(행 5:18). 그들이 시기심으로 가득한 것이 행동으로 드러난 것이다.

마찬가지로, 성령으로 충만한 것은 근본적으로 성령이 우리의 인격을 지배하여 우리의 행동을 결정하시도록 허용하는 것이다. 성령으로 충만한 사실은 자연스러운 행동에서 드러난다. 성령으로 충만한 증거는 주로 다른 그리스도인과 함께 있을 때 어떤 행동을 하는지로 드러나는 것만이 아니라, 홀로 있을 때나 억압에 시달릴 때 혹은 사도행전에 나오는 것 같은 극한 반대와 적대를 당할 때 어떤 행동을 하는지로도 드러난다.

흥미롭게도 성령 충만한 것과 술 취한 것이 신약성경 중 두 군데에서 서로 대조되고 있다. 바울은 "술 취하지 말라…성령으로 충만함을 받으라"(엡 5:18)라고 말했다. 바울은 이 두 가지를 비교하고 있는 것이 아니라 대조하고 있다.

그러나 그가 말하고자 하는 것은 시사하는 바가 많다. 처음에 어떤 사람들은 오순절 사건을 보면서 "그들이 새 술에 취하였다"(행 2:13)라고 말했다. 그래서 베드로는 일어나 "때가 제삼시(오전 9시)니 너희 생각과 같이 이 사람들이 취한 것이 아니라"(행 2:15)라고 말했다. 그러므로 술 취한 것은 성령으로 충만한 것과 대조할 만한 것임을 알 수 있다.

무엇이 사람을 취하게 만드는가? 먼저 비우는 것이 아니다(비우는 작업은 나중에 이루어진다). 술 취하는 것은 인격을 지배하고 행동을 결정지을 만큼 많은 양의 알코올을 마셔야 일어난다. 어떤 사람이 술 취했다는 사실은 말하지 않아도 그의 행동을 보면 알 수 있다. 술 취한 사실을 드러내는 증거는 기본적으로 세 가지가 있다. 첫째는 걷는 방식이다. 술 취한 사람은 비틀거리며 걷다가 곧 가로등에 부딪히거나, 옆에 있는 가게 쇼윈도에 기댄다. 두 번째 증거는 말하는 방식이다. 커피 한 잔 마시고 싶어 돈을 구걸하기 위해 말을 하는 순간 그의 말이 불분명한 것을 보면 그가 술 취했음을 알 수 있다. 세 번째 증거는 그에게서 나는 냄새다. 술 취한 사람이 좀 더 간절히 돈을 구걸하기 위해 가까이 오면 그의 입에서 술 냄새가 난다.

그렇다면 어떤 사람이 성령으로 충만하다는 사실을 어떻게 아는가? 나는 성령 충만을 드러내는 증거로서 세 가지를 제시하고자 한다. 즉 걷는 방식과 말하는 방식, 그리고 냄새다.

✿ 성령 충만의 증거

1. 걷는 방식

바울은 우리가 "성령을 따라 행하라(KJV: 걸어야 한다)"(갈 5:16)라고 말한다. 우리가 인생을 걸어가는 방식은 우리의 삶을 지배하는 특징이 무엇인지를 보여 준다. 우리에게 삶의 방향을 가르쳐 주고, 행동의 동기를 부여해 주며, 발걸음을 결정하는 것은 성령님이시다. 우리의 영적 실태는 일차적으로 서 있을 때가 아니라 걷고 있을 때, 즉 인생을 통과해 갈 때 드러난다. 이것은 많은 것들을 내포한다. 바울도 "그리스도께서 너희를 사랑하신 것같이 너희도 사랑 가운데서 행하라(KJV: 걸어가라)"(엡 5:2)라고 썼다.

성령 안에서 걷는 것은 사랑 안에서 걷는 것이다. 우리가 사람들을 대하는 태도와 인생에 대한 관점은 사랑으로 특징지어질 수 있다. 하나님의 영의 지배를 받는다는 것은 우리의 행동이 하나님의 성품에 의해 결정되는 것을 말한다. 그리고 "하나님은 사랑"이시다 (요일 4:16).

또 다른 특성은 빛 가운데 걷는 것이다. 요한은 그의 편지에서 "그가 빛 가운데 계신 것같이 우리도 빛 가운데 행하면(걸어가면) 우리가 서로 사귐이 있고 그 아들 예수의 피가 우리를 모든 죄에서 깨끗하게 하실 것이요"(요일 1:7)라고 썼다. 성령 안에서 걷는 것은 사랑 안에서 걷는 것이며, 사랑 안에서 걷는 것은 빛 가운데서 걷는 것이다. 성령 충만한 사람에게는 열린 자세, 정직함, 그리고 투명함이 있다. 성령 충만한 것은 성실함과 열린 마음으로 살아가는 것이다. 우리의 삶 속에 숨기고 싶은 영역이 있다면, 성령의 지배를 받고 있지 않은 부분일 가능성이 매우 높다.

2. 말하는 방식

두 번째 증거는 말하는 방식에서 나타난다. 예수님은 "마음에 가득한 것을 입으로 말함이라"(마 12:34)라고 말씀하셨다. 어떤 사람의 마음속에 무엇이 가득 차 있는지 알고 싶으면 그 사람 주위에 머물면서 그의 입에서 나오는 말을 잘 들어 보면 된다. 말하는 방식을 보면 걷는 방식을 알 수 있다. 흥미롭게도 신약성경이 성령 충만한 사람들에 대해 이야기할 때면 거의 언제나 그 사람들의 말에 어떤 변화가 일어남을 본다.

오순절 날 "그들이 다 성령의 충만함을 받고 성령이 말하게 하심을 따라 다른 언어들로 말하기를 시작하니라"(행 2:4)라고 기록되어 있다. 이 일로 인해 오순절을 지내기 위해 예루살렘에 모인 16개 국가 사람들이 "각 언어로 하나님의 큰일을 말함을 듣게"(행 2:11) 되었다. 제자들이 말한 방언은 듣는 자들에게는 익숙한 언어였지만 정작 그 방언을 말하는 제자들에게는 낯선 언어였다. 그럼에도 불구하고 새롭게 성령 충만을 받은 제자들은 그 방언들로 하나님의 큰일에 대한 메시지를 선포한 것이다.

산헤드린 공회 앞에서 베드로는 성령이 충만하여 말씀을 선포했다(행 4:8). 성령 충만이 그의 말에 영향을 주어 그의 메시지를 명료하게 하고 권위 있게 했던 것이다. 바울은 에베소 교회 성도들에게 성령의 충만을 받으라고 명령하고 나서 즉시 "시와 찬송과 신령한 노래들로 서로 화답하며(서로 말하며) 너희의 마음으로 주께 노래하며 찬송하며"(엡 5:19)라고 말했다.

성령 충만은 우리의 말과 노래에 즉각적인 영향을 미친다. 말할 거리가 생기고, 노래할 거리가 생기게 된다. 역사적으로 하나님의 큰 역사는 노래와 찬송 그리고 예배의 새로운 변화로 나타났다.

3. 냄새

바울은 고린도 교회에 보내는 편지에서 "항상 우리를 그리스도 안에서 이기게 하시고 우리로 말미암아 각처에서 그리스도를 아는 냄새를 나타내시는 하나님께 감사하노라 우리는 구원받는 자들에게나 망하는 자들에게나 하나님 앞에서 그리스도의 향기니 이 사람에게는 사망으로부터 사망에 이르는 냄새요 저 사람에게는 생명으로부터 생명에 이르는 냄새라"(고후 2:14-16)라고 썼다. 바울은 우리가 '그리스도의 향기'라고 했는데, 이 말의 의미는 우리가 삶 속에 풍기는 분위기가 다른 사람들로 하여금 그리스도를 생각하게 만든다는 것이다.

구원받은 자들에게는 그것이 '생명의 향기', 즉 긍정적이고 힘을 주는 것인 반면에, 멸망하는 자들에게는 그것이 '사망의 냄새', 즉 부정적이고 위협적인 것이 된다.

그리스도인인지 아닌지 알지 못하는 사람의 삶 속에서 보이는 특징만으로 그가 그리스도인인지 아닌지를 알아내는 것은 항상 놀라움을 느끼게 한다.

한번은 일을 마치고 퇴근하는 길에 아파트 엘리베이터를 다른 사람과 함께 타고 오르게 되었다. 그런데 그중 한 사람이 나를 향해 "목사님 같아 보인다"라고 말했다. 나는 매우 놀라 당혹하였으나 마음속으로는 얼마나 기뻤는지 모른다. 바울이 말한 '그리스도의 향기'로 다른 사람이 내가 목사라는 것을 알아낸 것은 참으로 놀라운 경험이었다. 성령으로 충만한 사람은 예수의 향기를 갖고 있다.

지금까지 성령 충만을 받은 것이 성령으로 하여금 우리의 인격을 지배하고 우리의 행동을 결정하며, 성령 충만을 받은 중요한 증거는 우리의 걷는 방식과 말하는 방식, 그리고 우리의 삶에서 그리스도 중심의 분위기를 내는 것(우리가 풍기는 향기의 종류)임을 살펴보았다. 이제는 어떻게 성령 충만을 받을 수 있는가를 살펴보자.

✿ 성령 충만을 받는 방법

흥미롭게도 성경은 이 주제에 대해 아무런 언급을 하지 않고 있다. 성경은 성령 충만을 받는 간단한 공식을 제공하지 않는다. 그러나 오순절 사건 이후 이 주제에 대해 언급된 많은 구절을 조합해 볼 수는 있다.

　신약에는 성령 충만을 받기 위한 내적인 조건과 성령 충만과 관련된 외적인 상징들이 나온다. 그러한 외적인 상징들 중에는 안수하는 것도 있는데, 이 안수는 두 사람(안수하는 자와 받는 자)이 그리스도 안에서 하나 됨과 그들 안에 사시는 성령의 연합을 상징하는 행위로서, 안수를 통해 두 사람이 서로 연합하게 되는 것이다.

　사도행전을 보면 안수는 성령을 받거나 성령으로 충만해지기 위해 항상 시행되었던 것은 아니며, 오직 세 군데에서만 시행되었음을 알 수 있다. 베드로와 요한이 사마리아 사람들에게 안수하자 그들이 성령을 받았다(행 8:17). 아나니아는 다소 사람 사울에게 안수하였다(행 9:17). 그리고 바울은 에베소에 있는 열두 명의 사람들에게 안수했다(행 19:6).

　그러나 많은 경우에 안수가 행해지지 않았다. 예를 들면, 고넬료는 베드로가 말씀을 전하고 있을 때 성령을 받고 성령으로 충만케 되었으며(행 10:44), 이 일로 인해 고넬료뿐 아니라 베드로도 매우 놀랐다고 성경은 분명히 언급한다. 오순절 날 3천 명이 베드로의 설교를 듣고 회개했을 때에도 안수가 행해졌거나 안수가 필요했다는 기록은 어디에도 없다. 안수는 매우 상징적인 행동이다. 그러나 성령을 받거나 성령으로 충만해지는 데 반드시 필요한 요소는 아니다.

　성령 충만을 위한 내적 조건-이것에 대해서는 교리적인 가르침이 있다-에는 기본적으로 회개와 믿음이 있다. 오순절 성령 강림 이후 베드로가 설교할 때, "너희가 회개하여 각각 예수 그리스도의 이름으로 세례를 받고 죄 사함을 받으라 그리하면 성령의 선물을 받으리니"(행 2:38)라고 말했다.

회개는 성령을 받고 성령 충만한 삶을 살기 위한 선행 조건이다. 의지적이고 고의적으로 죄를 범하는 삶은 성령 충만한 삶과 공존할 수 없다. 그러므로 진실한 회개의 과정이 반드시 있어야 한다.

사도 바울은 갈라디아 교회 성도들에게 간단한 질문을 했다. "너희가 성령을 받은 것이 율법의 행위로냐 혹은 듣고 믿음으로냐"(갈 3:2). 이 질문에 함축된 뜻은, 분명 그들이 성령을 받은 것은 믿음으로 말미암았다는 것이다. 회개와 믿음은 그리스도인의 삶에서 한 번 일어나고 마는 사건이 아니라 하나님께 끊임없이 자신을 양도하는 것이다. 회개와 믿음은 하나님을 전적으로 의지하기 위해 완전히 돌이키는 것이다.

이것은 단지 간구함으로 이루어질 수 있다. 회개와 믿음을 전제로, 구하는 것과 하나님께서 약속하신 것을 정확히 이루실 것을 믿는 것이 필수적이다.

성령 충만은 우리 자신에 대해 좋게 생각하는 것과는 상관없으며, 항상 어떤 초자연적인 현상이 따르는 것도 아니다. 성령 충만은 그리스도의 인격이 우리 안에 형성되어 가는 모습 속에서 가장 분명히 드러난다(그리스도인의 은혜의 삶에서 가장 잘 드러남).

성령과의 첫 만남도 중요하지만, 그 만남이 삶 속에서 계속 유지되어야 한다. 바울은 "너희가 그리스도 예수를 주로 받았으니 그 안에서 행하되 그 안에 뿌리를 박으며 세움을 받아 교훈을 받은 대로 믿음에 굳게 서서 감사함을 넘치게 하라"(골 2:6-7)라고 말했다. 바울은 그리스도인의 삶의 방식이 그리스도 예수를 주로 받는 과정이라고 설명하고 있다. 우리는 회개와 믿음을 기초로 그리스도를 받는다. 이것은 예수를 믿음으로 성령(그리스도의 생명)이 임하심을 말한다.

성령을 받기 위해서 하나님을 감동케 하는 다른 특별한 일(성경 다독, 40일 금식기도, 많은 봉사와 헌신)을 해야 하는 것이 아니다. 회개와 믿음으로 예수 그리스도를 나의 구주, 삶의 주로 우리 마음에 영접할 때 성령을 받게 된다. 이제 그리스도인의 삶은 내주하시는 성령님의 능력이 나를 통해 사는 삶이다. 이러한 삶이 그리스도인이 믿음으로 사는 삶이고 은혜의 삶을 사는 것이다.

7장
육체로부터 자유하다는 의미와 깨어진 삶

    내가 심방대원들과 함께 한 성도의 가정을 심방하였는데, 예배를 마치고 돌아오려고 방문을 나서다가 갑자기 큰 소리가 들려와서 뒤를 돌아보았다. 그때 놀라운 광경이 눈에 들어왔다. 방금 예배를 마친 그 며느리(집사)가 그분의 시어머니를 마치 아랫사람에게 꾸짖듯 크고 거친 말로 야단을 치고 있었다. 무엇을 잘못했는지는 모르지만, 그 시어머니는 고개를 숙인 채 어찌할 바를 모르고 있었다. 나는 그 여집사가 민망할까 봐 서둘러 그 집을 나왔다.

    우리는 종종 예수 그리스도를 믿어 하나님의 자녀가 된 그리스도인들이 눈살을 찡그리게 하는 언어나 행동을 보게 된다. 이럴 때 당신은 아마 "그리스도 안에서 새로운 피조물이 어떻게 사탄의 지배를 받는 것처럼 행동할 수 있단 말인가?"라고 질문할 것이다. 그러나 우리는 이런 경우를 자주 본다. 성경은 이것을 '육체를 좇는 삶'이라고 말한다. 이처럼 육체를 좇는 삶을 사는 사람들은 세상에서 그 사람들만의 방식으로 살아간다. 이는 자신만 아니라 그리스도를 크게 욕되게 하는 일이다. 나 또한 그들과 다를 바 없음을 고백한다. 나는 그보다 더한 일도 했다. 그러나 이 책에서 논의되는 것들을 배운 결과, 그리스도께서 나를 통해 사시도록 하면서부터 이러한 일들이 크게 줄어드는 것을 체험하게 되었다.

로마서 7장 15절에 나오는 질문을 깊이 생각해 본 적이 있는가? "내가 행하는 것을 내가 알지 못하노니 곧 내가 원하는 것은 행하지 아니하고 도리어 미워하는 것을 행함이라." 나는 왜 이런 일이 일어나는지를 정확히 안다. 그 이유는 내가 가끔 육체를 좇아 살기 때문이다. 그러나 오랜 시간 동안 나는 내 육체가 무엇을 의미하는지 몰랐다. 마찬가지로 당신도 당신만의 독특한 육체적 삶에 대한 통찰력을 지녀야 한다. 이것이 이 장의 목적이다.

겉으로는 이 장이 아동교육에 관한 개념을 다룰 것으로 보일지도 모른다. 그러나 나는 당신의 육체를 구성하는 문제를 다루고 있다. 당신은 유아기 때부터 당신의 범주 안에서 스스로 하나님 역할을 하면서 육체를 구성하고 지배해 왔기 때문에 우리는 거기서부터 시작해야 한다. 당신이 이 진리들을 이해하기 위해서는 한 걸음씩 한 걸음씩 앞으로 나아가야 한다. 그 첫걸음은 성경에서 말하는 '육체' 또는 '육신을 좇는 것'(예를 들면 롬 8:4)에 대한 광범위한 이해로 시작된다.

이 장에서는 당신의 인생에서 가장 중요하고 필요한 요소인 사랑과 자존감을 만족시키기 위해 어떻게 세상적인 방법들을 당신의 머릿속에 세뇌시키고 프로그램화했는지를 알게 될 것이다. 또 스스로 자신이 가치 없다고 믿음으로써 자기 자신을 불편하게 만든 세상적인 방법들과 그것들이 머리에 도식화된 것을 알게 될 것이다. 이러한 방법들은 모두 하나님께서 '육체'라고 부르시는, 자신의 힘으로 뭐든지 해결하고자 하는 계획들에 불과하다.

기독교는 우리가 그리스도 안에서 얼마나 자유인인가 묵상한다. 그러나 우리가 자유인이라고 고백하면서 무엇으로부터 자유로운지를 알지 못한다면 무슨 소용이 있겠는가? 그러면 자유라는 의미가 없어지는 것이다. 우리가 그리스도 안에서 자유롭게 되었다는 것은 우리의 육(육체)으로부터 자유하게 되었다는 말과 동일하다.[1]

성경에서 '육체'라는 말은 많은 의미를 내포하고 있다. 그러나 여기서 우리가 우선적으로 다룰 정의는 다음과 같다. 육체란 예수님을 먼저 찾고 자신의 필요를 충족시켜 주는 그분을 믿기보다는, 자신의 필요를 채우기 위해 자신 스스로 시도한 과거의 모든 방법과 형식들을 의미한다. 이러한 방법과 형식들은 부모님 밑에서 성장하면서 쌓여 간다. 그러나 성령께서 그것들을 깨부수는 작업을 시작하실 때 대부분 그리스도인은 그것들을 버려야 한다는 생각에 당황하게 된다. 그러면 이 모든 것이 어디서 왔을까? 우리 '육체'의 역사를 공부해 보기로 하자.

✌ 내 범주 안에서의 주님

'육체'라는 말은 첫째, 아담으로부터 왔다는 것을 알 수 있다. 이 '아담'이라는 말은 히브리어로 '사람'이라는 뜻이다. 우리는 영적으로나 육적으로나 이 아담의 후손들이다. 그러나 성경을 보면 예수 그리스도는 마지막 사람이라고 말한다. 성경에 나오는 가장 중요한 두 인물은, 에덴동산에 있었던 아담과 겟세마네 동산에 계셨던 아담이다. 이 세상에 사는 모든 인류는 영적으로 이 두 사람 중 한 사람의 후예다. 우리가 태어날 때는 첫 아담의 족보에서 태어났다. 그러나 예수 그리스도께서는 우리의 옛사람을 십자가에 못 박아 죽게 하시고 우리를 거듭나게 하셔서 두 번째 아담 예수 그리스도의 족보로 옮기셨다. 우리가 죄인으로서 십자가에 못 박혔고 이쪽에서는 성도, 의인으로서 거듭나게 된다는 것이다.

아담은 하나님으로부터 독립하고자 노력했던 첫 번째 사람이었다. 그것이 바로 원죄다. 그는 무엇이 선인지 무엇이 악인지 자신이 결정하기로 한 것이다. 이것은 마치 사람이 자기 주위에 어떤 원을 그려 놓고 "이곳은 내 왕국이다"라고 얘기하는 것과 같다. 그러고 나서 이 원 안에서는 "내가 하나님(god)이야!"라고 한다. 물론 하나님이라는 대문자 'G'가 아니라 소문자 'g'를 말하지만 그런 식으로 살아가고 있다. 이것은 내 삶이고, 내 권리고, 내가 무엇이 옳은지 그른지를 결정한다. 나는 내 길을 갈 것이다. 그러고 나서 모든 사람에게 그것을 가르치고 후손들에게도 가르치는 것이다. 그래서 하나님으로부터 자립심은 모든 죄의 원인인 것을 알아야 한다(롬 14:23).

당신이 자신의 테두리 안에서 하나님의 역할을 스스로 담당하는 것이 바로 원죄의 결과다. 아담은 당신이 '타고난' 패배자가 될 것을 미리 보았고, 당신은 즉시 그것을 드러내기 시작했다. 당신은 하나님이 당신의 모든 필요를 채워 주신다는 사실을 알지 못했고, 그분의 역할을 독차지했다. 당신은 대부분의 필요가 잘 충족되었기 때문에 사랑이 필요할 때는 부모나 형제, 또는 친척이나 동료들을 찾았다. 이로 인해 하나님은 당신이 만든 세상에서 설 자리를 잃고 말았다.

'육체'라는 말은 둘째, 욥에게 나타난 하나님이 계신다. 그분은 만물을 다스리시는 하나님이다. 그분은 모든 것을 조정하신다. 거기에는 유일하게 유일신이 계신다. 그리고 70억의 잡신도 존재하고 있다. 우리는 보통 우리가 믿는 큰 하나님은 태양이 뜨고 지는 큰 것들만 상관하신다고 생각한다. 사람들은 자기 나름대로 자기의 영역 안에서 자기들이 왕이 되고 자기들이 신이 되려는 노력을 하고 있다. 이와 같이 하나님이 계시고 우리도 하나님이 되려고 하는 아주 심각한 전쟁을 당신은 알고 느끼는가? 당신은 하나님이 되고 싶은가?

성경은 하나님은 사랑이시며 우리를 사랑하신다고 가르친다(요일 4:9-10). 하나님은 인간을 강력한 사랑이 필요한 존재로 창조하셨다. 그래서 당신은 사랑받기 위해서 태어났다. 지금도 사랑을 갈급해하며 살고 있는 것이다. 당신에게 사랑이 필요 없다면 당신은 하나님도 필요 없게 된다. 당신이 바로 하나님이다. 당신이 뭔가를 필요로 하는 존재로 창조된 이유가 바로 그것이다. 하나님은 우리의 모든 필요를 채우고 공급하실 수 있는 최고의 권위를 갖고 계신다. 그러므로 하나님은 셀 수 없이 많은 것을 필요로 하는 이 많은 사람을 창조하신 것이다.

우리 중 일부는 예수님을 통해 이 필요를 채우려고 하나님께로 간다. 그러면 하나님은 구원의 예수님을 통해 우리를 인도해 주신다. 반면 육체의 사람들은 "나는 나의 길을 가련다"라며 자기 자신을 내세운다.

당신이 이 땅에 태어났을 때는 당신은 하나님에 대해서 전혀 모르고 살았다. 그러나 이제 당신은 사랑이 필요하다는 것을 알게 되었는가? 그러면 누군가가 당신을 타깃으로 삼고 당신에게 사랑이 필요하다는 것을 가르치기 시작했는가? 사람이다. 그리고 동물일 수도 있다. 그렇지 않은가? 많은 동물이 사랑을 주고받으려고 한다. 한때는 잡아먹기도 했지만, 지금은 많은 사람이 품에 끼고 살고 있지 않은가?

그러면 하나님은 어디에 계신가? 우리는 하나님을 완전히 떨쳐 버렸다. 그러나 우리는 기억해야 한다. 하나님은 질투하시는 하나님이다. 하나님은 우리를 위해서 아들을 내어 주셨다. 왜 그렇게 하셨는가? 우리와 함께 끈끈한 사랑의 관계를 갖고 싶으셨기 때문이다. 각 사람 개개인적으로 하나님께서는 이 놀라운 관계를 갖기를 원하셨다. 이것이 바로 놀라운 주님의 은혜라고 하는 것이다.

마지막으로, 다른 육체에 대해서 살펴보도록 하겠다. 모든 인생의 사건들을 모두 승리로 이끌었던 사람이 있었다. 그는 모든 것의 최고를 향해서 달리고 있다는 것도 스스로 알고 있었다. 아주 뛰어난 육체를 가지고 있던 그 사람은 바로 사도 바울이다. 사도 바울은 뛰어난 육체를 가지고 있었다.

나는 빌립보서 3장 3절부터 9절까지를 인용하여 이것들을 문서화해 보았다. 이 말씀을 통해 우리는 '육체에 대한 성경적 의미'에 대해 매우 명료한 설명을 찾을 수 있다.

"…육체를 신뢰하지 아니하는 우리가 곧 할례파라 그러나 나도 육체를 신뢰할 만하며 만일 누구든지 다른 이가 육체를 신뢰할 것이 있는 줄로 생각하면 나는 더욱 그러하리니 나는 팔일 만에 할례를 받고 이스라엘 족속 이요 베냐민 지파요 히브리인 중의 히브리인이요 율법으로는 바리새인이요 열심으로는 교회를 박해하고 율법의 의로는 흠이 없는 자라 그러나 무엇이든지 내게 유익하던 것을 내가 그리스도를 위하여 다 해로 여길 뿐더러 또한 모든 것을 해로 여김은 내 주 그리스도 예수를 아는 지식이 가장 고상하기 때문이라 내가 그를 위하여 모든 것을 잃어버리고 배설물로 여김은 그리스도를 얻고 그 안에서 발견되려 함이니 내가 가진 의는 율법에서 난 것이 아니요 오직 그리스도를 믿음으로 말미암은 것이니 곧 믿음으로 하나님께로부터 난 의라."

이 문장과 문맥에서 보면 '육체'를 설명하는 단어는 의심할 바 없이 그리스도인들의 '과거 삶의 방식'을 의미한다. 이 설명을 오해하지 말라. '육체'라는 용어는 이 문맥에서 그리스도인의 신체를 말하는 것이 아니며 신체가 '악한' 것을 말하는 것도 아니다. 하나님은 전인격의 사람을 만드셨고 그 전인격(영과 혼, 그리고 육)을 구원하셨다.[2] 성경의 다른 문맥에서 보면 '육체'라는 용어가 신체를 의미할 때도 있다. 그러나 여기서는 단순히 그리스도인의 과거 삶의 방식을 의미한다.

바로 이 사도 바울이 이스라엘 중에서도 가장 뛰어난 육체를 가지고 있었던 사람이다. 사도 바울이 육체로서는 가장 뛰어난 자랑스러운 육체를 가진 사람으로서 육체를 자랑하는 콘테스트에서 "덤벼볼래?" 하고 얘기하고 있다. 아무리 우리가 잘났다고 생각하지만 사도 바울하고 견주어 보면 사도 바울이 다 우승할 것이다. 이것은 하나님의 말씀이며 성경은 진실하므로 사도가 얘기하는 이 모든 것은 분명한 사실이다. 그렇다면 우리의 육신은 사도 바울과 함께 비교하면서 생각해 볼 수가 있다.

나는 '육체를 좇는 삶'이 무엇을 의미하는지를 더 잘 이해할 수 있게 해주는 일곱 가지 정도의 사항들을 서술하고자 한다.

첫째, 바울이 육체적 경합으로 당신에게 도전하고 있음이 명백하다. 바울은 당신보다 '더 나은' 육체를 가졌다고 선언한다, 바울 자신이 최상의 '과거 삶의 방식'을 지녔고, 그는 '최고의 이스라엘인'이다(빌 3:3-4).

둘째, 바울은 높은 수준의 행위로 하나님과 다른 사람들과 자기 자신의 사랑을 얻고자 했다(바울의 육체는 사울에 의해 만들어짐).

셋째, 사울은 '그리스도와 함께 십자가에서 죽었고, 장사되었다'(갈 2:20; 롬 6:6).

넷째, 바울(부활한 사울이 아닌)은 그리스도 안에서 아주 새로운 피조물로 태어났다(고후 5:17-새롭게 창조되었다).

다섯째, 새로운 영의 사람인 바울은 사울이 그리스도와 함께 십자가에 못 박힌 후 사울의 이전 육신을 입고 태어났다.

여섯째, 사울에 의해 만들어진 '과거 삶의 방식', 곧 삶의 옛 프로그램들은 이제 바울의 '육체'가 되었다. 이 육체는 신체 기관 중 머리(두뇌)에 남게 되었다.

일곱째, 바울은 자존감의 만족을 위해 행위를 바탕으로 사랑을 갈구하던 이전 방법을 버렸으며, 이제는 예수님을 바탕으로 사랑을 추구하는 하나님의 방법을 선택했다고 말한다.

빌립보서 3장 9절에서 우리는 그리스도 안에서 새사람이 된 바울은 "내가 가진 의는 율법에서 난 것이 아니요 오직 그리스도를 믿음으로 말미암은 것이니 곧 믿음으로 하나님께로부터 난 의라"라고 증언하였다. 여기서 실수하지 말라. 완벽주의는 당신 나름대로 율법에 따른 의를 세우는 데 그 뿌리가 있다.

그리스도인이 완벽주의자처럼 되는 것이 꼭 세상적인 것은 아니다. 그러나 바울의 성화(developing)를 위한 동기는 그랬다. 바울은 자기 사랑을 만들기 위한 수단으로 완벽주의를 사용하는 데서 해방되었다. 바울은 그리스도께서 받아들이신 본인에게 마음을 고정시킴으로써 자기 사랑을 만들어 냈다. 그런 다음 바울은 그리스도께서 자신의 완벽주의적이고 목적지향적인 성향을 사용하여 이 땅에 주님의 이름을 영화롭게 하고 주님의 아가페 사랑으로 그리스도의 삶을 사시도록 허락(위임)했다(은혜의 삶).

우리는 사도 바울과 같지는 않다. 어떤 때는 나쁘고 어떤 때는 좋은 평범한 육체를 가지고 있다. 여기에 기쁘고 좋은 소식이 있다. 이것이 바로 하나님께서 우리에게 주신 메시지다. 이제부터는 그리스도께서 오셔서 우리를 구해 주시고 우리를 육체까지 완전히 영화롭게 하실 때까지 긴 시간 동안, 아무 사람도 육체대로 알지 아니하기로 작정했다는 것이다.

고린도후서 5장 16절을 보라. "그러므로 우리가 이제부터는 어떤 사람도 육신을 따라 알지 아니하노라 비록 우리가 그리스도도 육신을 따라 알았으나 이제부터는 그같이 알지 아니하노라." 좋은 소식 아닌가? 우리를 육체로 보지 않고 다른 것으로 보겠다는 하나님의 말씀이다. 그러면 사도 바울이 우리를 육으로 인정하지 않고 다른 것으로 보겠다는 것인가? 사도 바울이 우리를 육체로 인정하지 않고 무엇으로 인정하겠다는 것인가?

다음 구절 고린도후서 5장 17절을 보자. "그런즉 누구든지 그리스도 예수 안에 있으면 새로운 피조물이라 이전 것은 지나갔으니 보라 새것이 되었도다." 당신은 이 말씀을 믿는가, 아니면 당신의 감정을 믿는가? 만약에 당신이 감정을 믿는다면 당신은 고생길이 아주 환하게 열렸다. 왜냐하면 하나님께서 당신을 바라보시고 "오케이"라고 말씀하시는데, 그러니까 하나님께서는 당신을 10점 만점에 10점이라고 하시는데 당신은 6점이라고 생각하고 있는 것이다. 스스로 2점이라고 생각하는 사람들도 있다. 하나님께서 정해 놓으신 기준보다 당신이 정해 놓은 기준이 더 높다. 왜냐하면 당신 스스로가 육체대로 판단하고 있기 때문이다. 영적으로 판단하는 것이 아니라 육체적으로 당신을 판단하는 것이다.

✿ 육체적 삶으로부터 자유

하나님께서는 예수 그리스도를 구주와 삶의 주인으로 믿는 우리를 새로운 피조물로 창조하셨다. 그리고 우리를 다시는 육체로 보지 않으신다. 무슨 뜻인가? 예수 그리스도를 믿는 그리스도인들을 육체적 삶에서 자유하게 하셨다는 것이다. 그러면 어떻게 하나님께서는 우리를 육체적 삶에서 자유하게 하셨는가?

반복되는 말이지만 예수님께서 십자가에 죽으실 때 우리 옛사람이 죽고, 그리스도께서 부활하실 때 우리는 새롭게 창조되고, 성령이 우리 마음에 오심으로 거듭났다. 하나님의 자녀(새 신분)로 새롭게 창조된 것이다. 그리고 이제부터는 우리가 스스로의 힘으로 자족하는 삶을 살도록 하시지 않고 우리를 통해서 그리스도의 생명과 삶으로 살게 하셨다(예수 생명의 풍성한 삶-요 10:10).

이제 하나님은 우리를 예수 그리스도 안에 살게 하시고 우리가 스스로 살도록 하지 않으셨다. 요한복음에서 예수님이 사셨던 것처럼 우리의 생명이고 삶이신 그리스도께서 우리를 통해 사시는 것이다. 이것이 은혜의 삶이고 기적의 삶이며, 육체적 삶으로부터 자유로운 삶이다.

당신은 육으로부터 자유로운 삶(기적의 삶)을 살고 있는가? 그렇게 살지 못한다면 무엇이 문제인가? 문제는, 많은 그리스도인이 '은혜로 구원받고(죄 사함) 천국에 간다'는 사실은 많이 알고 믿고 있으나 '육으로부터 자유한 삶'이나 기적의 삶인 '은혜의 삶'에 대해서는 많은 사람이 이해하지 못하고 있다는 것이다. 나도 예외가 아니었다. 내가 하나님의 사랑과 은혜로 '은혜의 삶'에 대해 가르침을 받기 전까지는 하나님께서 예수 그리스도를 통해 주신 '온전한 복음의 진리의 삶'을 살지 못했다.

사도 바울은 갈라디아서 5장 1절에서 이렇게 말한다. "그리스도께서 우리를 자유롭게 하려고 자유를 주셨으니 그러므로 굳건하게 서서 다시는 종의 멍에를 메지 말라." 이 성경 구절은 직접적으로 은혜의 법 아래 살고 있는 갈라디아 성도들이 율법의 종이 되고자 하는 어리석음을 책망하는 말이다.

그러나 현재의 많은 그리스도인도 율법에서만 아니라 하나님께서 예수 그리스도를 통해서 자유하게 하신 것으로부터 자유를 누리지 못하고 있다. 여전히 반쪽 복음의 삶으로 계속 죄와 행위의 문제에 매여 있다. 그리고 예수 그리스도께서 자유하게 하신 것에 우리는 스스로 종이 되어 살고 있다.

예를 들면, 죄에서 자유케 하셔서 하나님께 죽은 우리에게 그리스도의 생명(영생)을 주셨다(롬 8:1). 그런데 예수를 믿으면서도 어떤 삶을 살고 있는가? 여전히 구원받은 죄인으로 사망의 삶을 살고 있다. 그뿐인가? 율법에서 자유케 해서 은혜의 법 아래 사는 '은혜의 삶'(롬 8:2)을 살도록 하셨으나 우리는 여전히 예수님의 신부로서의 삶에 만족하지 않고 율법의 종(영적 간음)의 삶을 살고자 한다. 그래서 우리의 삶이 어떤가? 그리고 지금 우리가 다루고 있는 '육체에서 자유한 삶'도 그렇다. 전능하신 하나님이 그분의 능력으로 우리를 통해서 사시는 삶을 제쳐 두고 우리가 자신의 과거적인 삶의 방법과 기술로 살고자 한다. 그러므로 주님과 함께하는 기적의 삶(승리의 삶)을 살지 못하고 있다.

하나님이 베푸신 사랑과 은혜에 보답하려고 열심을 내면서도, 정작 그분께서 우리를 사랑하심으로 베푸신 온전한 복음에 대해서는 무지하여 절망과 실패의 삶을 산다. 이것이 문제다.

그렇다면 왜 우리는 육체에 얽매이는 삶을 사는가? 이것은 할 수만 있으면 우리를 하나님으로부터 멀어지게 하고 그분을 잊고 살게 하려는 사탄의 위장과 거짓에 속아서 살기 때문이다. 사탄과 당신의 몸 안에 있는 죄의 권세가 당신의 마음에 1인칭 대명사로 속이고 들어와서 당신의 육체(몸) 중의 하나인 뇌에 기억된 '육체적 삶'을 당신을 통해 살게 하기 때문이다(그리스도인의 '채널 1'의 삶 참고). 우리가 승리하는 삶을 살기 위해서 이 진리를 아는 것이 중요하다.

은혜의 삶으로 가는 관문 '깨어짐'

성경에서 말하는 육의 삶이란 우리가 하나님의 도움 없이 스스로 살았던 과거적인 기술과 방법으로 자족하는 삶인데, 이것은 예수님의 넘치는 은혜를 받아들이는 데 가장 큰 장애물이다. 하나님은 우리를 사랑하시므로 우리가 육체적인 삶을 깨고 은혜의 삶을 살기 원하신다. 하나님께서 우리로 하여금 어떻게 육의 삶을 정리하도록 하시는지 살펴보겠다. 이 과정을 설명하기 전에 깨어짐(brokenness)이라는 개념을 생각해 보자.

우리가 깨어지기 전에는, 우리는 온전히 하나님과 함께 살 수가 없다. 여기서 깨어진다는 것은 대단히 중요한 의미를 지닌다. 깨어짐은 우리의 능력을 의지하는 것을 포기할 때 생긴다. 다시 말해, 우리의 삶을 스스로 주관하려는 의도를 완전히 포기한다는 것이다. 깨어짐과 절대적인 순복은 동전의 양면과 같다. 절대적인 순복이란 주님께 나를 완전히 맡기는 것을 말한다.

하나님을 영화롭게 하는 것이라면 어떤 일이든지 내게(to me), 나와 함께(with me), 내 속에(in me), 혹은 나를 통해(through me) 주님이 마음대로 하실 수 있도록 나를 전폭적으로 하나님께 내어 드리는 것이다. 다시 말해 절대적인 순복이란 내 삶을 주님께 드려 그분의 뜻대로 사시도록 맡기는(위임) 것이다. 곧 내가 그분께 완전히 항복한다는 의미다.

우리가 깨어지는 과정은 그리스도의 생명을 경험하기 위한 필수적인 단계이다. 하지만 반드시 고통을 동반하기 때문에 쉽지 않다. 우리가 완전히 깨어지기까지 하나님은 우리에게 특별한 상황을 허락해 연단시키신다. 이 과정에서 하나님은 우리가 스스로 하고자 하는 마음과 자족하는 마음을 내려놓기를 원하신다. 그리고 우리가 한계를 깨닫고 주님을 신뢰하도록 하신다.

하나님은 우리에게 다가오는 역경을 통해서 역사하신다. 우리가 고난에 부딪혔을 때, 우리는 스스로 할 수 있다고 믿었던 자신에게 쓰라린 실패를 맛보게 된다. 그렇게 해서 하나님만이 우리의 생명이고 삶이신 것을 알게 하신다.

성경 속의 많은 인물도 이러한 과정을 통해서 깨어졌다. 그들이 깨어진 후에는 하나님과 함께 승리하는 삶을 살게 되고, 주님의 이름을 높이고 그분께 영광을 드리는 것을 볼 수 있다. 야곱의 삶이 그랬고, 모세의 삶이 그랬다.

확신하건대, 그리스도인에 대한 사탄의 가장 효과적인 방법은 우리 모두가 가지고 있는 사랑과 자존감에 대한 필요를 채우기 위해 과거의 삶을 통해 고착되어 온 사고와 감정의 방식을 계속 사용하도록 속이는 데 있다.

예수님은 우리가 우리의 모든 필요를 공급하기 위해 유일한 자원인 그분을 순간마다 택하기를 원하신다. 그분을 외쳐 부르기만 하면 우리를 신부로 여기는 주님은 우리의 필요를 채우기 위해 '과거에 찾고 사랑하던 것들'로부터 우리를 돌이켜 그분의 사랑으로 채워 가기 시작하신다.

'깨어짐'이란 의미에 대한 이해를 돕기 위해서 성경 속의 또 다른 한 사람의 깨어짐을 소개하고자 한다.

고멜의 영적 자손들

'깨어짐'(brokenness)의 필요성에 대해 많이 듣곤 하는데, 어떤 사람들은 우리가 무엇으로부터 깨어져야 하는지에 대해 모호하게 이해하고 있는 것 같다. 하나님은 우리가 자신의 범주 안에서 스스로 주님의 역할을 하려는 삶의 방식(육체를 좇는 삶)을 무너뜨리고자 하신다. 하나님은 우리의 영적인 간음을 싫어하시기 때문이다. 하나님은 종종 우리를 깨부수기 위해 우리 육체적 삶으로는 감당할 수 없는 고통을 허락하시기도 한다. 호세아서는 이러한 과정의 생생한 예표를 보여 준다.

1장에서 하나님은 호세아에게 음란한 아내를 맞이하라고 명령하신다. 나는 지식인들이 이것을 문자 그대로 받아들여야 하는지에 대해 논하는 것을 이해할 수가 없다. 호세아서 1장 2절에서 이것이 하나님께서 호세아에게 하신 명령이라고 명백하게 언급하고 있으며, 이것은 호세아서가 예표론적 목적을 가졌음을 완벽하게 보여 주는 것이다. 호세아는 순종적으로 고멜과 결혼하였고, 그녀는 남편과의 혼약에 비참하게도 불충실한 모습을 보여 주었다. 이것은 하나님과 이스라엘 민족, 그리스도와 그의 신부인 교회, 그리스도와 당신을 개인의 자격으로서 관계를 묘사한 것이다.

고멜은 남편이 아닌 다른 남자들에게서 자신의 욕구를 채우기 위해 이 사람 저 사람에게 옮겨 다니며 자식을 낳았다. 성관계는 고멜의 우선적 목표가 아니라 단지 목적을 위한 수단이었다. 그녀는 다른 사람들을 통해 자신의 욕구를 충족시키기 위해서 자신의 몸을 사용하고 사랑하는 사람들과 자신의 몸을 거래했다. 우리도 이와 같이 사랑에 대한 욕구 충족을 위해 육체적 방법으로 되돌아가고자 하는 유혹을 받는다.

호세아서 2장 5절에 있는 이야기에는 다음과 같은 언급이 나온다. "그들의 어머니는 음행하였고…이는 그가 이르기를 나는 나를 사랑하는 자들을 따르리니 그들이 내 떡과 내 물과 내 양털과 내 삼과 내 기름과 내 술들을 내게 준다 하였음이라."

고멜은 자신의 욕구를 세상의 체제로부터 공급받기 위해 과거의 방법들을 계속해서 사용하고 있었다. 이것은 회사, 교단, 스포츠, 사회적 클럽, 또는 그 밖의 것들을 통해 자신이 이 세상으로부터 받아들여지고 또한 자신을 스스로 받아들일 수 있는 욕구를 생성하고 유지하려고 날마다 좀 더 높은 지위로 오르기 위해 분투하는 현대 그리스도인들의 모습이다.

'육체를 좇는 삶'은 육체적 아름다움에 의지하는 것으로부터, 행위하는 데 있어 완벽함을 위해 애쓰는 것까지 다양하게 전개된다. 또 이 밖에도 사람이 많이 모이는 모임에 초대받는 것을 갈망하거나 유명한 사람의 이름을 친구인 양 말하고, 멋진 주택과 자동차를 소유하거나 명품 백을 구입하는 등 여러 가지 양상의 모습을 보인다. 한도 끝도 없다. 이 모든 것들은 당신의 남편 되는 주님보다는 세상으로부터 인정받고 자존감을 얻어 내려는 육체적 방법들이다. 이것은 예수님에 대한 배신행위다. 이것들 자체가 본질적으로 악한 것들은 아니지만, 그 동기는 하나님의 것이 아니다.

헌신된 남편 되시는 예수님은 이 모든 경쟁자로부터 자신의 신부를 되찾으려는 신성한 계획을 보여 주신다. 주님은 먼저 육체를 좇는 삶이 비생산적이 되도록 모든 것을 조정해 나가기 시작하신다. 욕구를 충족시켜 주는 공급원들을 메마르게 함으로써 주님의 신부가 오히려 욕구를 충족시키느라 좇아다니던 사람들로부터 깨어 일어나 자신을 진정으로 사랑하는 사람에게로 돌아오도록 하신다.

여정의 종착역

하나님은 육체를 좇는 고멜의 삶이 이전보다 덜 생산적이게 하셨다. "그러므로 내가 가시로 그 길을 막으며 담을 쌓아 그로 그 길을 찾지 못하게 하리니"(호 2:6).

그리스도인들이여, 당신은 최근 자신의 노력에 비해 이전에 획득하던 만족감이 줄어드는 것을 경험하는가? 당신은 '과거의 길'을 여행하고 있는가?

"그리고 그녀는 그녀를 연애하는 자들을 따르리니." 그녀는 자신이 가고 있던 '좋은' 길을 포기하는 데 망설였다. '그러나 그녀는 그들을 따라가고 그들을 찾을 것이다. 그러나 결국 찾을 수 없을 것이다.' 그리고 나서는 그녀는 말할 것이다. "내가 본 남편에게로 돌아가리니 그때의 내 형편이 지금보다 나았음이라 하리라"(호 2:7).

이와 같이 예수님은 당신이 과거의 방법들을 좇는 삶을 살도록 허락하신다. 당신이 그분에게 행하는 배신행위를 통해 고통받으시면서도 인내를 가지고 당신을 되찾으려 하신다. 당신이 세상의 체제로부터 욕구를 충족시키는, 결혼(구원) 이전에 너무도 잘 배워 놓았던 방법들을 찾아다닐 때 주님은 당신을 눈물로 지켜보신다. 그러면서 당신의 노력에 비해 수확이 점점 줄어드는 것을 경험하게 하신다.

처음에 불충실한 아내의 기도 초점은 주님께서 사탄을 패배시키시고 '승리의 삶'을 회복시켜 달라는 것에 있다. 텔레비전 프로그램에서 듣던 소리인가? 육체적 노력의 생산성이 떨어지면서 그녀는 좀 더 필사적으로 주님께서 점점 더 급박해지는 문제들을 돌보아 주셔서 그녀를 붙잡으려 한다는 사탄의 거짓말을 믿게 된다. 그녀는 자신의 청원을 들어 달라고 주님께 간구하기도 하지만 그분의 귀는 막힌 것처럼 여겨진다. 그러나 주님은 사랑으로 일하고 계신 것이다.

예수님, 우리의 공급원

결국 부정한 아내는 그녀의 삶이 무언가 철저히 잘못되어 있음을 깨닫는다. 이때가 그녀의 신랑 되시는 그리스도에게 "처음 사랑"(계 2:4)으로 돌아가서, 그분을 사모하고 유일한 공급원으로서 그분만을 찾는 삶을 가장 잘 받아들이는 순간이다. "곡식과 새 포도주와 기름은 내가 그에게 준 것이요 그들이 바알을 위하여 쓴 은과 금도 내가 그에게 더하여 준 것이거늘 그가 알지 못하도다"(호 2:8).

그녀는 단지 자신의 필요가 육체적 노력에 의해 채워질 수 있을 것이라고 생각하고 있다. 그러나 사실상 그녀의 모든 필요를 공급해 왔던 것은 하나님이셨다. 그녀는 그동안 항상 의지해 왔던 그 공급원들 없이는 자신의 인생에 재난이 닥칠 것이라고 생각했다. "그러므로 내가 내 곡식을 그것이 익을 계절에 도로 찾으며…내 양털과 내 삼을 빼앗으리라"(호 2:9).

이 모든 것은 우리의 남편 되시는 하나님께 속한 것이다. "땅과 거기에 충만한 것과 세계와 그 가운데에 사는 자들은 다 여호와의 것이로다"(시 24:1).

호세아 2장 10-11절은 하나님께서 고멜이 그녀의 육체적 삶을 통해 자신의 욕구를 만족시키는 것을 이제 제한하셔서 그녀의 능력이 끊어지게 하겠다고 결단하시는 모습을 언급한다. 이것이 그녀에게는 인생에 있어 절망뿐이라고 여길 정도로 아주 '나쁜' 상태(그녀의 입장에서는)에 처한 것으로 보일 수도 있다.

이제 세상적 체제에 맞춰 훈련받았고 실패 없이 능력 있는 전문인으로 인정받아 온 기독교 상담가가, 이렇게 '자족적'인 사람을 '돕고자' 그의 육체적 방법으로 좀 더 생산적이게 만듦으로써 얼마나 하나님의 목적을 무산시키게 하는 것인지 영적으로 분별할 수 있겠는가? 상담을 받는 당사자는 좀 더 상태가 '나아질' 수 있을지 모르지만, 이것은 사실 그의 육체적 삶을 약하게 하려는 성령님의 목표에 맞서 일하고 있는 것이다.

하나님께서는 호세아 2장 12절에서 고멜로 하여금 육체적 삶을 지향하게 하던 공급원들이 소멸될 것이라고 말씀하신다. 그리고 이렇게 말씀하신다. "그러므로 보라 내가 그를 타일러 거친 들로 데리고 가서 말로 위로하고"(호 2:14).

그녀를 왜 거친 들로 데리고 가시는가? 광야에서 육체적 삶이 얼마나 당신의 필요를 잘 공급할 수 있겠는가? 당신이 '형편 좋은' 가정에서 태어나 근사한 집에 살고 있으며 당신의 지역사회에 대한 '자부심으로' 가득 차 있다고 가정해 보자. 만일 당신이 넓은 광야에 서 있다면 이러한 것들이 무슨 도움을 줄 수 있겠는가? 거기서 영향과 인상을 심어 줄 수 있는 것이라고는 기껏해야 들에 사는 토끼 정도에 불과할 것이다. 거기에는 오직 한 공급원만이 존재하는데, 바로 그분이 예수님이시다. 그분만이 광야에서 유일한 공급원이 되신다. 다른 모든 것은 쓸모가 없고 비생산적이다. 예수님은 당신에게 화가 났기 때문이 아니라 당신을 사랑하기 때문에 그곳으로 데리고 가신다.

하나님께서는 비생산적인 육체적 삶의 깊은 협곡에 이른 고멜에게 말씀하기 시작하신다. "거기서 비로소 그의 포도원(공급원)을 그에게 주고"(호 2:15). 하나님께서는 그녀를 절망의 순간까지 데리고 가셔서 그녀가 자신의 공급원을 자각하게 하시고 비로소 그녀를 신뢰하기 시작하신다. 이렇게 함으로써 그녀는 육체를 좇는 삶이 자신의 필요를 공급하지 못한다는 메시지를 확실하게, 그리고 분명하게 듣고 깨닫게 되는 것이다.

그리고 하나님께서는 더 나아가 고멜에게 "아골 골짜기로 소망의 문을 삼아 주리니"(호 2:15)라고 말씀하신다. 아골 골짜기는, 여호수아서 7장에 의하면, 아간이 아이에서 금지된 '육체적 필요의 공급물'을 훔쳤기 때문에 처형을 당한 장소다. 하나님의 사랑받는 아내로서 그분과 친밀한 삶을 가꾸어 나가기 전에 이스라엘(고멜)의 육체적 삶이 먼저 다루어져야 했다. 15절에서 다음과 같이 말씀하신다. "거기서 비로소 그의 포도원을 그에게 주고 아골 골짜기로 소망의 문을 삼아 주리니"(호 2:15).

아골은 '고통'을 의미한다. 하나님께서는 그리스도인이 그가 '이전에 사랑하던 자'로부터 돌아와 오직 그분만을 바라보게 하시기 위해 '이전에 신뢰하던 삶의 방법들'이 끝나게 하시는 것이다. 이 과정은 종종 고통스럽지만 끊임없이 중요한 것이다.

❦ 광야의 노래

하나님께서는 이러한 양육을 참아 내기 힘든 고통의 과정을 통하여 이루시게 마련이지만 그 결과를 보라. "그가 거기서 응대하기를 어렸을 때와 애굽 땅에서 올라오던 날과 같이 하리라"(호 2:15).

육체적 삶의 공급원들이 아직 끊어지지 않은 그리스도인의 입술에 오르내리는 '노래'는 '금주의 인기곡 40'과 같은 텔레비전 프로그램에서 듣는 것처럼 30일 정도면 사라진다. 그러나 이 지구상에서 평생의 시간을 보장하며 사라지지 않는, 유일하게 영원히 끊이지 않는 노래는 바로 그녀(주님의 신부 되는 그리스도인)가 자신의 육체적 의지를 끝내는 아골 골짜기에서 배우는 노래다. 이것은 각각의 그리스도인에게 독특한 방식으로 이루어질 것이다. 고통의 정도도 개인마다 다를 것이다. 이 모든 것은 상대적인 것이며 하나님의 통제 아래에 있다. 하나님은 결코 이러한 것을 야기시키시지 않는다. 그러나 사랑하려는 그분의 목적 때문에 이를 허락하신다. 당신을 그분과 좀 더 깊이 있는 하나 됨으로 이끄신다. 이것은 두려워해야 할 것이 아니라, 단지 믿음의 눈을 예수님께 계속해서 고정시키는 것과 관련된 문제다. 그분은 당신의 안녕과 복지에 전적으로 헌신된 분이시다 (성실하고 신실하신 하나님).

❦ 나의 남편

"여호와께서 이르시되 '그날에' 네가 나를 '내 남편'이라 일컫고 다시는 '내 바알'이라 일컫지 아니하리라"(호 2:16). 그녀는 계속해서 그의 사랑하는 아내였다. 그러나 그녀는 자신이 누구인지를 인식하지 못했다. 하나님은 서로의 관계가 시작된 이래로 그녀의 진정한 이름(사랑하는 아내)을 불렀지만, 그녀는 그분을 부담만 주는 주인으로 보아 왔다. 그분을 '내 남편'이라고 부르기 전에 아골 골짜기의 경험을 겪어야 했다. 자신의 육체적 삶이 더 이상 기능할 수 없는 아골의 깊은 협곡에 빠지기 전까지는 결코 자신의 신분을 온전히 깨달을 수 없었다.

19절과 20절을 보라. "내가 네게 장가들어 영원히 살되 공의와 정의와 은총과 긍휼히 여김으로 네게 장가들며 진실함으로 네게 장가들리니 네가 여호와를 알리라."

그리스도인들이여, 당신의 인생이 지루한가? 남편은 당신이 남편을 위해 하는 모든 것을 고맙게 생각하지 않고 있는가? 자녀들은 당신이 당연히 해야 할 일을 하고 있다고 생각하는가? 아내는 당신이 지금보다 더 능력이 있었으면 하고 바라는 것 같은가? 당신의 상사는 얼마나 열심히 일했는지에 상관없이 언제나 잔소리로 일관하는가? 몸이 옛날 같지 않고 고되기만 한가? 아침에 조깅하는 걸음도 무겁게만 느껴지는가? 꿈꾸던 것들이 사라지고 있는가? 배우자를 잃었는가? 죽음을 두려워하는가? 아무도 당신을 이해하지 못하는 것 같은가? 당신의 친구나 심지어 가족들도 당신으로부터 멀어졌는가? 그리고 '순간마다 쳇바퀴 돌듯' 살았던 당신의 인생이 이제 와서 모두 허송세월로 보이는가?

아, 불행한 그리스도의 신부여, 만일 당신이 무거운 짐을 지고 있다면, 지금 당신은 아골 골짜기에 있는 것이다. 육체를 좇는 삶을 통해 이 세상으로부터 당신의 필요를 채우려고 노력하지 말라. 그것은 당신의 신랑이 아니다. 당신은 지금 사랑받고 있다. 당신은 "티나 주름 잡힌 것이나 이런 것들이 없이 거룩하고 흠이 없는"(엡 5:27) 사랑스런 신부다.

인생에 내적 평안과 만족을 생성하고 유지시켜 주는 듯한 당신의 1차적인 수단들, 즉 당신의 재능, 매력적인 육체, 영적 은사들, 지적 능력, 지위, 인기, 좋은 직장, 재정적 안정, 행복한 결혼 생활, 그리고 순종적인 자녀 등을 '신뢰'하고 의지하는 것으로부터 돌아서라. 그들은 당신으로 하여금 간음하도록 하는 것들이다. 이러한 것들을 통해 당신의 남편(예수님)으로부터 축복을 받는 것은 좋은 일이긴 하지만, 그것에만 집중하지 말라. 남편에게 집중할 때에도 당신이 누구인지를 기억하고 하나님을 찬양하라.

당신은 예수 그리스도께 전적으로 사랑받으며, 선택받았고, 부르심을 입었으며, 거룩하고, 정결하며(고후 11:2), 흠 없고 의로운 신부다. 당신의 무한한 가치를 상상해 보라! 당신의 신랑께서는 자신의 보혈을 통하여 모든 쓸 것을 채우겠다고 약속하셨다(빌 4:19). 당신은 결코 지치거나 늙은 아내 취급을 받거나 또는 젊은 애인으로 인해 배반당하지 않을 것이다. 당신은 온 우주의 주관자이신 하나님으로부터 완전한 사랑을 받고 있다. 그분은 당신이 반항적이며 독립적이던 과거의 삶을 회개하고, 주님과의 결혼 서약에 승인하면서 구원받고 당신을 주님께 드린 그 시각 이후로부터 당신을 사랑해 오셨다.

당신은 이제 영적 남편과 함께 하나 된 관계로 들어갔다. 그러나 이 세상에서 풍성한 삶을 경험하기 원한다면 당신은 그분의 생각(유일한 진리)에 동의하고 사랑받는 자로서 그분과 동행해야 한다. 이렇게 되기 위해 부를 수 있는 노래는 대개 아골 골짜기에서 만들어지거나 배우게 된다. 우리는 종종 과거의 삶의 방식으로부터 떨어져 그곳으로 이끌린다.

지금 당신이 아골 골짜기에 있다고 생각하는가? 아골 골짜기에서 당신을 발견하는 것은 실질적으로 당신이 주님을 당신의 충분한 공급원으로 바라보게 하는 동기 부여가 된다. 일단 이 과정을 시작하면 당신은 하나님의 손안에 놓이게 된다. 당신을 그 골짜기에서 벗어나게 하든지 아니면 은혜를 더하셔서 그것을 통과하게 하시든지 결정은 하나님께 있다. 어떤 길을 걸어가도 당신이 하나님의 은혜를 이해하고 자신을 그분께 집중시킬 때 당신은 승리자가 된다.

8장
그리스도인은 율법으로부터 자유롭다

　많은 그리스도인의 삶에서 모순이 드러나는 까닭은, 그들이 율법에 대하여 죽었고 자유함을 얻었다는 사실을 진실로 이해하지 못하고 복음과 율법을 접목하거나 곁에 두고자 하기 때문이다.

　수동계산기인 주판이 그 시대 최고의 기술이던 시대에 서울대학교 공대를 졸업한 고령의 기술자가 있었다. 주판은 오래전에 이미 전자 디지털 계산기로 바뀌었다. 그러나 그는 구식 주판의 설명서가 말하는 모든 것을 새로운 계산기의 설명서 안에 있는 것들과 통합시키려고 계속해서 노력했다. 두 설명서는 제대로 사용할 때 적합한 것이다. 그렇게 만들어진 설명서 안에는 몇 가지 구식 설명서를 능가하는 진리가 포함되어 있을 뿐이다. 옛날 주판 시대를 그리워하면서 더 뛰어난 새로운 계산기 설명서 안에 들어 있는 진리를 사용하지 않으려는 그의 버릇은 그를 혼란 가운데 계속 머물게 할 것이다. 그런 사람은 결코 자신의 전문직에서 '안식' 가운데 들어갈 수 없다.

그렇지만 그가 원했던 것은 타협점이었다. 그는 파격적인 변화를 두려워했기 때문에, 새로운 길로 가면서 익숙한 것의 도움을 받고 싶었다. 마치 두발자전거에 보조 바퀴를 단 것처럼 말이다.

우리의 신앙에서도 사정은 다르지 않다. 많은 사람들이 하나님이 보여 주신 새로운 길을 가기 위해 종교라는 낡은 방식, 조금 더 구체적으로 말하자면 율법이 필요하다고 생각한다. 구원에 이르는 데 필요한 것은 예수님 외에는 아무것도 없다는 단순한 진리를 접할 때조차 예수님 옆에 율법을 나란히 세워 두려고 한다. 마치 주판을 디지털에 접목하고자 하는 사람을 사로잡았던 생각처럼, 우리는 낡은 것과 새것을 섞어 버리고야 만다(새 포도주는 새 부대에).

우리를 향한 하나님의 단순한 메시지는 "낡은 것을 버리고 새것을 맞아들이자"라는 새해의 선포와 같다. 하나님은 신약성경 저자들을 통해서, 그분이 보여 주신 새로운 길을 확고히 믿고 율법으로 대표되는 종교의 작은 기운이라도 틈타지 못하게 하라고 말씀하셨다. 하나님은 우리가 전적으로 그분을 신뢰하기 원하신다. 하지만 많은 그리스도인은 길고 험한 여정을 가려면 왠지 율법이 동행해야 할 것만 같다는 생각을 하고 있다.

율법이라는 낡은 방식을 어떻게 완전히 떨쳐 버릴 수 있을까? 그 방법은 참으로 간단하다. 하나님의 새 길을 알기만 하면 된다. 그러면 뒤돌아보지 않게 될 것이다. 낡은 율법과 그리스도 안에서의 새로워진 삶을 뒤섞고 싶어도 실제로 그럴 수 없을 것이다. 적어도 예수님을 중심에 모신다면 말이다. 율법이라는 낡은 방식에 예수님을 끼워 맞출 수는 없다.

이런 주장에 대한 근거가 있다. 바로 예수 그리스도의 혈통이다.

우리는 예수님이 우리의 대제사장이시며 하나님 앞에서 우리의 대변자가 되심을 알고 있다. 그런데 예수님은 유다 지파 사람이다. 모세가 유다 지파 출신의 제사장에 관해 언급한 내용이 있는가? 단 한 번도 없다. 하나님은 모세에게 레위 지파만이 제사장으로서 섬길 수 있다고 말씀하셨기 때문이다.

"이것은 한 사람도 제단 일을 받들지 않는 다른 지파에 속한 자를 가리켜 말한 것이라 우리 주께서는 유다로부터 나신 것이 분명하도다 이 지파에는 모세가 제사장들에 관하여 말한 것이 하나도 없고"(히 7:13-14).

수천 년 동안, 구약의 제사장들은 오로지 레위 지파에서만 나왔다. 그런데 모든 규율을 깨고 예수님이 등장하신다. 사실 예수님의 '조건'은 제사장 신분에 한참 못 미친다. 그렇다면 하나님은 왜 예수님을 유다의 후손으로 태어나게 하셨을까? 예수님이 레위 지파였다면 훨씬 더 설득력이 있으며 유대인들이 예수님을 받아들이기가 더 쉬웠을 텐데 말이다. 하나님은 모든 것을 완전히 뒤집어 버리려고 하셨다(새 언약에 의한 하나님의 새판 짜기). 그리하여 율법대로라면 자격 미달인 예수님을 대제사장으로 삼으셔서 하나님의 새로운 일을 시작하셨다.[1]

하나님의 새로운 방식: 새로운 대제사장

예수님은 우리의 대제사장이며 우리를 대변하는 분이시다. 그러나 어떻게 그것을 확신할 수 있을까? 예수님이 대제사장이라는 직분에 정통성을 부여할 수 있는 근거가 무엇일까? 이에 대해 성경은 단도직입적으로 기록하고 있다. "제사 직분이 바꾸어졌은즉 율법도 반드시 바꾸어지리니"(히 7:12). 제사 직분이 바뀌었고 새로운 대제사장이 세워졌기 때문에 율법의 낡은 방식은 이제 무효라고 선언하신다. 그 이유는 무엇일까? 율법이 섞이면 심각한 모순이 생기기 때문이다. 수천 년간 같은 방식이 이어졌지만, 하나님은 이제 새로운 방식을 원하신다. 이전 제사장들은 레위 지파에서 나왔지만 더 이상은 그렇지 않다. 우리의 대제사장은 유다 지파 출신이기 때문에, 옛 방식은 우리의 새 대제사장과는 전혀 어울리지 않는다. 제사 직분이 바뀌었기 때문에 시스템도 같이 바뀌어야 한다.

이뿐만이 아니다. 히브리서 저자는 예수님이 "하나님께 멜기세덱의 반차를 따른 대제사장이라 칭하심을 받으셨느니라"(히 5:10)라고 기록하고 있다. 유대교를 믿는 독자들은 "멜기세덱, 멜기세덱이라… 익숙한 이름인데?"라고 되뇌일지도 모른다. 구약성경을 뒤적거리다 보면 멜기세덱이 '살렘 왕'(창 14:18)이라고 기록된 것을 보게 될 것이다. 유대인들은 그를 '족보도 없는' 사람이라고 불렀다(히 7:3). 멜기세덱은 아버지도 없고 어머니도 없다. 그는 애초에 출신이라는 것이 없다. 그러나 아브라함은 멜기세덱을 하나님께로부터 부여받은 독보적인 대제사장 직분을 가진 분으로 추앙했다. 그리고 이것은 심지어 율법이 생기기 400년도 더 이전의 일이었다.

분명히 짚고 넘어가자. 율법대로라면 예수님은 제사장이 될 수 없는 지파 출신이다. 제사장이 될 권한 자체가 없는 족보다. 하지만 예수님의 대제사장 직분은 멜기세덱의 반차를 따른다. 율법보다 앞선 그 신비한 인물 말이다.

이처럼 율법의 낡은 방식과 예수님은 어울리지 않는다. 우리의 새로운 대제사장은 우리를 완전히 새로운 길로 초대하고 있다.

🌿 하나님과 맺은 계약

그렇다면 어떻게 율법의 도움 없이 하나님을 경험할 수 있는가? 그 열쇠는, 하나님과 우리가 맺은 '계약'을 바로 아는 데 있다. 그분과 맺은 계약 조건을 자세히 들여다보면 불합리하다고 여길 정도로 우리에게 유리하다는 것을 알 수 있다. 우리가 조합해 낸 종교의 이중 잣대와는 비교할 수 없다. 초대 교회 이후로 예수님 앞에서 참견을 일삼던 율법보다도 훨씬 더 낫다.

구약 시대에서는 꿈만 같던 일들이 하나님과 맺은 계약을 통해 이제는 현실이 되었다. 구약 시대를 살았던 사람들은 오늘날 우리에게 허용된 것들을 누리지 못했다. 물론 하나님께 헌신된 몇몇 인물들의 활약상을 보면 그저 놀라울 따름이다. 하지만 중요한 것은 활약상이 아니다. 우리는 그들보다 더 나은 계약서를 가지고 있으니 말이다.

"이 사람들은 다 믿음으로 말미암아 증거를 받았으나 약속된 것을 받지 못하였으니 이는 하나님이 우리를 위하여 더 좋은 것을 예비하셨은즉 우리가 아니면 그들로 온전함을 이루지 못하게 하려 하심이라"(히 11:39-40).

왜 우리의 계약이 훨씬 더 좋은가? 이 질문에 대답하기 위해서는, 파경을 맞은 결혼을 생각해 보는 것이 좋겠다.

만족을 모르는 배우자

결혼한 지 9년째 된 부부가 있었다. 처음 몇 년간은 마치 천국에서 사는 것 같았다. 그러나 점점 아내는 남편 안에 '작업해야' 할 것들이 보이기 시작했다. 그래서 그를 변화시키려는 계획을 세웠다. 만약 남편이 바뀌지 않으면 이혼까지 고려하고 있었다. 하지만 남편은 이런 사실을 전혀 눈치채지 못했다.

남편은 아내가 평생 같은 모습으로 자신을 대할 것이라고 생각했다. 하지만 언제부터인가 아내는 남편의 게으른 습관과 적은 수입에 대해 불평하기 시작했다. 남편은 큰 충격을 받았다. 그리고 아내를 만족시키기 위해 최선을 다하겠다고 결심했다. 그런데 사실 남편은 낮에는 직장에서 일하고 퇴근하여 밤에는 대리운전을 할 정도로 성실한 사람이었다. 하지만 아내는 이에 만족하지 못했다. 한마디로 그녀의 기준이 너무 높았던 것이다. 그녀는 몇 개월마다 한 번씩 남편을 들들 볶았다. 그러면서 이혼이라는 협박 카드를 내밀었다. 그럴 때마다 남편은 미안하다는 말을 반복하면서 아내의 기분을 돌리기 위해 애를 썼다. 그렇지만 아내는 늘 자신이 바라던 인생이 아니라며 불평했다. 그는 아내를 사랑했고, 행복하게 해주려고 노력했지만 한마디로 그럴 만한 능력이 부족했다. 아무리 노력해도 아내가 원하는 기준에 도달할 수 없었다. 결국, 아내는 남편에게 이혼 서류를 내밀었다.

이것이 당신의 결혼 생활이라면 기분이 어떨 것 같은가? 독자들 대부분은 남편에게 동정표를 던질 것이다. 그런데 이 모습은 우리의 율법과의 영적 결혼 생활을 잘 설명해 주고 있다.

우리가 태어났을 때에 우리는 율법과 결혼한 상태였다. 그래서인지 많은 기독교인이 아직도 율법과 결혼한 것처럼 착각하고 있다. 많은 그리스도인이 율법에 대해서 자꾸 그런 식으로 반응하는데, 그것은 아직도 자기가 율법에 얽매여 있다고 생각하고 있는 것이다.

당신이 결혼했다면 결혼 생활은 행복한가? 그런데 율법과의 결혼 생활은 별로 재미가 없다. 율법은 우리의 행위가 완전할 때만 우리를 좋아한다. 그런데 행위가 완전한 사람이 있을까? 없다. 율법은 같이 살기가 굉장히 까다로운 사람과 같다. 왜일까? 그러면 율법의 정체를 알아보기로 하자.

우리가 율법과 결혼 관계로 사는 것은 정말 재미가 없다. 왜냐하면 율법은 항상 정죄한다. 생각해 보라. 아내나 남편이 항상 정죄하고 지적질만 하면 그 가정이 행복하겠는가? 바울은 고린도후서 3장 7절부터 9절에서 율법의 직분은 죽게 하는 조문과 정죄하는 일이라고 말한다.

그것만이 아니다. 율법과 결혼 생활을 하면 우리는 절대 만족할 수가 없다. 우리가 율법을 기쁘게 할 방법이 없다. 한쪽 부분을 열심히 해서 만족시키면 다른 한쪽을 지적한다. 율법이 절대 하지 않는 말이 있는데 "그 정도면 충분해"라는 말이다. 율법은 항상 우리에게 "더 해, 더 잘해, 그것으로는 안 돼, 더 많이 해야만 해, 그래야 복을 받을 수 있어"라고 얘기한다.

내가 예수 그리스도 안에 있는 신분을 발견하기 전과 은혜의 삶을 알기 전에는 율법주의자적인 목사로 살았다. 율법주의가 뭔가? 율법주의는 우리가 행한 바에 근거하여 영적으로 깊어지고자 하거나 하나님의 복을 받고자 하고 그분의 약속을 얻고자 하는 삶의 한

체계를 말한다.

우리가 율법주의자로 사는 동안은 절대 만족할 수가 없다. 율법은 절대 만족하여 우리를 쉬게 하는 법이 없다. 우리가 율법주의로 살고 있는지 아닌지를 알 수 있는 방법이 있다. 혹시 당신이 어떤 수준에 이르지 못하기 때문에 답답하고 고민하며 늘 씨름하고 있다면 당신은 계속 율법에 속고 있는 것이다.

그뿐만 아니다. 율법은 결코 하나님처럼 우리를 돕지 못한다. 우리가 잘못하고 있는 것에 대해서 계속 비판하고 정죄하여 사망에 이르게 하지만 우리를 도와주지는 못한다. 율법은 마치 의사처럼 검진하여 병을 찾을 수는 있지만 치료를 못 하는 사람과 같다.

많은 그리스도인은 '내가 좀 더 열심히 하면 승리할 수 있을 것이다'라고 착각하고 있다. '내가 선한 일을 계속한다면 나는 의로운 사람이 될 수 있을 거야!'라고 착각하고 있다. 그렇게 하면 하나님께서 기뻐하실 거라고 착각해서 자기가 오늘 해야 할 일을 자꾸자꾸 적는다. 그런데 다 적고 난 다음에 그들은 기쁨이 사라지는 것을 느낀다. 그리고 답답해하고 절망한다.

우리가 종교적 율법 밑에서 사는 한 결코 기뻐할 수 없고 승리도 할 수 없다. 왜냐하면 하나님께서는 결코 율법을 통해 승리를 주실 것을 디자인하지 않으셨기 때문이다. 승리는 예수 그리스도의 그 인격 안에서 나온다. 예수 그리스도가 우리의 승리다.

더 큰 문제가 있다. 율법과의 결혼은 일생 죄에 대해서 헛된 싸움을 하게 한다. 나는 은혜의 삶을 알기 전에 수년 동안 율법과 종교적인 법칙에 의해 살았고 가르쳤다. 그래서 나는 성도들에게 "여러분은 죄와 싸워 승리를 위해서 이것과 저것들을 해야 합니다"라고 설교했다. 그러나 이런 법칙들은 결코 그들로 하여금 더 경건하게 하지 못했다. 율법은 우리로 경건하게 하는 일을 절대 하지 못하기 때문이다.

율법은 오히려 그와 정반대되는 일을 한다. 로마서 7장 5절에서 이렇게 말씀한다. "우리가 육신에 있을 때에는 율법으로 말미암는 죄의 정욕이 우리 지체 중에 역사하여 우리로 사망을 위하여 열매를 맺게 하였더니." 이 말씀이 나의 설교를 완전히 바꾸게 했다(롬 5:20 참조).

사도 바울은 여기에서 말은 우리의 죄 된 것을 충동질하는 무엇이 있다는 것을 말한다. 무엇이 우리 안에 있는 죄를 자꾸 충동하는가? 성경을 읽고 대답해 보라. 율법이 우리의 몸 안에 있는 죄의 권능을 충동질한다. 내가 율법적으로 설교하면 무슨 일을 하고 있는 것일까? 교인들로 죄를 지으라고 자꾸 격려하는 것과 마찬가지다.[2]

목사님들과 함께 박물관을 방문한 적이 있다. 박물관을 다니면서 아름다운 것을 많이 보았다. 그런데 강단이 있고 고전적인 오래된 소파가 있어서 그 가구가 있는 곳으로 다가갔다. 거기에 "강단 위에 올라가지 마십시오"라고 쓰여 있었다. 그때 나는 "어, 이 강단이 이 가구를 올려놓을 수 있을 정도라면 내가 올라가도 망가지지 않을 텐데!" 하고 그 위로 올라갔다. 동행한 목사님들이 놀랐다. 이상하지 않은가? 내가 왜 강단에 올라가고 싶었을까? 경고하는 푯말이 없었으면 나는 결코 그곳에 올라가지 않았을 것이다.

이것이 바로 율법이 하고 있는 일이고 능력이다. 나는 이 사실을 알고 설교의 패러다임을 바꿨다.

그러나 안타깝게도 얼마나 많은 목회자들이 여전히 율법적으로 설교하는지 모른다. 이러한 율법은 결코 우리를 선한 일을 하도록 도와주지 못한다. 율법은 완전히 우리를 정죄하여 사망에 이르게 한다.

완전히 새로운 길

하나님은 이혼을 싫어하시지만, 우리가 그분의 기준에 미치지 못한다면 우리와 이혼하실 것이다. 그런데 우리가 예수님을 의지한다면 우리와 하나님의 관계는 완전히 새로운 국면에 접어든다. 이 새로운 방식은 하나님이 우리와 '이혼'할 수도 있는 가장 낮은 가능성마저 없애 버린다. 예수님은 우리가 하나님과 더 좋은 언약을 맺을 수 있도록 주선해 주셨다(히 7:22, 9:15). 이 언약은 예전 계약과 다르게 율법(종교)이라는 험난한 길을 통하지 않고도 하나님을 누릴 수 있도록 해준다.

"그들의 잘못을 지적하여 말씀하시되 주께서 이르시되 볼지어다 날이 이르리니 내가 이스라엘 집과 유다 집과 더불어 새 언약을 맺으리라 또 주께서 이르시기를 이 언약은 내가 그들의 열조의 손을 잡고 애굽 땅에서 인도하여 내던 날에 그들과 맺은 언약과 같지 아니하도다 그들은 내 언약 안에 머물러 있지 아니하므로 내가 그들을 돌보지 아니하였노라 또 주께서 이르시되 그날 후에 내가 이스라엘 집과 맺을 언약은 이것이니 내 법을 그들의 생각에 두고 그들의 마음에 이것을 기록하리라 나는 그들에게 하나님이 되고 그들은 내게 백성이 되리라 또 각각 자기 나라 사람과 각각 자기 형제를 가르쳐 이르기를 주를 알라 하지 아니할 것은 그들이 작은 자로부터 큰 자까지 다 나를 앎이라 내가 그들의 불의를 긍휼히 여기고 그들의 죄를 다시 기억하지 아니하리라 하셨느니라"(히 8:8-12).

율법이라는 낡은 제도의 문제점을 발견했는가? 앞의 예화에서 아내의 기대를 충족시키지 못한 남편처럼 성경은 이스라엘이 "내 언약 안에 머물러 있지 아니하므로"(9절)라고 말한다. 그 결과 하나님은 그들을 돌보지 않으셨다.

그러나 새 언약이 문제를 해결했다. 하나님은 그분의 바람을 우리 마음에 기록하셨기 때문에 우리 역시 그분과 같은 것을 바라게 된다. 또한 하나님은 우리의 죄를 다시 기억하지 않겠다고 선언하셨다. 완전히 새로운 언약을 우리의 마음에 적고 죄를 다시 기억하지 않겠다는 하나님의 선포는 예전의 방식과 구별되는 가장 큰 차이점이다.

낡은 방식 아래에서 이스라엘은 하나님의 언약 안에 머물러 있지 않았고 그 결과 하나님은 그들을 돌보지 않으셨다. 그런데 하나님은 '옛 계획을 버리겠다'고 말씀하신다. 그리고 이제까지의 방법을 뒤집는 새로운 방법이 등장한다. 이 방법의 핵심은 우리가 아니라 하나님의 신실하심에 있다.

✌ 당신이 아니라 하나님께 달렸다

하나님의 새 언약은 이전 것과 매우 다르다. 우리의 행동이 그 중심에 있지 않다. 우리가 그 계약으로부터 혜택을 얻는 것은 분명하지만 우리는 계약서의 당사자가 아니다. 계약의 효력을 발생시키는 것도, 계약의 조항을 유지하는 것도 우리의 역할이 아니다. 우리가 신실하지 못해서 생긴 문제는 하나님의 새로운 방법 덕분에 해결되었다. 이제는 다른 누군가의 신실함이 절대적으로 필요하다.

옛 방식에서는 하나님이 '그들의 잘못을 지적'하셨다(히 8:8). 그런데 새 방식에서 하나님은 당신 자신과 언약을 맺으셨다. 하나님은 변덕스럽고 우유부단한 피조물이 언약의 당사자가 되기를 원하지 않으셨다. 이미 그 길을 경험하셨기 때문이다. "이는 하나님이 거짓말을 하실 수 없는 이 두 가지 변하지 못할 사실로 말미암아 앞에 있는 소망을 얻으려고 피난처를 찾은 우리에게 큰 안위를 받게 하려 하심이라 우리가 이 소망을 가지고 있는 것은 영혼의 닻 같아서 튼튼하고 견고하여 휘장 안에 들어가나니"(히 6:18-19).

이 '두 가지 변하지 못할 사실'은 무엇인가? 하나님과 하나님이다. 우리는 협상에 가담하지 않았다. 우리가 당사자가 될 때 생길 법한 빤한 결과를 하나님은 이미 알고 계셨다. 그 대신, 하나님은 자신과 새 언약을 맺으셨다. 하나님은 거짓말쟁이가 아니다. 하나님의 새로운 계획이 '영혼의 닻 같아서 튼튼하고 견고한' 것은 이런 이유 때문이다.

구원을 잃어버릴 수 있다고 믿는 모든 기독교인들은 그 중심에 자기 자신을 포함시킨다. 내가 자살을 한다면? 내가 이혼을 한다면? 내가 신앙을 포기한다면? 내가 만일 실패를 한다면? 어떤 경우든지 똑같다. 시나리오의 중심에는 항상 '나 자신'이 있다.

하지만 우리의 부족함은 옛 언약에서나 문제가 될 뿐이다. 하나님은 새 언약을 통해 우리가 상상할 수 없는 것들을 성취하셨다. 이제 우리의 구원과 성실함은 모두 하나님께 달려 있다. "우리는 미쁨이 없을지라도 주는 항상 미쁘시니 자기를 부인하실 수 없으시리라"

(딤후 2:13).

우리의 영적인 성장조차도 하나님께 달려 있다. "너희 안에서 착한 일을 시작하신 이가 그리스도 예수의 날까지 이루실 줄을 우리는 확신하노라"(빌 1:6). "온몸이 머리로 말미암아 마디와 힘줄로 공급함을 받고 연합하여 하나님이 자라게 하시므로 자라느니라"(골 2:19).

율법은 우리가 모든 방정식의 중심에 있다고 말한다. 우리는 무엇을 '해야만' 한다. 하늘 문을 두드리고 모든 것이 충분하다는 것을 분명히 확인할 수 있을 때에야 비로소 이 힘든 여정이 끝이 난다. 반대로 새 방식은 예수님이 '하신 것'에 달려 있다. 그분은 우리가 하나님과 깨질 수 없는 관계를 맺게 하셨고, 그분 안에서 성장하도록 하셨다. 이처럼 하나님의 새로운 방식은 철저하게 예수님 중심이다. 율법은 어떠한 영향력도 발휘하지 못한다.

율법 때문에 죄가 늘었다

당신은 신구약 성경을 읽으면서 하나님이 구약 시대 사람들을 오늘날과 다르게 대하신다는 생각이 든 적은 없는가? 어떤 사람은 하나님이 신구약의 사람들을 대하는 방식이 크게 다르지 않다고 말한다. 당신은 하나님이 신구약의 사람들을 대하는 방식이 크게 다르지 않다는 것에 동의하는가? 기본적으로는 그렇다. 하나님은 변하지 않으셨기 때문이다. 하지만 하나님이 우리와 맺은 언약은 달라졌다. 만약 이 점을 간과해 버리면 예수님이 이 땅에 오신 참된 의미를 제대로 파악할 수 없게 된다.

예수님께서 이 땅에 오셔서 많은 일을 하셨다. 예수님은 친히 하나님 나라를 선포하시고 또 제자들을 세우사 가르침과 훈련을 통해 전도하게 하셨으며 수많은 사람들에게서 귀신을 쫓아내시고 많은 사람의 질병을 고쳐 주셨다. 하지만 우리 구주가 되신 예수님의 사역을 통틀어 보면, 그분은 두 가지 사항에 중점을 두셨다.

첫째, 낡은 언약 아래에서 동시대 유대인들을 무기력하게 하셨다. 둘째, 자신을 통해 이루어질 새 언약에 대해 말씀하셨다. 특히 예수님의 두 번째 사역은 앞으로 올 새 방식에 관한 예언을 포함하고 있다. 율법으로 대표되는 '종교의 틀'로부터 자유로운 방식 말이다. 예수님은 하나님을 '아빠'라고 부를 수 있게 하는 은혜 기반의 시스템을 말씀하셨다. 이것은 빛, 사랑, 그리고 새 생명에 관한 개념들을 포함한다.

그런데 두 번째 사역에 주목하느라 첫 번째 사역의 핵심을 놓쳐서는 안 된다. 율법의 참된 의미가 무엇인지를 알려 주시고 깨닫게 하셨기 때문이다.

낡은 방식 아래에서 하나님은 이스라엘의 죄에 분노하셨다. 그러나 새로운 방식 아래에서 우리는, 하나님의 진노하심에서 구원을 받는다(롬 5:9). 낡은 방식 아래에서 사람들은 자신들의 죄를 해마다 상기해야 했다. 그러나 새로운 방식 아래에서 하나님은 우리의 죄를 다시 기억하지 않으신다(히 8:12). 낡은 방식 아래에서 성령님은 예배 때만 우리를 찾아오신다. 그러나 새로운 방식 아래에서는 우리 안에 영원토록 거하신다(엡 1:13-14). 낡은 방식 아래에서 다윗은 하나님께 주님의 영을 떠나보내지 말라고 간청했다. 그러나 새로운 방식 아래에서 하나님은 우리를 그분과 한 영으로 합하게 하셨다(고전 6:17). 이처럼 하나님은 결코 우리를 떠나지 않으신다(히 13:5).

우리가 하나님과 맺은 관계는 매우 특별하다. 이제 낡은 방식은 완전히 찬밥 신세가 되었다(히 7:12, 8:8-9). 결과적으로 우리가 오늘날 굳게 붙잡아야 할 것은 하나다. 바로 예수님을 통하여 맺어진 새로운 언약이다. 이것 말고는 더할 것이 없다. "그가 또한 우리를 새 언약의 일꾼 되기에 만족하게 하셨으니 율법 조문으로 하지 아니하고 오직 영으로 함이니 율법 조문은 죽이는 것이요 영은 살리는 것이니라"(고후 3:6).

❦ 율법의 목적과 문제점

그렇다면 낡은 방식, 즉 율법의 문제가 정확히 무엇일까? 율법은 우리를 향해 거룩한 손가락질을 하며 우리의 입을 틀어막는다. 율법을 통해 우리가 할 수 있는 것이라고는 우리의 죄를 깨닫는 것뿐이다. "우리가 알거니와 무릇 율법이 말하는 바는 율법 아래에 있는 자들에게 말하는 것이니 이는 모든 입을 막고 온 세상으로 하나님의 심판 아래에 있게 하려 함이라 그러므로 율법의 행위로 그의 앞에 의롭다 하심을 얻을 육체가 없나니 율법으로는 죄를 깨달음이니라"(롬 3:19-20).

율법은 우리를 능숙하게 구석으로 몰고 가서 우리가 죄에 매여 있다는 것을 보여 준다(갈 3:19-24). 하지만 우리의 죄를 깨닫게 할 뿐 해결책을 제시하지는 않는다. 율법은 새 삶을, 새 육체를, 새 소망을 주지 못한다(갈 2:16, 3:21). 율법에 속한 것은 저주 아래에 있는 것과 같다(갈 3:10). 율법의 요구는 지키기 '어려운' 수준이 아니다. 아예 불가능하다. 율법은 소리친다. "너희는 죄짓지 말지니라!" 하지만 율법의 규율은 우리 안에 더 많은 죄를 일으킨다(롬 5:20, 7:5). 율법 때문에 죄가 줄어든 것이 아니라 오히려 늘었다. 소망이 없다는 뜻이다. "율법이 들어온 것은 범죄를 더하게 하려 함이라 그러나 죄가 더한 곳에 은혜가 더욱 넘쳤나니"(롬 5:20).

율법에 기대 있다 보면 끊임없이 죄와 투쟁을 해야 한다. 온갖 율법적인 기준은 정죄감을 더할 뿐이다. 율법 아래서 안식을 경험할 수 있는 유일한 길은 사람들이 보지 않을 때 그 법을 내 상황에 맞게 고치는 것뿐이다.

당신은 613개(긍정: 248개, 부정: 365개)가 넘는 구약의 율법에 따라 살고 싶은가? 아마도 아닐 것이다. 그렇다면 '십계명' 정도로 타협점을 찾으면 어떨까? 그런데 금요일 밤에 이메일을 보내야 하고 토요일로 미루어 놓은 집안일도 포기하고 싶지 않다고? 아직까지는 괜찮다. 여전히 우리에게는 9개 계명이 있으니 말이다. 그런데 이런 식으로 우리가 원하는 방식으로 깎고 다듬어 친절한 율법을 만들어 놓아도 되는 것일까?

우리가 분명히 알아 두어야 할 사실이 있다. 율법은 취사 선택을 허용하지 않는다는 것이다. 율법의 방식은 전부이거나 전혀 아니거나 둘 중 하나이다. "무릇 율법 행위에 속한 자들은 저주 아래에 있나니 기록된 바 누구든지 율법 책에 기록된 대로 모든 일을 항상 행하지 아니하는 자는 저주 아래에 있는 자라 하였음이라"(갈 3:10). "누구든지 온 율법을 지키다가 그 하나를 범하면 모두 범한 자가 되나니"(약 2:10).

아주 작은 한 가지 일에서 어긋나면 우리는 율법의 저주 아래 놓인다. 나머지 율법을 얼마나 잘 지키는지는 상관이 없다.

낡은 방식으로는 저주에서 벗어나는 것이 불가능하다는 것을 깨달았다면 이제 경계선을 넘으라. 당신이 새로운 언약을 의지한다면 율법(종교)이라는 낡은 틀의 도움 없이도 하나님을 경험할 수 있다. 우리가 낡은 방식을 버리면, 죄는 우리를 옭아매고 있던 힘을 잃어버린다.

"그러나 죄가 기회를 타서 계명으로 말미암아 내 속에서 온갖 탐심을 이루었나니 이는 율법이 없으면 죄가 죽은 것임이라"(롬 7:8). 율법은 죄를 지을 기회를 준다. 그러나 율법이 없으면 죄도 힘을 잃는다. 분명한 것은 율법으로부터의 자유와 죄의 억압으로부터의 자유는 함께 온다는 점이다. 그렇다면 어떻게 경계선을 넘고 낡은 방식을 완전히 떨쳐 버릴 것인가?

❦ 율법의 아내로는 죽고 그리스도의 신부가 되다

율법에 얽매였던 과거는 하나님 나라에 들어설 자리가 없다. 그런데도 아직도 율법의 관계를 끊지 못하는 그리스도인들이 많다. 사도 바울은 율법의 옛날 방식과 그리스도 안에 있는 새 생명을 뒤섞는 사람들을 향하여 대놓고 이렇게 말했다. "어리석도다 갈라디아 사람들아"(갈 3:1). 하나님은 새것과 옛것이 뒤섞이는 것을 기뻐하시지 않기 때문이다.

그러면 도움은 주지 않고 까다롭게 정죄만 하고 평생을 죄와 싸우게만 하는 원수 같은 율법을 어떻게 해야 하는가? 할렐루야! 하나님께서 우리의 불행을 그리스도를 통해서 해결하셨다는 기쁜 소식이 있다.

사도 바울이 그리스도와 우리의 관계를 설명하기 위해서 결혼의 비유를 로마서 7장 1절부터 4절에 쓰고 있다. 율법과 결혼한 우리를 법적으로 이상 없이 해결하고 우리가 예수 그리스도의 사랑스럽고 아름다운 신부가 되는 얘기다.

"형제들아 내가 법 아는 자들에게 말하노니 너희는 그 법이 사람이 살 동안만 그를 주관하는 줄 알지 못하느냐 남편 있는 여인이 그 남편 생전에는 법으로 그에게 매인 바 되나 만일 그 남편이 죽으면 남편의 법에서 벗어나느니라 그러므로 만일 그 남편 생전에 다른 남자에게 가면 음녀라 그러나 만일 남편이 죽으면 그 법에서 자유롭게 되나니 다른 남자에게 갈지라도 음녀가 되지 아니하느니라 그러므로 내 형제들아 너희도 그리스도의 몸으로 말미암아 율법에 대하여 죽임을 당하였으니 이는 다른 이 곧 죽은 자 가운데서 살아나신 이에게 가서 우리가 하나님을 위하여 열매를 맺게 하려 함이라."

우리는 태어나면서부터 율법과 결혼한 관계다. 그 결혼 생활은 우리가 죽을 때까지 간다. 그런데 거기에 문제가 있다. 율법은 절대 안 죽는다는 것이다. 그러면 우리는 율법에서 어떻게 해방될 수 있는가?

예수 그리스도께서 우리를 너무너무 사랑하셔서 영원부터 우리를 바라보고 계셨다. "네가 내 신부였으면 너무너무 좋겠다. 나와 결혼했으면 얼마나 좋을까! 율법이 너를 대우한 것에 비교도 안 되게 대우해 줄 텐데. 그러나 율법이 죽어야 하는데 어떻게 하냐? 율법은 절대 죽지 않고 영원토록 살아 있을 텐데…." 예수께서 다시 말씀하신다. "그러나 내가 할 수 있는 일이 있다. 내가 너를 죽게 하면 되잖아. 네가 죽게 한 다음에 똑같게 태어난 것이 아니라 다른 사람, 새

사람으로 거듭나서 나와 결혼하면 되잖아!" 그것이 예수 그리스도께서 하신 정확한 일이다. 할렐루야! 우리는 죽었다. 언제 죽었는가? 그리스도와 함께 십자가에서 죽었다. 그리고 예수님의 부활과 함께 다시 태어났다. 거듭나서 우리는 은혜(은혜의 법)와 결혼한 것이다. 하나님의 지혜가 놀랍지 않은가?

예수님의 신부인 우리는 더 이상 구약에서 얘기하고 있는 옛 언약, 율법 밑에 살고 있지 않다. 왜냐하면 예수 그리스도께서 우리를 새 언약으로 인도해서 우리의 율법과의 불행한 결혼은 끝났고, 예수님과의 행복한 결혼을 통해 지금도 우리는 그분과 허니문(밀월) 중이기 때문이다. 우리는 그리스도의 신부다.

영적 간음이란 무엇인가

생각해 보면 우리를 위해 하나밖에 없는 생명을 주신 예수 그리스도의 신부로 산다는 것은 얼마나 평안하고 행복하고 만족한 삶이겠는가? 그러나 예수 그리스도를 믿음으로 새롭게 된 자신의 신분(정체성)을 알지 못한 많은 그리스도인들이 예수님의 신부로서의 삶에 만족하지 못하고 다른 곳에 마음을 둔다. 예수님의 신부로 그분의 사랑을 받으며 그 사랑을 누리면 되는데, 율법과의 관계의 삶에 익숙한 그리스도인들은 그분의 사랑에 뭔가를 해야 하는 것으로 생각하는 것이다. 그리고 그것을 하지 않으면 신랑 되신 예수께서 자신을 버릴 것만 같은 불안이 있다. 그래서 그는 주님을 위해 할 일들을 찾거나 가르쳐 줄 대상을 찾게 된다.

그런데 아직도 살아 있는 율법은 여자친구를 찾아 헤매는 홀아

비처럼 항상 좋은 여자를 찾기 위해 교회를 기웃거린다. 율법이 찾는 여자친구는 교회에 가면 얼마든지 만날 수 있다. 율법은 예수 그리스도를 믿으면서도 자신의 신분을 모르는 그리스도인을 기다리고 있다가 "뭘 도와드릴까요?"라고 묻는다. 그러면 멍청한 그리스도의 신부는 "내가 신랑인 그리스도를 위해 무엇을 해야 할지를 가르쳐 주세요"라고 대답한다. 그리고 율법은 그 사람에게 예수님께서 기뻐하지 않은 일을 기뻐하는 일처럼 거짓으로 이것저것 해야 한다고 가르쳐 준다.

안타깝게도 그리스도 안에 사는 자신의 신분을 알지 못한 그리스도인이 자신이 그리스도의 신부임에도 불구하고 마치 율법의 아내처럼 쉼이 없는 헛된 수고의 삶을 살고 있다.

한 사람과 결혼해서 부부가 되었으면서 다른 남자(여자)와 사귀고 있는 것을 당신은 뭐라고 하는가? 이것을 간음이라고 말한다. 영적으로도 이와 같다. 예수를 믿어 그리스도의 신부가 된 그리스도인이 이제 관계가 없는 율법과 관계를 맺고 사는 것이 '영적 간음'이다.

영적 간음은 그리스도인이 예수님과의 관계성을 완전히 이해하지 못할 때 일어날 수 있다. 또 영적인 간음은 그리스도인들이 율법(종교적이고 행위 중심의 신앙)을 위주로 그의 생활을 세워 나갈 때 존재한다.

❦ 십계명 역시 그럴까

어떤 사람들은 율법의 제사 부분과 식습관에 관한 부분에서 그리스도를 믿는 우리가 이미 자유롭다고 말한다. 하지만 십계명은 여전히 유효하다는 입장이다. 그런데 정말 그럴까? 물론 나는 거짓말과 간음과 살인을 옹호하지 않는다. 모든 그리스도인이 마찬가지일 것이다. 문제는, 율법이 우리를 구원할 수 없다는 것이 명확하다면 십계명은 왜 변함없이 우리 인생의 가이드가 되고 있는가이다.

어떤 사람은 이렇게 주장할 것이다. "적어도 십계명만큼은 '율법으로부터의 자유'라는 개념에 해당되지 않는 것 같아요. 우리가 십계명과 영적인 관계가 없다는 주장은 지나치게 파격적일 뿐만 아니라 율법주의에 대한 과민 반응이 아닐까요? 무엇보다, 십계명 자체에 책망과 갈등을 유발하는 말씀은 없으니까요." 그렇다면 나에게 확신을 준 두 구절을 소개하겠다. 먼저 첫 번째 구절이다.

"돌에 써서 새긴 죽게 하는 율법 조문의 직분도 영광이 있어 이스라엘 자손들은 모세의 얼굴의 없어질 영광 때문에도 그 얼굴을 주목하지 못하였거든 하물며 영의 직분은 더욱 영광이 있지 아니하겠느냐 정죄의 직분도 영광이 있은즉 의의 직분의 영광이 더욱 넘치리라 영광되었던 것이 더 큰 영광으로 말미암아 이에 영광될 것이 없으나 없어질 것도 영광으로 말미암았은즉 길이 있을 것은 더욱 영광 가운데 있느니라"(고후 3:7-11).

바울이 말하는 '돌에 써서 새긴 율법 조문'은 바로 십계명이다. 십계명 이외에는 돌에 새겨진 율법이 없다. 그런데 바울은 십계명을 '죽게 하는 율법 조문'이라고 말한다. 또 십계명은 '정죄'하는 것이며, 십계명의 직분을 '없어질 영광'이라고 말한다. 이 말씀은 그리스도를 통해 구원받은 우리가 십계명에 의지해서는 안 된다는 점을 분명히 확인시킨다. 이는 단순히 십계명이 우리가 이미 고군분투하고 있는 죄를 지적하고 있기 때문만은 아니다. 우리가 십계명 아래에 놓이게 되면 우리의 육체는 죄를 향해 달려가게 된다. 그 결과는 어떨까? 죄를 짓는 데 있어서 세계 신기록은 따놓은 당상일 것이다.

이제 두 번째 구절이다. 바울은 율법이 죄를 옭아매는 것이 아니라 죄에 기회를 준다고 말한다.

"우리가 육신에 있을 때에는 율법으로 말미암는 죄의 정욕이 우리 지체 중에 역사하여 우리로 사망을 위하여 열매를 맺게 하였더니…그러나 죄가 기회를 타서 계명으로 말미암아 내 속에서 온갖 탐심을 이루었나니 이는 율법이 없으면 죄가 죽은 것임이라"(롬 7:5, 8).

바울은 율법 아래 있을 때 어떤 죄를 고심했는가? 탐심의 죄다. 그렇다면 어떤 계명이 바울을 무릎 꿇게 했을까? 십계명 중의 하나인 '탐내지 말라'(출 20:17)이다. 그런데 십계명조차 온갖 탐심을 불러온다(롬 7:8). 우리가 만일 십계명을 거룩한 삶의 기준으로 삼는다면 바울과 동일한 결과가 나타날 것이다.

바울은 '율법이 없으면 죄가 죽은 것'이라고 결론지었다. 그리스도인이 죄와의 싸움에서 승리하기를 바란다면 율법과는 아무 관계가 없어야 한다. 물론 십계명을 포함해서 말이다. 우리가 율법에 얽매여 있으면 죄와 정죄감, 그리고 많은 혼란이 올 수 있다.

율법은 우리를 구원할 능력이 없다. 우리를 성장시키지도 못한다. 율법은 연약하고 무익하다(히 7:18). 결론적으로 그리스도와 하나 된 우리에게 율법은 낡은 것일 뿐이다(히 8:13).

❦ 율법은 여전히 유용하다

그렇더라도 율법은 여전히 어떤 면에서 효용 가치를 가지고 있지 않을까? 사실, 예수님은 율법을 폐하러 오신 것이 아니라고 말씀하셨다. "내가 율법이나 선지자를 폐하러 온 줄로 생각하지 말라 폐하러 온 것이 아니요 완전하게 하려 함이라 진실로 너희에게 이르노니 천지가 없어지기 전에는 율법의 일점일획도 결코 없어지지 아니하고 다 이루리라"(마 5:17-18).

주위를 둘러보자. '천지'는 여전히 남아 있다. 그러므로 예수님의 말씀에 따르면 율법도 여전히 남아 있는 것이다. 그렇다고 신학자들이 말하는 소위 '율법 폐기론'을 가르치는 것은 아니다. 율법은 폐지되지 않았다. 하지만 그리스도인이 의로운 삶은 사는 데 아무런 도움을 주지 못한다면 도대체 율법이 무슨 소용이라는 말인가? 사도 바울은 율법에 대해서 이렇게 말했다. "이로 보건대 율법은 거룩하고 계명도 거룩하고 의로우며 선하도다"(롬 7:12). 무슨 말인가?

율법이 그리스도인들에게는 '유익'하지는 않지만 여전히 거룩하고 선하며 의롭다는 것이다. 아직도 율법은 거룩하고 선하며 의롭게 그의 목적과 기능을 다 하고 있다는 것이다. 우리 이전에도 율법의 목적을 오해한 사람이 있었던 것 같다.

"율법의 선생이 되려 하나 자기가 말하는 것이나 자기가 확증하는 것도 깨닫지 못하는도다 그러나 율법은 사람이 그것을 적법하게만 쓰면 선한 것임을 우리는 아노라 알 것은 이것이니 율법은 옳은 사람을 위하여 세운 것이 아니요 오직 불법한 자와 복종하지 아니하는 자와 경건하지 아니한 자와 죄인과 거룩하지 아니한 자와 망령된 자와 아버지를 죽이는 자와 어머니를 죽이는 자와 살인하는 자며"(딤전 1:7-9).

바울은 젊은 동역자인 디모데에게 말하기를, 율법을 그리스도인(의로운 사람)에게 적용하는 시도를 경계해야 한다고 한다. 믿는 사람을 위해 율법이 존재하는 것이 아니라면, 율법이 누구에게 필요한지 분명하다. "믿음이 오기 전에 우리는 율법 아래에 매인 바 되고 계시될 믿음의 때까지 갇혔느니라 이같이 율법이 우리를 그리스도께로 인도하는 초등교사가 되어 우리로 하여금 믿음으로 말미암아 의롭다 함을 얻게 하려 함이라 믿음이 온 후로는 우리가 초등교사 아래에 있지 아니하도다"(갈 3:23-25). 율법은 우리가 불신자일 때 우리를 가르쳐 주고 죄가 무엇인지 알려 준다. 하지만 우리가 예수님을 믿으면 더 이상 율법 아래 있지 않게 되며, 율법의 감시를 받지 않는다 (갈 3:2, 5:18; 롬 6:14).

십계명을 비롯하여 윤리적인 기준을 제시한 율법은 예수를 믿지 않는 사람들에게 꼭 필요하다. 이러한 기준은 우리 모두가 죄에 대한 중독성을 가지고 태어났음을 가리킨다. "이런 이들은 그 양심이 증거가 되어 그 생각들이 서로 혹은 고발하며 혹은 변명하여 그 마음에 새긴 율법의 행위를 나타내느니라"(롬 2:15). 율법은 우리를 고발하고 우리는 최선을 다해 자신을 변명하느라 애를 쓴다. 하지만 우리 죄를 인정하고 예수 그리스도 안에 속한 새 생명으로 건너오면 율법과 우리의 관계는 끝이 난다. 이후부터 우리는 하나님과 맺은 새 계약에 적용을 받는다.

❧ 율법의 마침이신 그리스도

율법과 이별하는 것이 지나칠 정도로 단순하게 여겨지는가? 그렇게 들린다면 다행이다. 왜냐하면 '그래야만' 하기 때문이다. 예수님은 어린아이와 같이 하나님 나라를 받들어야 한다고 말씀하셨다(막

10:15). 바울은 초대교회가 '그리스도를 향하는 진실함과 깨끗함에서 떠나 부패할까 봐' 두려워했다.

우리에게 이것은 문자 그대로 간단한 선택이다. 600여 개가 넘는 유대교의 율법인지, 그렇지 않으면 '영의 새로운 것으로 섬길 것이요 율법 조문의 묵은 것으로 아니할' 것인지에 관한 선택이다(롬 7:6). 이 놀라운 메시지를 당신 자신의 것으로 삼기 위해서 당신이 확고하게 붙잡아야 할 몇 가지 진리를 소개한다.

- 나는 율법에 대하여 죽었다(롬 7:4; 갈 2:19).
- 나는 율법 아래 있지 않다(롬 6:14).
- 나는 율법으로부터 자유하다(롬 7:6).
- 나는 초등교사(율법) 아래 있지 않다(갈 3:25).
- 나는 율법 조문의 묵은 것으로 하나님을 섬기지 않는다(롬 7:6).
- 나는 영의 새로운 것과 자유함 가운데 산다(롬 7:6; 갈 5:13).

십계명을 포함한 율법은 거룩하고 의로우며 선하다(롬 7:12). 율법은 완벽해서 어느 누구라도 그것에 맞추어 살 수 없다. 이 완전함 때문에 오히려 죄가 번성한다. 이것은 율법이 우리를 예수님께로 인도하는 방식이다. 하지만 일단 예수님께로 왔다면, 그때는 주저하지 말고 이렇게 고백해야 한다. "그리스도는 모든 믿는 자에게 의를 이루기 위하여 율법의 마침이 되시니라"(롬 10:4).

율법에서 독립하라

고대 문서가 집약되어 있는 성경을 읽으면서 우리는 종종 역사와 청중과 배경을 종종 간과한다. 이것은 무척 위험한 습관이다. 말씀을 잘못 적용할 수 있으니 말이다. 더 심각한 점은 전체적인 핵심을 놓칠 수 있다는 것이다. 특히 구약성경을 읽을 때 역사와 청중과 배경을 반드시 고려해야 한다.

스티븐 킹(Stephen King)의 소설을 30쪽 남겨 둔 채 책을 덮어 버린다거나 알프레드 히치콕(Alfred Hitchcock)의 영화를 보다가 끝나기 몇 분 전에 극장에서 나와 버린다고 하자. 말이 된다고 생각하는가? 만약 그런 행동을 했다면 책을 읽지 않은 것이며, 영화를 보지 않은 것과 같다. 결말에 놀라운 반전이 숨어 있기 때문이다.

완전한 반전으로 결론을 맺은 책이나 영화의 경우에는 사건의 전말에 비추어 과거의 사건들을 재해석해야 한다. 성경도 그렇다. 신약의 '반전'을 무시한 채 구약을 읽어서는 안 된다. 예수님이 이 땅에 직접 출현하셨고, 율법을 완성하셨다는 사실에 입각해서 구약을 읽고 연구할 필요가 있다. 다시 말해, 신약의 맥락에서 구약에 접근해야 한다는 뜻이다. 그래야 비로소 하나님이 원하시는 방식대로 구약을 이해할 수 있게 된다. 신약의 더 큰 영광의 맥락 아래서 이제 '낡아진' 언약으로서의 율법 말이다(히 8:13). "영광되었던 것이 더 큰 영광으로 말미암아 이에 영광될 것이 없으나"(고후 3:10).

성경을 다시 써야 한다

오늘날 대부분의 그리스도인들은 구원과 율법이 서로 무관하다는 사실을 인정한다. 그렇지만 많은 사람들이 끊임없이 자신을 돌아보고 죄에 대해 경계하며 살아가기 위한 '윤리적 나침반'으로서의 율법은 여전히 필요하다고 주장한다. 만약 무엇이 죄인지 규명하기 위해 율법이 필요하다고 생각한다면, 율법이 600여 가지도 넘는 조건으로 죄를 정의하고 있다는 점을 고려해야 한다.

율법에 대해서는 두 가지 관점이 있다. 하나는 앞서 살펴본 것처럼 율법 혹은 율법의 일부가 그리스도인의 일상에서 도덕적 나침반 역할을 해야 한다는 것이고, 나머지 하나는 그리스도인이 구원을 얻은 이후에는 율법과 아무런 상관이 없어야 한다는 것이다. 이 두 가지는 서로 상반되는 주장이기 때문에 한 가지가 진리라면 나머지 하나는 거짓말이 된다. 과연 어떤 것이 진리일까? 말할 것도 없이 후자이다. 율법이 그리스도인의 삶에 지침이 되려면 성경 자체를 다시 써야 한다. 예를 들어, "나는 구원에 관한 율법에 대하여 죽었다"라고 하여, '구원에 관한'이라는 문구를 삽입해야 한다. 그래야 그리스도인이 구원을 받은 이후에도 율법이 여전히 필요하다는 주장이 설득력을 갖는다. 하지만 이런 시도는 그리스도에 대한 신뢰가 부족하다는 것을 증명해 줄 뿐이다.

성경은 우리가 율법에 대하여 죽었음을 명확하게 선포하고 있다. 우리는 율법 아래에 있지 않다. 우리는 율법으로부터 자유롭다. 우리는 율법의 감시를 받지 않는다. 그리고 그리스도는 율법의 반대편에 계신다. 사도 바울은 이 파격적인 메시지를 희석시키려 하지 않고 사실 그대로 명쾌하게 말했다. 따라서 우리의 결론은 하나이다. 율법은 나침반이 아니고, 가이드도 아니고, 그리스도인의 영적 성장을 돕지도 않는다. "너희가 만일 성령의 인도하시는 바가 되면 율법 아래에 있지 아니하리라"(갈 5:18).

사도 바울은 구원받은 후에도 일상생활 속에서 율법을 적용하는 갈라디아 교회 성도들에 대하여 "어리석도다!"라고 말했다(갈 3:1). 또한 하루하루의 삶 속에서 예수님만 의지하기보다는 '~하지 말라'는 규칙을 따르는 골로새 교회 교인들의 행위를 정면으로 반박했다(골 2:21-23). 규칙을 적용해 스스로 개선해 보려는 헛된 시도를 경고한 것이다.

왜 하나님은 지키지 못할 율법을 주셨을까

앞에서 살펴본 대로 율법은 우리의 죄를 깨닫게 하여 정죄하고 사망에 이르게 한다. 그뿐만 아니라 죄를 자극하여 우리로 죄를 짓게 하고 우리가 죽을 때까지 죄와 싸우게 한다. 내가 만약에 코카콜라 뚜껑을 열고 엄지손가락으로 막은 채 흔든다면 어떤 일이 벌어질 것 같은가? '쒸-' 하며 콜라가 나올 것이다. 나의 엄지손가락이 콜라를 창조한 것은 아니다. 내가 흔들어서 콜라가 만들어진 것도 아니다. 그러나 내가 안에 있는 콜라를 자극했다. 그것이 바로 율법이 하고 있는 일이다.

그런데 왜 하나님께서는 율법을 이스라엘 백성들에게 주셨을까? 하나님께서 시내 산에서 모세를 통해 율법을 이스라엘 백성들에게 주신 것은 그들이 율법을 지킬 수 있어서가 아니다. 그런데 이스라엘 백성들은 하나님의 영광에 너무 두려운 나머지 경솔하게 십계명(율법)을 모두 순종하겠다고 약속했다.

하나님께서는 이스라엘을 제사장 나라로 세우시고 그들이 율법을 잘 지킬 수 있도록 믿음을 주기 위해서 성전을 짓게 하고 그곳을 그분의 거처로 삼으셨다. 그리고 신실하고 성실하신 하나님께서 그들을 적으로부터 지키시고 어려울 때마다 도와주셨다.

하지만 구약성경을 통해서 알 수 있듯이 이스라엘은 제사장 나라의 일과 율법을 지키는 일에 실패했다. 그 결과 하나님의 심판을 받을 수밖에 없었다. 실패한 이스라엘을 향해 하나님께서는 예레미야 선지자(렘 31:31-34)와 에스겔 선지자(겔 36:26-27)를 통해 '새 언약'을 주겠다는 약속을 하셨다. 그리고 나서 그 새 언약이 주의 백성들에게 효력이 있도록 하기 위해서 친히 예수 그리스도(육신을 입으신 하나님)가 율법 아래 오시고 그 율법을 다 행하신다. 그분께서 십자가 위에서 죽으실 때 흘리신 그 보혈로 새 언약을 체결하심으로 예수 그리스도를 믿는 주의 백성들에게 새 언약의 효력이 있게 하시고 그들을 율법에서 자유하게 하셨다.

그렇다면 당신은 왜 하나님께서 이스라엘 백성들에게 율법을 주셨다고 생각하는가? 먼저 하나님께서는 이스라엘 백성들을 통해서 주변 열방에 그분의 존재와 유일하신 신임을 알게 하고자 하셨다. 또한 하나님은 율법을 주심으로 그분의 의와 성품을 드러내시고 주님의 용납 기준을 말씀하셨다. 그러나 이스라엘 백성들은 율법을 지키는 일에 실패하고 말았다.

그다음 하나님께서는 이스라엘 백성들에게 율법을 주시고 그들의 실패를 통해서 그 법을 인간으로서는 지킬 수 없다는 것도 이방

나라가 알기를 원하셨다. 그 누구도 하나님의 율법을 지킬 수 없다는 것을 알게 하여 필요에 의한 박탈감으로 항상 굶주림을 만드셨다. 그러나 하나님은 여기서 불공정하지 않으셨다. 그분은 사람들에게 죄를 깨닫게 하시면서, 그들의 호기심을 자극하는 방법을 사용하셨다. 하나님은 그 필요를 채울 수 있는 새 언약을 약속하시고 예수 그리스도를 통해 이루신 후, 이제 유대인뿐만 아니라 이방인에게도 예수 그리스도의 복음에 의한 구원의 길을 열어 놓으셨다. 이렇게 하심으로써 하나님께서는 약속대로 예수께서 이 땅에 오시고 십자가에 죽으심과 부활과 오순절 성령 강림으로 복음이 완전히 성취될 때를 위해 그들을 준비시키셨다.

이제 하나님은 예수 그리스도를 믿는 사람들은 옛 언약인 율법에서 자유하게 하시고 은혜의 법 아래서 생명의 풍성한 삶으로 쉼과 자유와 승리의 삶을 살게 하셨다.

하나님께서는 율법과 은혜를 섞는 것을 용납하지 않으셨다. 왜 하나님께서는 이것에 대해 그렇게 한 치의 양보도 하지 않으시려는 것인가? 그것은 하나님께서 구원의 영광(영예, 칭찬)을 어떤 피조물과도 나누기를 거부하셨기 때문이다. 하나님은 오직 자신의 사역만을 인정하신다. 그분은 육체의 일은 어떤 것도 인정하지 않으신다(롬 15:18). 구원과 승리하는 그리스도인의 삶은 모두 하나님으로부터 오는 것이지 사람에게서 오는 것이 아니다. 은혜가 의미하는 바가 바로 그것이다. 그래서 사도 바울은 갈라디아 교회가 율법과 은혜를 섞는 일에 대해 "어리석도다!"라는 책망에 이어 율법과 은혜를 섞는 자들을 향해 저주를 선포한다. 바울은 율법이 우리를 그리스도께 인도하여 구원을 얻도록 우리를 몰아세우는 일을 하는 '초등교사'(갈

3:24)였지만 예수 그리스도를 믿는 우리는 이제 초등교사 아래 있지 않다고 가르쳤다(갈 3:25).

왜 하나님께서 이스라엘 백성들이 지키지도 못할 율법을 주셨는가? 하나님께서는 그 율법을 예수 그리스도께로 몰아가는 막대기로 주셨다. 그래서 오직 예수 그리스도를 믿음으로만 구원을 받고 그분의 생명이 우리를 통해서 사는 것만이 하나님을 순종하는 삶이 된다는 것을 말씀하신 것이다. 이것이 은혜의(은혜 영성의) 삶이다.

❦ 율법 끝, 은혜의 삶 시작에 대한 가르침의 위험

율법으로부터 자유하게 된 그리스도인들에게 '은혜의 법'(그리스도 예수 안에 있는 생명의 성령의 법) 아래 사는 삶을 설교하거나 가르치는 것은 목회자들에게 염려와 두려움을 주기도 한다.

어느 날 노회 목사님들과 은혜의 삶을 나누는데, 한 목사님께서 "내가 만약에 은혜를 강조하여 설교한다면 우리 교인들이 아주 방종하지 않을까요? 지금 하신 말씀을 들어 보니까, 죄를 지을 수 있는 어떤 라이센스(자격증)를 준 것 같습니다. 교인 중에 어떤 사람은 라이센스를 주지 않아도 얼마나 죄를 많이 짓고 있는데요"라고 말했다. 당신은 정말 은혜가 죄를 짓게 한다고 생각하는가? 그러나 은혜가 사람들로 하여금 죄를 짓게 하지 않는다고 디도서 2장 11절부터 12절에서 말씀한다. "모든 사람에게 구원을 주시는 하나님의 은혜가 나타나 우리를 양육하시되 경건하지 않은 것과 이 세상 정욕을 다 버리고 신중함과 의로움과 경건함으로 이 세상에 살고."

은혜가 사람들에게 죄인 된 삶을 살라고 격려하고 있는가? 절대 아니다. 은혜는 불경건한 것들을 거부하게 만든다. 목회자들이 교인들에게 은혜를 가르치면 그 은혜는 교인들로 하여금 절대 죄를 짓게 하지 않는다. 그러나 목회자들이 종교적인 규칙들이나 율법을 자꾸 설교한다면 교인들로 죄를 짓도록 격려하는 것이 된다.

하나님이 주신 은사인 기도와 성경을 자꾸 "기도하라. 성경 읽어라"라고 하면 그것이 바로 율법이 된다. 교인들이 너무나 성경 읽기와 기도하는 일에 게으르니까 선한 뜻에서 돕고자 한 일이지만, 그렇게 한다고 교인들이 기도할까? 아니다. 반대로 기도하기가 싫어진다. 요즘은 필사까지 독려한다. 그렇다고 성도들이 성경을 더 많이 읽고 쓸까? 결과는 그 반대다.

성경과 기도는 하나님께서 당신의 자녀에게 함께 교제하며 사시고자 주신 특별한 선물이다. 그러므로 당신은 이제 율법과 기독교 종교에서 자유해야 한다. 왜냐하면 예수 그리스도께서 당신에게 주신 것은 죄와 사망과 율법으로부터 해방이기 때문이다. 종이 아니라 자유인이다.

솔직히 고백하면, 나도 교인들에게 은혜의 삶을 설교하고 목회를 은혜의 삶으로 할 때 염려가 되었다. 그런데 내가 기도하는 중에 우리 교회의 주님이시고 나를 통해 목회하신 하나님이 진리에 대한 확신과 담대함을 주셨다. "첫 번째, 교인들 중 어떤 사람들은 남용할 수도 있을 것이다. 두 번째, 너와 교인들은 성령이 아니다. 성령은 너와 교인들보다 더 크고 강하고 전능하다. 그리고 교회는 너희 것이 아니라 내 것이다." 당신은 어떻게 생각하는가?

하나님의 말씀을 전하는 목회자로서 나의 책임은 진리(온전한 복음)를 선포하고 가르치는 것이다. 그다음은 성령께서 그 설교와 가르침을 통해서 역사하실 것이다(여기에 진정한 부흥이 있다). 그렇다. 혹시 은혜의 삶을 이해하지 못한 몇 사람은 은혜를 남용할 수 있으나 성령님은 이 사람들도 능히 인도하실 수 있다. 그러나 진실하고 예수님 안에서 하나님이 주신 새로운 신분과 예수님의 생명으로 사는 은혜의 삶을 확실히 알고 사는 그리스도인은 그것을 절대 남용하지 않는다. 오히려 하나님의 사랑과 은혜로 보장된 생명의 풍성한 삶, 그리스도 안에서 쉼과 기쁨과 승리의 삶을 살 것이다.

❦ 새 계명을 너희에게 주노니

율법으로는 죄가 줄어들지 않는다. 오히려 늘어난다. 율법은 악한 정욕을 불러일으키며(롬 5:20, 7:5), 규례는 죄를 억제하는 모양은 가졌으나 실제로는 유익이 없다(골 2:20-23). 하나님은 "죄가 너희를 주장하지 못하리니 이는 너희가 법 아래에 있지 아니하고 은혜 아래에 있음이라"(롬 6:14)라고 말씀하신다.

하나님이 우리를 율법에서 자유하게 하신 데는 이유가 있었다. 우리 안에 계신 독생자의 영으로 우리는 율법 아래 있을 때는 결코 누릴 수 없는 삶을 살게 되었다. 하나님은 의무나 책임으로 점철된 인생이 아니라 '자유롭게 선택할 수 있는 삶'으로 우리를 초대하셨다.

요약하면, 십계명(율법)과 기타 계명은 오늘날 그리스도인의 삶과 아무런 관련이 없다. 하지만 어떤 계명은 그리스도인들이 마음에 새겨야 한다고 성경은 말하고 있다. 과연 그것이 무엇일까? 한 율법사가 예수님을 시험하려고 질문을 했다. "선생님, 율법 중에서 어느 계명이 크니이까"(마 22:36). 예수님은 이 질문에 대한 대답으로 "네 마음을 다하고 목숨을 다하고 뜻을 다하여 주 너의 하나님을 사랑하라 하셨으니 이것이 크고 첫째 되는 계명이요 둘째도 그와 같으니 네 이웃을 네 자신 같이 사랑하라 하셨으니 이 두 계명이 온 율법과 선지자의 강령이니라"(마 22:37-40).

이 장 뒤에서 다루겠지만, 복음서의 예수님은 때로는 율법의 말씀을 하시고, 또 어떤 때는 은혜의 말씀을 하신다. 그러니까 이 말씀은 율법 아래 사역하신 예수님께서 율법을 따른 사람들에게 율법을 두 가지로 요약해 주시는 말씀이며, 동시에 그들이 이 두 가지로 요약할 수 있는 율법대로 살지 못함을 지적하신 말씀이다. 그리고 이 말씀은 예수님께서 "너희는 스스로 이 두 계명을 지킬 수 없다"라는 절망의 말씀을 하신 것이다.

우리는 여기서 중요한 사실을 깨닫게 된다. 사랑은 과거부터 지금까지 하나님이 보시기에 가장 크고 중요하다는 것이다. 야고보는 이웃을 사랑하는 것이 '최고의 법'이라고 말한다(약 2:8). 마찬가지로 사도 바울은 십계명의 모든 도덕적 교훈이 남을 사랑하는 것으로 완성된다고 말한다(롬 13:8-10). 그리고 사도 베드로는 이렇게 기록하고 있다. "무엇보다도 뜨겁게 서로 사랑할지니 사랑은 허다한 죄를 덮느니라"(벧전 4:8). 그러므로 핵심은 사랑이다.

그런데 어떤 사람은 여기서 고개를 갸웃거릴 것이다. 당신은 어떤가? 지금 예수께서 복음이 선포되는 시대에 살고 있는 사람들에게 말씀한 두 가지, "너는 마음을 다하고 뜻을 다하고 힘을 다하여 네 하나님 여호와를 사랑하라"(신 6:5)와 "네 이웃을 사랑하기를 네 자신과 같이 사랑하라"(레 19:18)는 말씀이 모세의 율법과 같기 때문이다. 예수님은 가장 크고 위대한 계명 두 가지를 말씀하셨는데, 만약 이것이 모세의 율법과 같은 것이라면 예수님은 우리에게 율법에 관해 헷갈리는 말씀을 주고 계신 셈이다. 즉 모세의 율법 중 일부는 여전히 우리에게 해당 사항이 있다는 말과 같다.

그런데 그렇지 않다. 예수님은 요한복음 13장 34절에서 "새 계명을 너희에게 주노니 서로 사랑하라 내가 너희를 사랑한 것같이 너희도 서로 사랑하라"라고 말씀하신다. 이 말씀은 예수님이 제자들에게 하신 말씀이다. 그들은 하나님을 사랑하고 이웃을 사랑하라는 율법의 계명을 잘 알고 있었다. 즉, '네 이웃을 사랑하기를 자신과 같이 하라'는 계명에 익숙한 사람들이었다. 그런데 예수님은 그들이 평생 한 번도 들어 보지 못했던 '새 계명'을 말씀하셨다. 이 새 계명은 우리를 향한 그분의 크신 사랑을 알고, 그 사랑으로 반응하며 또 다른 사람에게 전달하라는 의미를 포함한다. 예수님의 명령은 모세의 율법을 통해 이들이 접한 적이 있는 그 어떤 사랑의 계명보다 더 위대하다. 당신이 자신을 사랑하는 방법대로 다른 사람을 사랑하는 것과 예수님이 당신을 사랑하시는 것처럼 다른 사람을 사랑하는 것은 말 그대로 천지 차이이다. 사도 요한은 예수님의 명령을 확인해 준다. "그의 계명은 이것이니 곧 그 아들 예수 그리스도의 이름을 믿고 그가 우리에게 주신 계명대로 서로 사랑할 것이니라"(요일 3:23).

요한은 예수님이 우리에게 주신 계명을 설명하면서 먼저 "그 아들 예수 그리스도의 이름을 믿고"라는 말을 쓰고 있다. 그다음에 "그가 우리에게 주신 계명대로 서로 사랑할 것이니라"라고 한다. 이 말씀에는 이런 의미가 담겨 있다. 율법은 "네 이웃을 사랑하기를 네 자신과 같이 사랑하라"(레 19:18)라고 기록하고 있다. 이것은 사랑하는 주체가 '나'이다. 반면 예수님이 어떻게 사랑하라고 말씀하셨는가? 예수님은 "내가 너희를 사랑한 것같이 너희도 서로 사랑하라" (요 13:34)라고 말씀하셨고, 요한일서 3장 23절에서는 '예수 그리스도의 이름을 믿고'라는 말을 덧붙임으로 우리에게 이해를 돕고 있다. 이 말씀은 예수님 안에 계신 하나님께서 그를 통해서 사랑하게 하신 것처럼 너희도 내가(예수님) 너를 통해서 이웃을 사랑하도록 하라는 말씀이다. 사랑하는 주체가 내가 아니라 '주님'이시다. 그러므로 예수님이 말씀하신 '새 계명'은 모세의 율법과 비교할 수 없을 만큼 위대한 개념이며 은혜의 말씀이다.

❦ 신약성경 중 행동 양식에 관한 말씀

신약성경을 읽다 보면 구약성경처럼 '~하라' 혹은 '~하지 말라'라는 말씀이 있다. 그렇다면 신약성경의 행동 양식에 관련된 구절과 율법(구약성경의 행동 양식)의 차이는 무엇인가? 나는 한 가지의 질문으로 요약될 수 있다고 확신한다. "내가 지키지 않을 경우, 그 결과는 무엇인가?"

율법 아래서, 불순종은 심각한 결과를 초래했다. 예를 들어 성경적인 죄와 간음은 죽음이라는 형벌을 받았다. 추방이나 신체 훼손 등의 심각한 형벌도 존재했다. 유대인들은 자신들의 죄로 인해 하나님과의 관계가 반복적으로 단절되는 것을 경험했다. 하나님은 전쟁과 추방, 심지어 죽음으로까지 그들을 벌하셨다.

상식적으로 생각하면, 나쁜 결정을 내릴 경우 그 대가가 분명히 따라온다. 거짓말을 하면 계속 다른 사람의 눈치를 살피느라 시간을 허비하게 된다. 다른 사람에게 상처를 주면 그와의 관계가 파괴

된다. 잘못된 선택을 하면 그 결과를 책임져야 한다. 예를 들어 법을 위반한다면 법에서 정한 처벌을 피할 수 없다.

그러나 새 계명은 다르다. 우리가 죄 때문에 마땅히 받아야 할 모든 벌을 예수님이 담당하셨다(벧전 2:24). 그러므로 예수 안에는 정죄함이 없다(롬 8:1; 히 9:28). 따라서 신약성경 중 행동에 관한 말씀은 벌을 받을까 봐 두려워 순종할 수밖에 없는 율법이 아니다. 사랑 그 자체이신 우리 하나님 아버지께서 건설적이고 유익한 것이 무엇인지 알려주시는 조언이다.[3]

당신을 사랑하시는 아버지 하나님께서 당신의 유익한 삶을 위해서 당신을 통해서 살고 싶다고 말씀하시는 것이다. 주님께서 당신에게 하나님 안에 거하면서 안식하며 승리와 기쁨과 소망의 삶을 살도록 조언하신 말씀이다. 당신이 하나님께서 심판을 강조하며 억지로 선택하라는 것이 아니라 주님의 사랑으로 반응하여 즐거움으로 선택하라는 말씀이다.

9장
새로운 언약(신약)의 시작은 어디인가

내 분신이라고 할 만큼 사랑하고 아끼는 나의 성경책은 다른 사람의 성경책과 다른 부분이 있다. 신약성경의 시작인 마태복음 1장 앞에 있는 '신약성경'이라고 인쇄된 첫 장이 없다.

신약성경 중 복음서를 읽는 중에 예수님의 많은 가르침과 설교가 율법적인 말씀인지, 은혜의 말씀인지 분별이 어려워서 예수님이 전하시는 복음의 본래 뜻을 이해하지 못하던 때가 있었다. 기도하는 중에 하나님의 은혜로 '성경 세미나'에 참여하였다. 그때 강사 목사께서 "신약 시대는 예수님의 탄생에서 시작된 것이 아니라 그리스도의 죽음에서부터 시작된다(눅 22:20; 히 9:16-18)"라고 하는 말을 듣는 순간, 나는 이 구분은 의미가 없다는 것을 깨닫고 하얀 종이 위에 '신약성경'이라고 인쇄된 첫 장을 오려서 사도행전 2장 앞으로 옮겨 놓았다.

나는 성경은 전적으로 하나님의 영감으로 쓰였고 무오하다

(infallible)는 것을 믿는다고 뚜렷하게 밝히면서 이 장을 계속 써 내려 가고자 한다. 그것은 사람에게 주신 하나님의 계시이며 절대적으로 참되다.

기독교 전통에 따르면 새로운 언약(계약)은 마태복음 1장에서 시작한다고 한다. 그러나 예수님은 그런 전통에 찬성하지 않으셨던 것 같다(눅 22:20). 이 중대한 문제에 관한 진리를 당신이 알게 된다면 당신은 성경을 더 정확하게 해석할 수 있는 훌륭한 도구를 갖게 될 것이다.

오직 성령님만이 우리를 모든 진리 가운데로 인도하실 수 있음을 기억하라. 나는 모든 가르침이 나를 겨냥하고 있다고 생각했다. 그 결과 예수님은 내가 도달하기에 불가능한 기준들을 자주 제시하신다는 것을 발견했다. 예를 들면, "그러므로 하늘에 계신 너희 아버지의 온전하심과 같이 너희도 온전하라"(마 5:48)라는 말씀이 이런 것에 해당된다. "아이고, 주님, 주님 말고 누가 이 말씀대로 온전해질 수 있겠습니까?" 그러나 하나님을 찬양하라! 하나님은 내게 이 말씀이 하나님의 은혜 계획이 본 궤도에 오르는 사도행전 2장 사건 이전에 주신 말씀임을 알려 주셨다. 이제 내 문제는 해결된 것이다.

이 말씀은 율법 아래 있는 회개치 않은 사람들에게 주신 것이다. 베들레헴의 마구간 구유에 누인 아기 예수는 율법 아래에서 태어나셨다. 그리고 예수님 주변에 있던 모든 사람 역시 율법 아래 있었다. 그때는 예수님이 십자가에 달리시기 전이었기 때문에 그들은 아직 다시 태어날(거듭남, 중생) 수가 없었다.

새로운 언약(계약)이 왜 사도행전 2장에서 시작된다고 믿는지 잠간이라도 설명할 수 있는 기회를 주기 바란다. 이것은 폭발적인 파괴력을 가진 진리다. 나는 당신이 사랑하는 성경을 더 잘 이해하기 위해서 이것이 강력한 도구가 될 것이라고 믿는다. 이 진리는 여러 해 동안 당신을 괴롭혀 왔을지도 모르는 많은 문제에 대한 답을 줄 것이다.

조금 전에 나는 당신에게 성경은 하나님의 영감으로 쓰였다고 말했다. 그러나 내가 이렇게 믿는 것은 장 구분, 절 구분, 숫자 체계, 번역자나 편집자들에 따라 첨가된 주제별 제목들, 그리고 마태복음 1장 1절 앞에 오는 깨끗한 백지 위에 쓰여 있는 '신약성경'이라는 단어 하나까지도 전부 완벽하다는 것은 아니다. '신약성경'이라는 거룩하고 존귀한 단어까지도 완전한 믿음의 대상이 되는 것이 아님을 내가 어떻게 감히 주제넘게 말할 수 있을까?

헬라어 '디아테케'(diatheke)는 영어로 '언약'(covenant) 혹은 '계약'(testament)으로 번역된다. 이것은 새로운 언약(new covenant)과 새로운 계약(new testament)이라는 용어가 동의어임을 의미한다. 두 가지 모두 마태복음 26장 28절, 마가복음 14장 24절, 누가복음 22장 20절, 고린도전서 11장 25절, 고린도후서 3장 6절, 히브리서 8장 8절, 13절, 12장 24절에 모두 사용될 수 있다. 이 성경 구절들은 모두 그리스도께서 만드신, 인간을 위한 하나님의 새로운 '은혜 계획'에 관한 말씀이다. 기본적인 영적 분별력만 있어도, 우리는 새 언약이란 예수님이 승천하시고 성령께서 그리스도 안에서 새로운 피조물이 된 우리 가운데 거하시기 전까지는 시작될 수 없다는 것을 알 수 있다.

나는 당신이 자신의 감정 상태를 점검하기보다 오히려 성령께 이것이 맞는 이야기인지를 물어 보라고 촉구하고 싶다. 감정은 사고할 줄 모르기 때문이다. 새 언약(계약)은 4복음서가 시작될 때부터 시작되는 것이 아니라 4복음서가 끝나고 난 다음에 시작되어야 한다.

나는 이런 주장이 신학적인 전통과 급격하게 차이가 난다는 것을 알고 있다. 그러나 이 책을 읽는 동안 성령과 성경을 의지하면서 이런 가르침이 맞는지 시험해 보기 바란다. 이 진리를 통해 눈이 열려서, 나는 수년 동안 나를 당황하게 만들었던 복음서에 나오는 특정한 구절과 문단들을 이해하게 되었다. 하나님의 자유로 상에 있는 '십자가 주간'이라는 정류장에 잠깐 멈추어 보도록 하자. 거기서 최후의 만찬에 대해서 이야기해 보자. 그리고 새 언약(계약)의 시작을 정확히 꼬집는 예수님의 말씀을 검토해 보자.

❦ '안식'이 시작되는 곳

예수님은 최후의 만찬을 나누면서 제자들에게 많은 진리를 가르치셨다. 여기에는 하나님의 옛 언약과 새 언약 사이의 분수령이 되는 일련의 사건들, 곧 예수님의 십자가 죽음, 부활, 그리고 승천이 순서대로 나열되어 있다. "이 잔은 내 피로 세우는 새 언약(diatheke)이니 곧 너희를 위하여 붓는 것이라"(눅 22:20). 예수님은 새 언약 혹은 새로운 계약이 사람에게 발효되는 시점을 인지하고 계셨다.

영광스러운 속죄의 사건이 이르기까지 새로운 계약의 도래를 통해 발생하는 급격한 변화를 이들 중 누구도 예측하지 못했다. 왜냐하면 그것의 비밀은 성령을 통해 그들에게 완전하게 계시되기 때문이었다. 모든 영적인 진리는 인간의 지성에 의해서가 아니라 '계시'에 의해 온다. "이와 같이 하나님의 일도 하나님의 영 외에는 아무도 알지 못하느니라"(고전 2:11).

예수님의 말씀은, 주님이 죽으시고, 장사 지낸 바 되시고, 부활하시고, 승천하심과 성령의 오심에서 새로운 언약(계약)이 시작된다는 것을 가르친다. 그것이 담고 있는 강력한 진리를 강조하기 위해 이 말을 다음과 같이 바꾸어 보자.

예수님의 말씀은, 새로운 언약은 마태복음 1장에서 시작하는 것이 아니라 그의 죽으심, 장사 지내심, 부활, 그리고 승천과 함께 성령의 강림을 기록하고 있는 사도행전 2장에서 시작함을 의미한다. 이것은 영적으로도 이치에 합당할 뿐만 아니라, 예수님의 전체 사역이 율법 아래서 진행되었다는 점에서도 논리적으로 일리가 있다. 마태복음 1장 1절은 예수님의 피로 세운 새로운 언약이 시작되기 33년 전을 출발로 삼고 있다. 예수님이 태어나지 않으셨다면 신약이 시작되지도 못했을 것은 명백한 사실이며, 베들레헴에서 예수님이 탄생하심으로 인해 주어진 언약(계약)도 없었을 것이다.

우리는 신학적인 난제를 피하기 위해서 예수님의 율법적인 가르침과 은혜의 가르침을 구분해야만 한다.[1] 4복음서에 있는 많은 성경 구절은(전부가 아니라 해도) 율법의 가르침으로 보아야만 제대로 이해되는 경우가 있다. 예수님의 전체 지상 사역에서는 율법이 세상을 다스렸다(갈 4:4-5). 그러나 지금은 은혜가 예수님의 천상의 사역을 통해 세상을 다스린다. 그 전환점은 예수님의 십자가에서 죽으심과 장사 지냄, 부활, 승천, 그리고 성령 강림이다(〈그림 9-1〉를 보라).

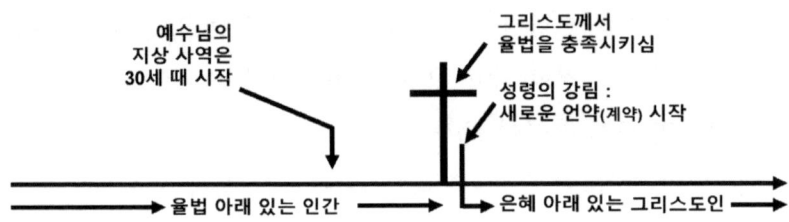

〈그림 9-1〉

이렇게 비교할 수도 있다. 아브라함의 언약은 성인이 된 아브라함을 통해 시작되었다. 율법은 성인이 된 모세를 통해 전수되었다. 이처럼 새로운 언약(계약)은 베들레헴 구유에 누인 아기 예수와 함께 시작된 것이 아니다. 물론 그것은 우리에게 귀중하고 특별한 복된 사건이다. 그러나 새로운 언약은 33년 뒤에 성인이 되신 예수님의 십자가 죽음과 장사 지낸 바 되심, 부활, 승천, 그리고 성령의 강림을 둘러싼 사건들과 함께 시작되었다.

"그렇지만 최 목사, 예수님이 말씀하시기를 '율법과 선지자는 요한의 때까지요 그 후부터는 하나님 나라의 복음이 전파된다'고 하시지 않았나요?" "맞습니다. 예수님은 자신이 왔다는 것을 선포하면서 '하나님 나라가 가까웠다'고 말씀하셨지요." 그러나 예수님의 사역 기간 동안 거듭남을 통해 하나님 나라에 들어가는 것은 불가능했다. 그리스도를 믿는 믿음을 통과하는 하나님의 새로운 은혜 계획은 예수님이 승천하신 후 오순절에 이르기까지 발효된 것이 아니었다. 예수님이 전파하신 복음은 '미래에 될' 일이었다. 그때의 사람들은 믿음으로 하나님이 장차 그들에게 영생 주실 것을 기대한 반면, 우리는 과거를 돌아보면서 하나님이 이미 영생을 주셨다는 것을 그리스도 안에서 믿는다.

그 당시에는 구원에 대한 분명한 확신이 하나님의 계획에 따라 모두 숨겨진 비밀이었다. 우리가 예수님 시대에 살지 않고 지금 산다는 것은 참으로 복된 일이다. 2천 년 전에 성지(聖地)에서 예수님을 좇는 것이 훨씬 흥미롭지 않았을까 하는 생각은 제발 하지 말기 바란다. 우리는 지금 그들보다 훨씬 더 일을 잘하고 있다. 예수님 당시 대중은 예수님이 가르치신 것에 대해 대부분 당혹스러워했다. 왜냐하면 그들은 보아도 보지 못하며 들어도 듣지 못하고 깨닫지 못하였기 때문이다(마 13:13). 그러나 하나님은 여기서 불공정하지 않으셨다. 하나님은 사람들에게 죄를 깨닫게 하시면서, 그들의 호기심을 자극하는 방법을 사용하셨다. 이렇게 함으로써 오순절 성령 강림 시 복음이 완전히 성취될 때를 위해 그들을 준비시키셨다.

🌿 하나님의 법은 선하다

"(하나님의) 율법은 거룩하고 계명도 거룩하고 의로우며 선하도다"(롬 7:12). 율법을 통해 사람이 구원받는 것은 아니지만, 우리는 하나님의 율법이 나쁜 것이며 우리에게 골칫거리라고 생각하게 만드는 사탄의 함정에 빠지지 않도록 조심해야 한다. 성경은 이것에 대해 분명히 말하고 있다. "율법이 죄냐 그럴 수 없느니라 율법으로 말미암지 않고는 내가 죄를 알지 못하였으니"(롬 7:7). 그것은 우리에게도 마찬가지다. 하나님의 율법은 우리의 죄스러운 육신을 벽에다 못으로 박아 꼼짝달싹 못하게 만들었다. 그것은 우리가 지옥으로 달려가는 죄인임을 확실히 깨닫도록 만들어 주었다.

율법은, 구원의 문으로 인도하는 길과 같다. 하나님의 거룩한 성품에 대해 계시하며, 우리가 그분의 수준에 비해 너무도 형편없음을 알게 한다. "그런즉 우리가 믿음으로 말미암아 율법을 파기하느냐 그럴 수 없느니라 도리어 율법을 굳게 세우느니라"(롬 3:31). 율법은 우리를 위해 위대하고 영광스런 목적을 수행했다. 율법은 우리를 그리스도께 인도하여 구원을 얻도록 우리를 몰아세우는 일을 한다(갈 3:24).

🍃 하나님 말씀의 분기점

하나님의 말씀은 구약의 율법과 신약의 은혜, 두 가지를 모두 포함하고 있다. 이것은 종종 율법과 은혜를 나란히 비교해 볼 때 가장 잘 판별된다. 그리고 독자가 성경을 적절하게 이해하려면 이런 것이 정확하게 비교되어야 한다. 그리스도인들은 '신약성경'을 읽을 때 '이 부분은 그리스도인을 대상으로 하는 은혜의 가르침이구나'라는 생각을 완전히 고정시킨 채 읽어야 한다. 그러나 예수님의 모든 가르침이 그리스도인을 대상으로 한 것이라는 사고방식으로 4복음서를 이해하려는 사람은 절대로 은혜의 진리를 이해할 수 없을 것이다. 4복음서의 많은 부분은 율법이기 때문이다.

예를 들면, 예수님은 이렇게 말씀하셨다. "너희가 사람의 잘못을 용서하면 너희 하늘 아버지께서도 너희 잘못을 용서하시려니와 너희가 사람의 잘못을 용서하지 아니하면 너희 아버지께서도 너희 잘못을 용서하지 아니하시리라"(마 6:14-15). 이런 구절들은 우리가 새로운 언약(계약)이 어디서 시작하는지 기억하지 못할 때 잘못 해석될 수 있다. 이것은 그리스도인을 대상으로 하신 말씀이 아니다. 이것은 율법의 가르침이다. 그리스도인을 대상으로 하신 말씀이 아닌 것은 성경이 그것을 '십자가 이후'로 미루고 있기 때문이다. "또 범죄와 육체의 무할례로 죽었던 너희를 하나님이 그와 함께 살리시고 우리의 모든 죄를 사하시고 우리를 거스르고 불리하게 하는 법조문으로 쓴 증서를 지우시고 제하여 버리사 십자가에 못 박으시고"(골 2:13-14).

그러나 예수님의 말씀이 '신약성경'이라고 이름 붙여진 부분에 기록되어 있다는 이유 때문에, 많은 그리스도인들은 이런 가르침이 아직 구원받지 못한 사람들에게 그들의 죄를 깨닫게 하려고 예수님이 하신 것임을 분별하지 못하고 있다.

이런 가르침은 실제로 우리가 하나님의 용서를 얻어야만 한다는 것을 가르치는데, 많은 사람들은 이것을 이해하지 못한다. 물론 예수님은 거짓을 가르치지 않으셨다. 주님은 말씀을 듣는 자들이 구세주를 간절히 원하게끔 하기 위해 이렇게 달성하기 어렵고 수준이 높은 것을 제시하신다. 주님은 그 당시 사람들에게 주어진 계시에 따라서 진리를 가르치셨다.

예수님은 구약성경의 경륜 아래서 완벽한 진리를 가르치셨고, 또한 그분은 이제 제정될 새로운 언약(계약)을 위해서 완벽한 진리를 가르치셨다. 예수님은 하나님께서 "내가 너를 용서하노라"라고 말씀하시기 전에 우리가 우리에게 잘못을 범한 사람을 용서해야 한다고 가르치신다. 마태복음 6장 14-15절은 행위에 기초한 공로를 바탕으로 용서하는 것을 가르치는 것처럼 보인다. 더욱이 중요한 것은 그 말씀이 우리의 구주가 되시는 바로 예수님의 입술에서 나왔다는 사실이다. 그러나 우리 그리스도인들은 우리의 행위로 용서받을 자격을 얻는 것이 아님을 알고 있다. 용서는 오직 그리스도의 공로를 믿는 믿음에서 온다. 어떻게 이런 외면적으로 모순되어 보이는 것을 설명할 수 있을까?

한밤중이 다 되어 가는데 당신이 혼자 어둡고 적막한 거리를 차를 타고 간다고 하자. 연료 계기판에서 기름이 거의 바닥났다는 신호를 보내는데 아무리 찾아도 주유소들은 거의 문을 닫은 상태다. 당신은 아마 길가에 불을 밝히고 있는 영업 중인 주유소를 찾는 데 온통 관심이 집중되어 있을 것이다. 교육학자들은 이런 것을 '발견(discovery) 학습법'이라고 부른다. 당신과 나는 우리의 필요가 얼마나 강렬한지에 비례해서 어떤 문제를 풀려는 관심이 증가된다는 것을 경험한다.

예수님은 사역에서 이 방법을 종종 사용한 위대한 선생님이시다.

- 1단계: 듣는 이의 필요를 판별하라.
- 2단계: 듣는 이가 자신의 필요를 판별하도록 상황을 조성하라.
- 3단계: 듣는 이에게 자신이 처한 곤란한 형편을 묘사해 줌으로써 그의 내부에 필요가 강화되도록 만든다.
- 4단계: 듣는 이가 자신의 필요에 대해 아직은 미래에 속해 있는 해결책(그리스도)을 '발견하도록' 단서(지침)를 제공하라. 일반적으로 듣는 이에게 충분한 시간을 주어서 그런 필요를 만족시킬 만한 해결책이 없다는 사실

에 대해 고민하도록 내버려 두라. 그리하여 그의 필요와 이에 대한 해결 방법을 찾는 탐구가 더욱 강화되도록 한다.

예수님은 율법을 가르침으로써, 말씀을 듣는 사람들을 사방이 미끈미끈해서 빠져나오기 힘든 깊은 물탱크 속에 빠뜨리신다. 안간힘을 다해 나오려고 하는데 또 다른 율법을 선포하신다. 이것은 결과적으로 탱크 벽면을 더 미끄럽게 만드는 진흙을 계속해서 바르는 격이다. 여기서 잠깐 멈추자. 나는 지금 우리가 사랑하는 구세주를 사람들의 불행을 보면서 희열을 느끼는 가학증 환자(sadist)로 그리고 있는 것이 아니다. 주님은 죽기까지 우리를 사랑하시는 분이 아닌가!

그러나 필요에 의한 박탈감은 항상 굶주림을 만들어 낸다. 정말로 이것 말고 굶주림을 만들어 내는 다른 방법은 없다. 예수님의 사랑의 목표는 가르침을 통해 영생에 대한 굶주림을 만들어 내는 것이다. 주님의 말씀을 듣는 사람들은 그분이 더욱 도달하기 어려운 기준을 가르치는 것을 들으면서 절망과 정죄감, 그리고 죄책감의 무게를 더 느낀다. 그러나 그들은 예수님이 영생에 이르는 열쇠를 쥐고 있다고 느끼기 때문에 그분의 말씀을 듣기 위해 좀 더 그분에게 가까이 다가간다(요 6:68).

우리 눈은 거듭남을 통해 열리며, 거듭남은 우리에게 예수님의 이타적인 동기를 이해할 수 있는 능력을 준다. 하나님은 십자가 사건 후에 많은 규칙들을 바꾸셨다. 예수님께 자신의 귀신 들린 딸을 고쳐 달라고 부탁했던 마태복음 15장에 나오는 가나안 여인에 대한 이야기를 생각해 보자. "대답하여 이르시되 자녀의 떡을 취하여 개들에게 던짐이 마땅하지 아니하니라"(마 15:26). 굉장한 말씀이 아닌가! 예수님이 이렇게 말씀하셨다고 해서 이것을 곧이곧대로 가르치려는 그리스도인이 어디 있는가? 말도 안 되는 소리다. 그렇다면 왜 예수님은 이런 말씀을 하신 것일까? 당신이 하나님이라면 규칙은 당신이 만드는 것이다. 그런데 그 당시의 법은 '오직 유대인만을 위한 구원, 다른 사람들은 모두 버스 뒤쪽에'라고 말했다. 그러나 하나님을 찬양하라, 그분이 규칙을 변경하셨다. 예수님이 십자가에서 이루신 공로로 하나님은 하늘 문을 활짝 여시고는 이렇게 외치실 수 있게 되었다. "누구든지 예수를 믿는 믿음을 가지고 나아오라."

✿ 하나님은 그리스도인이 율법의 역할을 이해하기 원하신다

당신이 위에서 인용한 용서에 관한 말씀인 마태복음 6장 14-15절과 같은 가르침을 읽을 때 명심할 것은, 그것을 십자가 사건 이전에 가르치셨다는 점이다. 그러므로 그것은 율법과 복음을 전부 담고 있을 수도 있다.

다음으로 우리는 그 말씀이 율법의 가르침인지 은혜의 가르침인지 구분해야 한다. 그것이 아무 공로 없는 은총(은혜)이 아니라 자신의 공로에 대한 보상을 가르치는 것으로 확인되었을 때, 즉시 우리는 그것을 율법이라고 판별한다. 그런 다음 우리는 성령께 예수님이 왜 그것을 가르치셨는지 보여 달라고 구해야 한다.

용서함에 대한 예수님의 율법적인 가르침은, 독사가 가득한 늪 가장자리로 끌고 가서 이렇게 명령하는 것과 같다. "네가 여기를 헤엄쳐 건너가면 하나님께서 너를 용서하실 것이다." 예수님은 결국 하나님이 늪에 있는 물을 다 빼내어 구원하시는 것처럼, 구세주를 제공해 주심으로써 우리를 구원하실 거라는 사실을 알리지 않으셨다. 왜냐하면 아직 때가 이르지 않았기 때문이다. 예수님은 모든 사람들이 정죄감, 죄책감, 그리고 영원히 죽을 수밖에 없는 죄인임을 분명히 알도록 산 위에서 뒤흔들어 놓으셨다.

디모데전서 1장 8절은 이렇게 말하고 있다. "그러나 율법은 사람이 그것을 적법하게만 쓰면 선한 것임을 우리는 아노라." 그러나 이 말은 율법이 불법적으로 쓰일 수 있음을 암시한다. 우리는 다음 구절이 설명하고 있는 것을 깨달아야만 한다. "알 것은 이것이니 율법은 옳은 사람을 위하여 세운 것이 아니요"(9절). 이 구절은 그리스도 안에 있는 모든 새로운 피조물들은 의로운 사람이라는 사실과 병행한다(고후 5:21). 율법의 화살은 절대로 그리스도 안에 있는 새로운 피조물들을 향해 발사되지 않을 것이다. "이는 너희가 법 아래에 있지 아니하고 은혜 아래에 있음이라"(롬 6:14).

여기서 오해가 없기를 바라는 마음에서 다음 구절을 빨리 읽어 보겠다. "그런즉 어찌하리요 우리가 법 아래에 있지 아니하고 은혜 아래에 있으니 죄를 지으리요 그럴 수 없느니라"(롬 6:15). 하나님께서 그리스도 안에 있는 새로운 피조물들을 신뢰하실 수 있는 이유는, 그분이 우리에게 믿기 어려울 정도로 풍성한 은혜와 사랑을 퍼부으셨기 때문이다. 그것들의 적지 않은 부분은 우리의 가슴을 열어젖히게 하는 수술이었다. 하나님은 그분의 법을 우리 마음에 두고 우리 생각에 기록하셨다(히 10:16).

당신이 만일 거듭난 사람이라면 당신은 지금 그리스도께 순종하고자 갈망할 것이다. 당신은 예수님께 순종하고 그분을 기쁘시게 하고자 열망한다. 물론 당신이 항상 이것을 성취하는 것은 아니지만 당신은 할 수 있기를 소원한다. 새로운 피조물들은 예수님께 순종하라고 우리를 설득할 필요가 없다. 우리가 알아서 그렇게 하고자 열심을 내기 때문이다. '그리스도 안에 있는 사랑의 법'은 마치 공기 역학 법칙이 비행기를 중력의 법칙에서 자유롭게 해줄 수 있는 것처럼 우리를 예수님과 함께 하늘 높이 올라가게 해준다.

나는 우리 그리스도인들이 산상설교와 같은 성령의 감동을 받은 가르침을 무시해야 한다고 가르치는 것이 아니다. 우리가 특별히 복음서에서 율법과 은혜를 구별하기 위해서는 성령을 신뢰해야 한다는 것을 말하는 것이다. 산상설교의 어떤 부분은 정확히 구원받은 자들을 대상으로 한 것이다. "너희는 세상의 빛이라 산 위에 있는 동네가 숨겨지지 못할 것이요"(마 5:14). "너는 기도할 때에 네 골방에 들어가 문을 닫고 은밀한 중에 계신 네 아버지께 기도하라 은밀한 중에 보시는 네 아버지께서 갚으시리라"(마 6:6). 그러나 복음서에서 율법과 은혜를 구분하지 않는 사람들은 종종 마태복음 6장 14-15절과 같은 용서에 관한 구절들을 사람들에게 인용하는데, 이는 마치 '그리스도인들로 하여금 독사가 우글거리는 늪을 억지로 건네게 하는' 것과 같다.

선한 뜻을 가지고 그러는 것이겠지만 많은 그리스도인들이 율법과 은혜를 뒤섞어 놓고는, 그것을 죄에 대한 억제책으로 사용하려고 억지로 밀어붙인다. 이것은 동기가 좋아도 방법이 나쁘다. 왜냐하면 비성경적이기 때문이다. 그것은 잘못된 죄책감 위에 또 다른 죄책감을 쌓는 것이고, 잘못된 정죄감 위에 또 다른 정죄감을 쌓는 것이다. 그리고 패배당하고 겁에 질린 그리스도인이나 낙오병을 양산하는 것이다. 성경은 그리스도인들이 이미 용서받았다고 가르친다. 우리는 우리 자신의 용서를 얻어 내기 위해서 다른 사람을 용서해야 하는 것이 아니다. 그것은 율법의 규례이며, 우리는 율법으로부터 자유롭다(롬 6:14).

중요한 것은 말씀의 위치다

복음서에 나타난 율법과 은혜의 딜레마에 대한 해결 방안은 '그래, 바울은 바울 나름대로 생각이 있고, 예수님도 나름대로 생각이 있으시겠지 나는 예수님의 말씀을 따르는 편을 택해야겠다. 예수님이 말씀하셨으니까 문제없을 거야!'라는 식으로 생각하는 것이 아니다. 절대 그런 식이 되어서는 안 된다. 그것은 마치 사람들이 부동산의 가치를 평가할 때 말하는 식이다. 이 부분은 위치가 어디인지가 중요하다.[2]

그 가르침은 십자가의 어느 쪽에 위치하고 있는가? 예수님은 제자들을 포함해서 거듭나지 않은 사람들을 가르치셨다. 그리고 에베소서 4장 32절은 바울의 관점이 아니라 성령님의 관점이다. 동일한 성령께서 마태복음과 에베소서를 모두 영감으로 기록하게 하셨다. 그러나 각각 율법과 은혜라는 분수령의 다른 면을 제시하고 있다. 친애하는 독자들이여, 우리는 그리스도 안에 있는 놀라운 자유와 용서를 깨닫기 위해서 율법과 은혜를 구분할 수 있어야만 한다. 그리고 이런 놀라운 깨달음에서 절대적으로 중요한 것은 새로운 언약(계약)이 어디에서 시작하는지를 이해하는 것이다. 이것에 대한 이해가 없다면 우리는 하나님을 그릇되게 보는 오류를 전염시키게 될 것이다.

이것은 우리로 하여금 하나님을, 우리 자신의 능력으로 다른 사람을 먼저 용서하여 하나님의 용서를 받을 만한 자격을 갖추기 전에는 우리에 대한 용서를 보류하시는 분노의 하나님으로 보게 만든다. 율법과 은혜를 뒤범벅으로 만들 때 부딪히는 많은 난관들에 대해서는 더 이상 말할 필요가 없다.

규칙이 아니라 새로운 마음에 의해서

그리스도인은 왜 지켜야 할 일련의 규칙들이 필요하지 않은가? 하나님은 우리의 새로운 영혼 안에 거룩한 인도 체계, 즉 그리스도의 성령을 부어 주셨다. "이는 그리스도 예수 안에 있는 생명의 성령의 법이 죄와 사망의 법에서 너를 해방하였음이라"(롬 8:2).

하나님은 그리스도를 생명으로 모시는 것과 율법을 대조하신다. 하나님은 다시 "영광되었던 것이 더 큰 영광으로 말미암아 이에 영광될 것이 없으나"(고후 3:10) 하고 말씀하신다. 그것은 마치 성냥을 켜서 전기 스위치를 찾아내는 것과 같다. 방 안의 전깃불의 '영광'이 성냥불을 압도한다.

이는 교도소 운동장에 있는 참새와 죄수로 비유할 수 있다. 담벼락은 참새를 위한 것이 아니다. 참새는 중력의 법칙에 영향을 받지 않게 창조되었다. 반면 죄수는 이 법칙에 구속된다. 이와 비슷하게 그리스도 예수 안에 있는 생명의 성령의 법은 상위법으로서, 우리가 하나님의 기준에 미달된다는 것을 계속 상기해야 한다고 주장하는 것을 부정한다. 그리스도께서 우리에게 필요한 자격 기준을 대신 보완해 주셨기 때문이다. 그리스도는 믿음으로 말미암아 우리에게 필요한 자격을 더해 주시는 분이다. 우리는 그분 안에서 필요한 자격을 갖추게 되었다. 하나님의 새로운 계약(New Testament)은 이 얼마나 믿을 수 없을 만큼 굉장한 은혜인가!

성경은 하나님이 그분의 법을 우리의 마음과 생각에 두신다고 기록하고 있다(히 10:16). 그 말씀을 좀 더 상세히 풀어 보자. 로마서 13장 8-10절은 아가페적인 사랑이 모든 율법을 요약한다고 말한다. 예수님은 가장 큰 계명이 무엇이냐는 질문을 받으신 적이 있다. 예수님은 하나님의 모든 율법을 요약해 주는 두 개의 명령을 우리에게 주셨다. "예수께서 이르시되 네 마음을 다하고 목숨을 다하고 뜻을 다하여 주 너의 하나님을 사랑하라 하셨으니 이것이 크고 첫째 되는 계명이요 둘째도 그와 같으니 네 이웃을 네 자신같이 사랑하라 하셨으니 이 두 계명이 온 율법과 선지자의 강령이니라"(마 22:37-40). 온 율법의 강령이 당신의 마음과 생각에 새겨진 것이다. 당신이 이 두 가지 사랑을 가지고 있다는 사실은 당신의 마음이 에스겔서 36장 26-27절에서 말한 것처럼 완전히 새로운 마음으로 바뀌었음을 증명한다.

❦ 은혜로 살펴보는 팔복과 산상설교

율법의 교훈을 통해서 우리가 추구해야 할 많은 목표들을 그리스도인들이 이미 얻었다고 성경은 지적한다. 은혜와 율법의 분수령이 되는 복음서의 다음과 같은(율법 쪽에 서 있다고 생각되는) 구절들이 성도들을 대상으로 한 것인지 아닌지 당신이 판단해 보라.

마태복음 5장 6절: "의에 주리고 목마른 자는 복이 있나니 그들이 배부를 것임이요."

'의'(righteousness)는 하나님과 올바른 관계, 즉 하나님이 받아 주시는 관계를 의미한다는 것을 기억하라. 어떤 이들은 의에 주리고 목마를지는 모르겠지만 의를 얻는 것이 불가능해 보인다. 왜냐하면 자기반성을 통해서 그런 주림과 목마름을 판별하는 것이 주관적인 판단이 될 수 있기 때문이다. 당신의 주림과 목마름이 의를 얻기에 충분한 조건이 되는지 당신은 절대 확신할 수 없을 것이다. 그리고 그런 목마름이 없는 사람들의 경우에 그들이 어떻게 목마름을 만들어 낼 수 있겠는가? 예수님은 이렇든 저렇든 간에 전부 실패할 수밖에 없는 상황을 제시하신 것이다.

이제 은혜의 영역으로 넘어가 보자. "하나님이 죄를 알지도 못하신 이를 우리를 대신하여 죄로 삼으신 것은 우리로 하여금 그 안에서 하나님의 의가 되게 하려 하심이라"(고후 5:21). 새로운 피조물들은 이미 그리스도 안에서 의롭다. 하나님께서 이미 우리를 받아 주셨기 때문이다. 우리의 의는 사람이 만든 것이 아니라 그리스도께서 만드신 것이다.

마태복음 5장 7절: "긍휼히 여기는 자는 복이 있나니 그들이 긍휼히 여김을 받을 것임이요."

이것은 사람의 행위에 기초해 약속된 긍휼이며, 결국 다시 한번 주관적인 요구를 하고 있는 셈이다. 나는 하나님의 긍휼을 얻을 정도로 긍휼히 여길 수 있을까? 열심히 그렇게 해 보려는 사람들에게도 하나님의 긍휼이란 단지 불안한 미래의 소망일 뿐이었다. 분명한 보증을 얻을 수 있는 방법은 없다.

이제 은혜의 안경을 끼고 보도록 하자. "우리 주 예수 그리스도의 아버지 하나님을 찬송하리로다 그의 많으신 긍휼대로 예수 그리스도를 죽은 자 가운데서 부활하게 하심으로 말미암아 우리를 거듭나게 하사 산 소망이 있게 하시며"(벧전 1:3). 우리는 벌써 하나님의 긍휼을 입은 수혜자다. 그 누구도 이것을 얻을 수 있는 자격은 없다. 그리고 그것은 미래의 소망이 아니라 현재의 '산 소망'이다. 우리는 그리스도를 모시고 있기 때문에 소망이 있다.

다음의 구절을 살펴보기 전에, 우리가 '마음'을 어떻게 정의했는지 다시 상기해 보도록 하자. 우리는 마음을 '사람에게 동기를 부여하는 가장 강력한 원동력'이라고 정의했다. 거듭나지 않은 마음은 자신의 삶을 자신의 방식대로 사는 일에 고정시킨다. 히브리서 10장 15-16절은 우리의 마음을 이렇게 묘사한다. "또한 성령이 우리에게 증언하시되…내 법을 그들의 마음에…." 이것 때문에 우리는 하나님께 몹시 순종하고 싶어 한다. 우리는 완벽하게 행할 수 있게 되길 소원한다. 이것이 새로운 마음의 증거다.

마태복음 5장 8절: "마음이 청결한 자는 복이 있나니 그들이 하나님을 볼 것임이요."

이 구절은 절대로 이룰 수 없는 행위에 기반을 둔 청결과 생각하는 삶에 기반을 둔 청결에 대해 말하는 것으로 이해되었다. 예수님의 말씀을 들은 사람 중 누가 감히 자신이 이 기준에 따라 하나님을 볼 수 있는 자격이 된다고 생각하겠는가? 내가 믿기로 대부분의 그리스도인들은 아직도 예레미야 17장 9절에서 말하는 마음을 가지고 있다. "만물보다 거짓되고 심히 부패한 것은 마음이라…." 그러나 이 구절은 십자가 사건 이전에 살던 거듭나지 않은 사람들을 묘사한 것이다. 그리고 '하나님을 보는 것'에 관해서는 요한일서 3장 2절을 보라. "그가 나타나시면 우리가 그와 같을 줄을 아는 것은 그의 참모습 그대로 볼 것이기 때문이니."

마태복음 5장 9절: "화평하게 하는 자는 복이 있나니 그들이 하나님의 아들이라 일컬음을 받을 것임이요."

만일 하나님의 아들이 이렇게 해서 되는 것이라면 우리는 하나님의 아들이 될 수 없을 것이다. 하나님께서 은혜 아래 있는 사람들에게 하시는 말씀을 들어 보자. "너희가 다 믿음으로 말미암아 그리스도 예수 안에서 하나님의 아들이 되었으니"(갈 3:26). 이것이 우리가 하나님의 아들이 되는 유일한 방법이다. 화평을 얻는 일에 관해 말한다면 "그(그리스도)는 우리의 화평이신지라…"(엡 2:14). 우리는 다른 사람들에게 하나님과의 화평에 대해 말할 특권이 있다. 우리는 그리스도로 말미암아 '화평하게 하는 자'(peace-makers)다.

마태복음 5장 20절: "내가 너희에게 이르노니 너희 의가 서기관과 바리새인보다 더 낫지 못하면 결코 천국에 들어가지 못하리라."

서기관과 바리새인들은 자신들이 하나님의 총애를 받는 사람이라고 착각하면서, 안식일에는 아무 일도 하지 말아야 한다고 믿었다. 그들은 지금도 안식일에 불을 켜기 위해 전기 스위치를 올리는 일조차 하지 않는다. 그러나 예수님은 그런 것들이 하나님께 아무런 감동을 주지 못한다고 말씀하셨다. 예수님은 청중에게 거의 아무런 소망도 남겨 두지 않으셨다.

그러나 우리의 의는 그런 것보다 훨씬 탁월하다. "너희는 하나님으로부터 나서 그리스도 예수 안에 있고 예수는 하나님으로부터 나와서 우리에게 지혜와 의로움과 거룩함과 구원함이 되셨으니"(고전 1:30). 우리의 의로움은 어떤 현상이 아니라 한 사람이다.

마태복음 5장 22절: "나는 너희에게 이르노니 형제에게 노하는 자마다 심판을 받게 되고."

그리스도인은 형제에게 노한 것에 대한 심판을 피하기 위해 탈출구를 찾아다니는 사람이 아니다. 로마서 8장 1절을 보라. "그러므로 이제 그리스도 예수 안에 있는 자에게는 결코 정죄함이 없나니." 미래에도 마찬가지지만 지금도 우리에게는 결코 정죄함이란 있을 수 없다. 우리가 그리스도 예수 안에 있기 때문이다. 할렐루야! 이 구절과 우리를 불안함에 떨게 하는 마태복음 5장 22절은 얼마나 다른가!

성령께서는 당신이 죄를 지으면 그 행한 일에 대해서는 정죄하실 것이다. 그러나 그분은 결단코 당신 자체를 정죄하지 않으실 것이다. 그러나 속이는 자, 사탄은 당신이 이렇게 생각하도록 속삭일 것이다. '나는 형편없는 그리스도인이야. 나는 아무 쓸모가 없어.'

마태복음 5장 25-26절: "너를 고발하는 자와 함께 길에 있을 때에 급히 사화하라 그 고발하는 자가 너를 재판관에게 내어주고 재판관이 옥리에게 내어주어 옥에 가둘까 염려하라 진실로 네게 이르노니 네가 한 푼이라도 남김이 없이 다 갚기 전에는 결코 거기서 나오지 못하리라."

예수님은 지금 청중에게 소송 피하는 법을 강의하고 계신 것이 아니다. '송사하는 자'란 하나님의 법을 말한다. '함께 길에 있을 때에'란 당신이 육신을 입고 있는 것을 의미한다. 재판관은 하나님이시고, 옥은 지옥이며, 피할 수 없는 형편이란 영원한 저주를 말한다. 이 구절은 위협과 한 번이라도 실수하면 끝장인 율법의 세계를 담고 있다.

이런 구절들 가운데서 예수님이 목표로 삼으신 것이 무엇인지 알겠는가? 예수님은 선한 행위로 영생을 얻을 수 있다는 사람들의 잘못된 관념을 송두리째 무너뜨리기 위해 사람들 마음속에 정죄감과 불안감을 쌓아 놓으신 것이다. 예수님은 이런 절망의 감정을 통해, 오순절에 사람들이 회개하면서 그분에게 달려 나와 그분을 자신의 구주로 영접할 가능성을 더욱 증대시키고 있다(행 2장).

마태복음 5장 48절: "그러므로 하늘에 계신 너희 아버지의 온전하심과 같이 너희도 온전하라"['온전하다'(perfect)로 번역된 헬라어는 '다 갖추어진'(complete) 혹은 '다 이루어진'(finished)을 의미한다].

이 말씀은 모든 사람들을 죄인으로 만들어서 절망의 구렁텅이에 빠뜨리기 위해 주시는, 도저히 도달하기 힘든 기준 아닌가? 이것은 율법이다. 이 말씀은 정죄의 직분(고후 3:9)을 수행하고 있는 것이다. 그러나 이 말씀을 보라. "우리가 그를 전파하여 각 사람을 권하고 모든 지혜로 각 사람을 가르침은 각 사람을 그리스도 안에서 완전한 (complete) 자로 세우려 함이니"(골 1:28).

여기서 '완전한'으로 번역된 헬라어는 예수님이 아버지에 대해 설명하실 때 사용한 것과 동일한 단어인데, 번역자들이 이것을

'perfect'로 번역한 것뿐이다. 얼마나 놀라운 은혜인가! 우리는 율법을 완전히 행하는 사람들이 아니다. 그러나 우리는 그리스도 안에서 완전하게 만들어졌다. 이것은 행위에 관한 문제가 아니며 우리의 정체성에 관한 문제다.

사도행전 2장은 율법 아래 있는 사람들과 은혜 아래 있는 사람들을 구분하는 중대한 갈림길이 된다. 우리는 율법의 정죄함에서 해방되었다. 그러나 어떤 이들은 "그러면 그리스도인들이 죄짓는 것은 어떻게 방지할 수 있는가?" 하고 질문한다. 이 질문에 대해 성경은 "그리스도의 사랑이 우리를 강권하시는도다"(고후 5:14)라고 말한다. 물론 우리는 그리스도를 사랑한다. 그러나 이 구절에는 우리를 통제하는 중앙장치가 우리 안에 있는 그리스도의 사랑, 곧 우리를 사랑하시는 그리스도라는 더 고차원적인 진리가 들어 있다. 거듭난 사람들은 의로우며, 의로운 사람들은 의롭게 살고자 열망한다. 이것은 전에도 말한 것처럼 왜 하나님께서 "율법은 옳은 사람을 위하여 세운 것이 아니요 오직 불법한 자와 복종하지 아니하는 자와 경건하지 아니한 자와 죄인과…"(딤전 1:9)라고 말씀하시는지를 설명해 준다. 우리는 지금 그리스도를 통해서 의롭게 되었다(하나님과 '바른 관계'를 맺고 있다). 이것을 이해하는가?

마태복음에 있는 이런 가르침은 모두 하나님의 기준에 도달하기 위한 인간의 책임에 중점을 두고 있는 반면, 십자가 사건 이후의 구절들은 그리스도와 하나님께 중점을 두고 있다는 사실을 부각시켰다. 우리는 이미 믿음으로 말미암아 은혜로 그리스도 안에서 하나님의 기준에 도달해 있다(의인임을 신약성경에서 56회 말함).

율법을 강화시키는 산상설교

아마도 다음 사례가 예수님이 사역을 시작하실 때의 동기를 명료하게 이해하도록 도와줄 것이다. 예수님은 이제 막 광야에서의 40일 금식을 마치고 돌아오셨다. 그때 예수님은 율법을 준수함으로써 하나님의 마음에 들기 위해 고군분투하고 있는 대중에게 다가가서 말씀하셨다. "애들아, 앉아라. 산 위에서 설교하고 싶구나." 그러고는 설교하기 시작하셨다.

예수님은 설교하시면서 몇 가지 무거운 율법(몇 가지 은혜와 더불어)을 선포하셨다. "너희가 살인을 범할 때 죄를 짓는 것일 뿐 아니라, 너희가 형제에게 노할 때도 절망적으로 죄를 짓는 것이다." "너희가 간음을 범할 때 죄를 짓는 것일 뿐 아니라, 너희가 음욕을 품을 때도 죄를 짓는 것이다." 그러고 나서 예수님은 자기 백성들에게 호의를 나타내셨다.

십계명 중 5, 6계명을 강화시킨 후에 예수님은 계속해서 말씀하셨다. "만일 네 오른 눈이 너로 실족하게 하거든 빼어 내버리라"(마 5:29-30). 와! 예수님의 말씀을 듣고 있는가? 예수님은 지금 사람들이 지켜야 하는 율법을 더욱 강화시키고 계신 것이다. 예수님은 이 설교를 통해서 율법을 지키는 일을 그전보다 훨씬 더 어렵게 만드셨다. 그분은 율법의 외면적인 행동의 영역을 넘어 마음속에 품은 생각의 영역까지 확대하셨다.

예수님은 언덕을 서서히 내려오면서 설교의 마지막 부분에서 이런 말씀을 하셨다. "그러므로 하늘에 계신 너희 아버지의 온전하심과 같이 너희도 온전하라"(마 5:48). 한번 이 말씀처럼 온전해지려고 시도해 보라. 만일 그렇게 해 본 사람이라면 자신이 영생을 얻기 위해서는 하나님으로부터 어떤 기적(즉, 구세주)을 받아야 하는지 분명히 알게 될 것이다. 그렇게 했는데도 구주를 필요로 하지 않는 사람은 구제 불능이다. 당신이 만일 산상설교를 들은 무리 중에 있었다면 당신의 반응도 그들과 거의 비슷했을지 모른다. "아! 안 됩니다. 우리는 절대로 지금 하나님께 나아가지 않을 것입니다. 제발 더 이상 우리를 돕지 마세요, 예수님."

그들은 하나님이 그들의 행위를 기초로 사람을 받아 주신다고 믿었기 때문에, 예수님이 그들에게 사형 선고를 내리신 것이라고 결론지었다. 행위를 기초로 받아 주신다는 논점은 잘못된 것이지만 사형 선고를 내리신다는 논점은 정확하다. 바울이 '율법은 죽이는 것'이라고 말한 것은 이 때문이다(고후 3:6).

❦ 주기도문

새로운 언약(계약)이 어디서 시작되는지에 대한 분명한 이해를 필요로 하는 또 다른 사례는 예수님의 모범 기도문이다. 많은 사람들은 우리가 용서받을 만한 가치가 있기 때문에 우리를 용서해 주셔야 한다는 것을 주기도문을 통해 하나님께 상기시켜 드리고 있음을 인식하지 못한다. "우리가 우리에게 죄지은 자를 사하여 준 것같이 우리 죄를 사하여 주시옵고"(마 6:12). 이 기도를 드리는 사람은 지금 '자신의 공로에 따른 용서'를 구하고 있는 것이다. 당신이 이 말에 동의하지 않는다면, 14-15절을 보라. "너희가 사람의 잘못을 용서하면 너희 하늘 아버지께서도 너희 잘못을 용서하시려니와 너희가 사람의 잘못을 용서하지 아니하면 너희 아버지께서도 너희 잘못을 용서하지 아니하시리라." 아주 분명히 예수님은 조건적인 용서를 가르치고 계신 것 같다. 즉, 하나님께서 우리를 용서하시기 전에 우리는 다른 사람을 용서해야만 한다.

그러나 어떻게 그럴 수 있는가? 우리는 그리스도 안에 있는 믿음으로 말미암아 오직 은혜로 용서받았다는 것을 안다. 하나님께서는 당신의 신학에 있는 이런 딜레마를 어떻게 해결하실까? 해답은 여기 있다. 예수님이 신자들에게 모범 기도문으로 기도하라고 가르치실 때는 아직 그리스도 안에 있는 새로운 피조물이 하나도 없었다. 이 기도문의 어떤 부분은 율법의 가르침이다. 그것은 죄인들을 그리스도께로 인도하는 '초등교사'(몽학선생)의 역할을 하기 위해서(갈 3:24-25) 죄인들을 기죽이려는 목적이 있었다. 주님께서 제자들에게 그것을 본으로 가르치셨을 때 이것은 전 세계 인구에게 본보기가 되었다. 기억하라. 제자들 역시 오순절 때까지는 거듭날 수가 없었다.

당신이 종종 예수님의 가르침 가운데서 발견하듯이, 주기도문도 율법과 은혜를 모두 포함하고 있다. "우리 아버지…." 이것은 굉장한 은혜다. 당신은 하나님과 함께하는 그런 높은 신분을 가질 만한 어떤 일을 했는가? 아무것도 한 것이 없다! 우리는 그저 주 예수님을 우리의 인격적인 구주와 주님으로 믿는 것뿐이다. 그랬더니 하나님이 즉시 우리의 아버지가 되신 것이다.

"우리가 우리에게 죄지은 자를 사하여 준 것같이 우리 죄를 사하여 주시옵고"(마 6:12). 앞에서 이야기한 것처럼 이것은 율법이다. 이런 진술을 함으로써 우리는 결과적으로 우리가 고상한 일을 했으며 올바른 길을 택하였으니 하나님께도 똑같이 해 달라고, 즉 우리를 용서해 달라고 구하는 것이다. 나는 이 기도 때문에 숨이 막혀 버릴 것만 같다. 나는 하나님께 이런 기도를 할 수 없다.

물론 나도 우리에게 죄지은 자들을 용서하는 것이 하나님의 뜻이라는 것은 믿는다. 그러나 그것은 은혜로 그렇게 되어야 하는 것이지, 율법으로 되어서는 안 된다. 어떻게 그렇게 확신할 수 있는가? 실제로 새로운 언약(계약) 가운데서 하나님의 말씀이 어떤지 살펴보자. "서로 친절하게 하며 불쌍히 여기며 서로 용서하기를 하나님이 그리스도 안에서 너희를 용서하심과 같이 하라"(엡 4:32). 여기서 우리는 그리스도인들이 벌써 모든 죄를 용서받았다는 것을 알 수 있다. 그리고 이것을 아는 것이 우리에게 죄지은 사람들을 용서하는 동기가 된다. 우리는 율법이 아니라 은혜로 동기를 부여받는다.

❧ 율법과 젊은 부자 관원

4복음서를 통해 예수님의 사역을 추적해 보면, 예수님이 동일한 방법을 반복적으로 사용하신 것을 볼 수 있다. 사람들이 자신의 행위를 통해 충분히 영생을 얻을 수 있다고 생각하는 한, 그들에게 절망감을 안겨 주고 계신 예수님의 방법을 발견하게 될 것이다.

예수님과 부자인 젊은 관원의 만남을 생각해 보라(눅 18:18 이하). 그 사람은 예수님께 영생을 얻으려면 무엇을 해야 하느냐고 물었다. 예수님은 그에게 하나님의 법(십계명) 중 다섯 가지를 진술했다. 그에 대해 그는 "그것을 다 지켰습니다"라고 대답했다. 그는 통과한 것이었다!

그러나 모든 일을 아시는 예수님은 그 관원의 두 번째 질문이 "이것 말고 또 해야 하는 일이 있나요?"라는 것을 알고 계셨다. 예수님은 그에게 구세주가 필요하다는 것을 깨닫게 하기 위해서 그를 몰아 세우셨다. 예수님은 "네게 아직도 한 가지 부족한 것이 있으니 네게 있는 것을 다 팔아 가난한 자들에게 나눠 주라…그리고 와서 나를 따르라"라고 말씀하셨다.

그는 예수님께 가까이 나아갔을 때 자신의 행위가 평균보다는 상당히 괜찮은 정도라고 느꼈다. 그러나 예수님으로부터 그를 죽일 수 있을 정도로 강화된 율법인 "모든 재산을 나누어 주라…그리고 와서 나를 따르라"고 말씀하심으로 그는 드디어 한 방 먹은 것이다. 이제 예수님을 떠나가면서 그는 자신이 죽을 수밖에 없는 절망적인 죄인이며 구세주가 필요하다는 것을 알았다. 예수님은 그분의 목적을 달성하신 셈이다.

예전에 나는 부자 관원이 예수님보다 돈을 더 사랑했기 때문에 지옥에 갔을 것이라고 지레짐작했다. 그리고 그렇게 설교도 했다. 그러나 불신자들에 대한 율법의 기능을 이해하고부터는 새로운 생각을 하게 되었다. 나는 훗날 부자 청년을 천국에서 보았으면 한다.

예언된 일의 실상의 계시와 하나님의 '의 공식'

하나님의 시간표 속에 분수령이 될 만한 기념비적인 일이 한 번 있었다. 인간의 시간에 따른 이정표가 아니라 영적인 의미에서 기준이 될 만한 일이다. 그것은 영원 속에서 딱 한 번 일어났다.

"이것들을 사하셨은즉 다시 죄를 위하여 제사 드릴 것이 없느니라"(히 10:18).

더 이상 죄 때문에 제사 드릴 필요가 없다. 예수님이 죄를 위한 완전한 제물이 되셨다. 평생을 법 아래에서 신음하며 살던, 영적으로 굶주리고 고통당하던 백성이 대속의 날에 하나님께서 예수 그리스도를 통하여 이루신 일이 무엇인지를 깨달았을 때 그들은 거리로 뛰쳐나와 춤추며 기뻐했다. 그들은 너무도 오랫동안 정죄감을 맛보며 살아왔다. 이제 하나님께서 아들을 통해 사람들과 새로운 언약을 맺으신 것이다. 그분은 예언된 일의 실상을 계시하셨다.

그들은 "그리스도는 모든 믿는 자에게 의를 이루기 위하여 율법의 마침이 되시니라"(롬 10:4)라는 말씀을 이해하게 되었다. 그리스도께서 하나님의 일을 끝내셨다. 그것은 반쯤 끝난 일도 아니며 거의 끝난 일도 아니다. 완전히 끝난 일이다. '모든 믿는 자에게 의가 되셨다.' 이런 경우의 의를 '주 예수 그리스도를 믿는 모든 사람들이 하나님과 올바른 관계를 맺음으로 인해 사람들에게 주시는 하나님의 은혜로운 선물'이라고 정의한다. 이것은 바로 우리가 하나님과 바른 관계를 맺게 되었음을 의미한다.

하나님은 율법에서 은혜로 이동하는 분수령이 생기는 과정을 갈라디아서 3장에서 다음과 같이 설명하신다. "믿음이 오기 전에 우리는 율법 아래에 매인 바 되고 계시될 믿음의 때까지 갇혔느니라"(23절). 이것은 구약 시대 신자들과 오늘날 죄인 된 사람들의 상태를 묘사한다. "이같이 율법이 우리를 그리스도께로 인도하는 초등교사가 되어 우리로 하여금 믿음으로 말미암아 의롭다 함을 얻게 하려 함이라"(24절). 성령께서는 거듭나지 않은 사람들이 구원받아야 한다고 느끼게 하기 위해 율법이 불러일으키는 정당한 죄책감을 이용하신다. 율법은 사람들을 그리스도께로 인도하는 초등교사 역할을 한다. "믿음이 온 후로는 우리가 초등교사 아래에 있지 아니하도다"(25절). 그리스도에 대한 이런 믿음의 단계가 지난 후에 사람은 다시 태어나게 되며, 더 이상 그리스도께로 인도하는 초등교사는 필요하지 않게 된다. "너희가 다 믿음으로 말미암아 그리스도 예수 안에서 하나님의 아들이 되었으니"(26절).

그렇지만 우리는 신약에 있는 하나님의 '의 공식'에 대한 두 가지 차원을 이해해야 한다.[3]

첫째는 의의 상태 혹은 조건이다. 이런 의의 정체성은 새로운 영적 출생을 통해 얻는다. 그리스도인은 그리스도 안에서 태어남으로 의로워진다.

두 번째는 의로운 행위와 연관되어 있다. 우리는 출생에 의해 지금 의롭게 되었지만, 의롭게 행동하는 것은 매 순간의 선택이다. 오직 그리스도께서 우리를 통해서 그분의 생명을 나타내실 때만, 우리는 의로운(하나님이 인정하시는) 행위를 할 수 있다. 그리스도인이 자기 혼자의 힘으로 의롭게 보이는 행위를 할 수 있을 것 같지만, 하나님은 그런 행위를 불의하게 보시고 거부하신다(합 1:11; 렘 17:5). 어떤 사람도 하나님을 위해 뭔가를 하지는 못한다. 하나님은 우리의 도움을 필요로 하지 않으신다. 그리스도께서 우리를 통하여 하나님의 뜻과 일을 행하시도록 허용하면서(롬 15:18) 우리 자신을 하나님께 거룩한 산 제물(나를 통해서 그리스도의 생명이 사시도록 내어 드리는 것)로 드리는 것은 우리의 특권이다(롬 12:1). 이것만이 의로운(인정받는) 일을 만들어 내는 것이다.

이런 두 가지 차원의 의(정체성과 행위)는 항상 별개의 실체로 보아야 한다. 첫 번째 것은 오직 믿음으로 말미암은 것이고, 두 번째 것은 당신의 순종(일)과 결부된 믿음으로 말미암은 것이다. 이 두 가지를 구분하는 선이 모호하게 되면 당신은 신학적으로 헤어 나오기 힘든 늪지대에 빠지게 될 것이다. 그리스도인에게 있어서 이와 같은 문제가 하나 더 있다. 성화의 문제다.

두 가지 유형의 성화

일반적으로 그리스도인들은 이 두 가지 유형의 성화를 잘 구분하지 못한다. 그들은 성화된 정체성과 성화된 행위를 단순하게 하나로 뭉뚱그려 이해하고, 그들은 성화된 정체성(성도)은 오직 행위를 통해서 얻을 수 있다고 믿는다. 그러나 이런 믿음은 마치 높은 굽이 달린 구두를 신고 에베레스트산을 등반하려는 것과 같다. 꿈에라도 이런 생각을 하겠는가?

결과적으로 많은 그리스도인들은 자신은 절대로 세상에 있을 때 성화될(정결케 될) 수 없다고 믿는다. 그 때문에 어떤 이들은 아주 고고한 자세로 굉장한 행위를 나타내 보이는 사람들에게 위원회의 투표를 거쳐 성인이라는 명칭을 그냥 수여한다.

그러나 성경이 성화에 대해서 말하는 것은 행위에 대해서가 아니라 정체성에 대해서다. 즉, 우리가 누구냐에 대한 것이지, 우리가 어떤 일을 했느냐에 대한 것이 아니란 말이다.

앞에서 말한 '의의 공식'처럼 그리스도인의 성화의 문제도 두 가지 차원을 이해해야 한다.

첫째는 성화된 상태(정체성) 혹은 조건이다. 이런 성화된 정체성은 그리스도를 믿어 새로운 영적 출생을 통해 얻는다. 그리스도인은 그리스도 안에서 태어남(거듭남)으로 성화(성도)되었다.

두 번째는 성화된 행위와 연관되어 있다. 우리는 출생에 의해 지금 거룩하게 되었지만, 성화된 행동을 하는 것은 매 순간의 선택이다. 오직 그리스도께서 우리를 통해서 그분의 생명을 나타내실 때만, 우리는 성화된(하나님이 인정하시는) 행위를 할 수 있다. 이것은 더 열심히 노력해서 되는 것이 아니라, 그리스도께서 우리 가운데 생명으로 나타내시도록 허용(위임)함으로써 되는 것이다. 그리스도의 공로만이 아버지 하나님께서 받으실 수 있는 거룩한 것이다.

하나님은 모든 독립적인 인간의 노력을 거부하신다(합 1:11; 렘 17:5). 그분은 예수님과 신자 혹은 신자들이 함께 노력할 것을 주장하신다. 이것은 정원을 가꾸는 일에서 설교하는 일, 손톱을 다듬는 일에서 주일학교 학생을 가르치는 일과 학생이 공부하는 일, 그리고 집안일(직장일)에서 영혼을 구원하는 일에 이르기까지 모든 독립적인 인간의 노력을 포괄한다.

그러나 이런 일을 똑같이 한다 해도 믿음으로써 그리스도께서 우리를 통해서 이런 일을 하게 하신다면 그것은 거룩한 일이 될 수 있다. 물론 설거지하는 일도 포함된다. 이 세상에 속한 그런 일도 그리스도인들이 그리스도의 생명을 의지함으로 하면 거룩한 행위가 된다. 접시 닦는 일과 공부하는 것도, 직장 일도 성령 안에서(성령님이 나를 통해서) 행해야 하는 것이다.

그러므로 우리의 정체성에 관해 신약성경은, 거듭난 사람은 그리스도 안에서 성화(성화된 정체성-성도)되었음을 63회나 반복해서 가르친다. 이것은 논쟁거리가 되지 않는다. 우리는 하나님 앞에서 거룩하고 의롭다. 그러나 어떤 사람이 자신을 거룩하고 의롭다고 주장하면서 가장 복음주의적인 교회의 교인으로 등록하려 한다면, 그 교회 교인들은 분개할 것이다. 그들은 그리스도인이란 은혜로 구원받은 죄인들이라는 거짓말을 붙잡고 있는데, 이것은 죄의 권세를 가진 자의 거짓말이다. 이것은 하나님의 마음을 아프게 한다. 우리의 성화된 정체성은 그리스도를 믿음으로 얻게 되는 구원의 보따리와 함께 딸려 오는 것으로, 결코 사람의 행위로 얻는 것이 아니다. 하나님은 그 이유를 이렇게 설명하신다. "이는 누구든지 자랑하지 못하게 함이라"(엡 2:8-9).

그리스도 안에 있는 성화된 정체성을 얻기 위해서는 오직 믿음이 요구되는 반면에, 성화된 행위를 하기 위해서는 믿음에 순종이 더해져야 한다. 그리스도가 성화된 정체성의 초점이 되는 것처럼, 그리스도는 또한 성화된 행위의 초점도 되신다. 하나님께서 받으시기에 합당한 행위는 신자가 믿음과 순종을 통해서 그리스도의 생명을 자신 안에서 드러낼 때 이루어진다.

10장
그리스도인은 감정을 어떻게 다루어야 할까

사탄이 우리를 하나님의 진리에서 떨어지도록 방해하기 위해 활용하는 도구가 바로 우리의 감정이다. 현명한 그리스도인이라면 자신의 감정을 통해 진리를 판별하지 않도록 주의해야 한다. 당신도 자신의 감정을 어떻게 다루어야 하는지 궁금할 것이다.

프로그램화된 감정

우리는 지성과 감정, 즉 '생각하는 자'(thinker)와 '느끼는 자'(feeler)를 가지고 있다. 이 둘은 서로 반응한다. 예를 들어, 독사 한 마리가 당신을 물려고 똬리를 틀고 있다고 가정해 보자. 우선 당신은 마음속으로 '나는 지금 큰 위험에 처해 있어!'라고 생각할 것이다. 이것을 1에서 10까지의 수치(10이 가장 큼)로 나타내 보자. '나는 지금 큰 위험에 처해 있어. 정도는 10이야!' 이제 감정은 지성의 확신에 반응을 보인다. "나는 큰 위협을 느껴. 지금 정도는 10이야!"

그런 다음, 당신이 가까이서 확인한 결과 그 뱀이 고무로 만든 가짜임을 알게 되었다고 하자. 그러면 마음속은 '위험은 없어. 나는 안전해'라는 생각과 함께 즉시 지성의 정도는 1로 줄어들 것이다. 감정은 어떨까? 감정의 정도도 갑자기 1로 줄어들겠는가? 천만의 말씀이다. 물론 감정도 결국 괜찮아질 것이다. 그러나 그렇게 되기까지는 30여 분 정도가 소요된다. 감정은 천천히 가라앉기 때문이다(도어클로저 속도조절기처럼).

자! 이제 당신의 지성 정도가 1로 줄어들었고 10분 뒤 감정이 7 정도가 되었다고 하자. 그런데 당신이 책상 서랍을 연 순간 그 안에 거미가 있는 것을 발견했고, 그 거미는 튀어 올라 당신의 소매에 앉았다고 하자. 당신의 지성은 즉시 정도 1에서 10으로 오르고 감정도 단숨에 나머지 3을 채워 최고를 나타나게 된다.

이 예를 일반화시켜 질문을 하나 해 보자. 만일 우리가 방울뱀과 같은 아빠와 거미 같은 엄마가 있는 가정에서 자랐다면 어떻겠는가? 아마 당신의 형제나 고모 또는 할머니가 그럴 수도 있을 것이다. 그들은 당신의 지성과 감정이 거의 항상 10을 채우도록 한다. 그들이 잠시 사라지면 지성의 정도는 1로 낮아지고 '어휴, 이제 쉴 수 있겠네!'라고 생각한다. 그러나 아직 감정은 7 정도이다. 그러나 그들 하나가 다시금 당신에게 나타나면 지성이 10이 되기까지 감정이 7에서 10이 됨으로 감정이 빨리 반응하게 된다. 꽈당! 10 또 10! 이런 결과로 당신이 5세까지, 감정이 좀처럼 7 이하로 떨어진 적이 없었다는 것을 알 수 있겠는가? 7이라는 정도는 감정을 그 이하로 더 이상 낮출 수 없는 문턱이 되고 말았다(프로그램화, 고착됨).

심리학자들은 아동이 5세 정도가 되면 이미 인격의 85%가 형성되고 그 이후로는 바뀌기가 어렵다고 역설한다. 불행하게도 그들은 "그리스도 예수 안에 있으면 누구든지 새로운 피조물이며 이전 것은 지나갔고 모든 것이 새롭게 되었다"는 고린도후서 5장 17절 말씀을 한 번도 들은 적이 없을 것이다. 심리학자들이 발견한 것은 아이들의 감정이 프로그램화되고 이것이 평생 사람을 지배한다는 것이다. 그러나 하나님을 만나면 우리는 감정으로 살지 않고 믿음으로 살게 된다. 우리에게는 탈출구가 있다.

어린아이가 성장하여 예수님을 자신의 구주로 영접했다고 가정하자. 하나님은 그 아이의 문제를 해결하기 위해서 많은 영광스러운 일들을 행하실 것이다. 그러나 모든 것을 다 한꺼번에 해결하시지는 않는다. 앞서 열거한 것과 같이 어린 시절을 경험한 성인의 많은 수가 7 정도의 감정 상태(심지어 9.5 정도)에 아직 머물러 있다는 것을 생각해 보자. 감정 상태가 수치 7 이하로는 내려가 본 지가 너무 오래되었기 때문에 마치 발육 부진으로 근육을 잃어 가는 모습과 흡사하게 된다. 이런 상태로 여러 해가 지나면 그들은 아예 움직이지 않는다. 이것은 마치 2차 세계대전 이후 할아버지의 차고 안에 처박혀 있던 오래된 자동차와도 같은 모습이다. 이 자동차는 모든 장비를 갖추었지만 움직일 수가 없다. 이런 차는 서로 고착된 부품들을 풀어 주어야 한다. 이러한 문제를 해결하기 위해서는 자동차 휘발유가 있어야 하는데, 이 휘발유 같은 존재가 바로 성령이시다.

🕊 내게 있는 감정의 역할

내게 있는 감정의 역할은 무엇인가? 하나님께서 내게 감정을 주셨으니 그것은 반드시 좋은 것이어야 할 것이다. 만일 감정 없이 살아야 한다거나 구세주의 임재 안에서 느끼는 행복을 느낄 수 없이 영생을 살아야 한다면, 나는 그러한 삶을 몹시 싫어할 것이다. 그러나 이 지구상에서 때때로 감정은 내가 하나님의 의지를 거부하는 데 강력한 영향력을 행사하곤 한다. 문제는 내 감정이 환경에는 즉각적으로 반응하나 영적인 진리에는 너무도 천천히 반응한다는 것이다.

우리는 감정을 어떻게 다루어야 할까? 이 질문이 바로 이 장에서 다룰 문제다. 이 장을 주의하여 공부하면 당신이 수년간 갈구하던 확실한 답을 얻게 될 것이다. 감정을 다루는 방법을 설명하기 위해 나는 식인 곰에 대한 이야기를 하려고 한다.[1]

당신이 처음으로 알래스카를 방문했다고 가정하자. 거기에는 식인 곰이 살고 있다. 당신이 홀로 광야에 나와 있는데 식인 곰이 막 당신을 발견했다. 그 식인 곰은 키가 2.4미터이며 몸무게가 240킬로그램에 달한다. 그 식인 곰은 떠돌이 개처럼 몹시 사나우며, 바로 지금 그 곰이 당신을 향해 전력 질주를 하고 있다. 곰과 당신의 거리 간격을 없애는 데는 약 10초면 충분할 것이고, 당신은 곰의 저녁 식사가 될 것이다.

곰에게 반사된 햇빛이 당신의 눈을 통해 뇌에 있는 시신경에 잡히면, 당신에게 달려오는 곰이 마치 인쇄물처럼 머리에 찍힌다. 달려오는 곰의 인상이 당신의 수상관과 마음(지성 mind), 감정(emotion)에 나타나면, 마음과 신경을 곤두세우고 텔레비전을 보는 모습으로 당신의 주의를 환기시킨다. 당신의 마음은 곧바로 자료 검색에 들어가고 이 자극과 관련된 모든 자료가 기억 장치에서 나온다.

당신의 기억 장치에는 '곰은 겨울잠을 잔다' 등과 같이 지금 이 순간 검색할 필요 없는 정보들도 있다. 그 대신 당신은 '곰은 고기를 먹는데 나는 곰에게 고깃덩어리에 불과하다. 내가 달리기를 할 수도 있지만 곰이 사람보다 더 빨리 달릴 수 있다. 아무튼 나는 달리면서 생각할 수 있다. 나무에 오르는 것은 좋을 것이 없다. 나는 나무 꼭대기에서 먹힐 것이다'라고 생각할 수도 있다. 그런데 당신은 나무들 사이에 있는 조그마한 오두막 하나를 지금 막 발견했다. 그리고 당신의 마음은 지금 '저 오두막으로 갈 수 있다'라고 말한다.

이 모든 선택은 당신의 마음(지성)이 문제를 해결할 수 있다고 믿는 의지에 추천된 것이다. 그러면 의지는 추천된 선택 가운데 하나를 골라야 한다.

그러는 사이에 감정은 나름대로 동작을 취하기 시작한다. 감정은 이 상황에 맞는 상태를 하나 선택하여 취하게 되는데, 바로 '공포'다. 1부터 10까지의 수치에서 그 크기는 10에 해당한다. 그러므로 감정은 10 정도의 최고의 한계 수준에서 의지에게 타격을 가한다. "곰이 나를 산 채로 먹을 것같이 느껴진다. 그러니 움직여라!" 지금 감정은 의지에게 강력한 동기 부여자가 된다. 감정이 10의 수준에서 말할 때 의지는 그것에 복종하도록 강하게 영향을 받는다.

마음과 감정에게 함께 동기를 부여받은 당신의 의지는 근육으로 하여금 몸을 움직여 다리를 가능한 한 빨리 오두막으로 옮기도록 두뇌에게 급히 명령한다. 감정은 의지의 허락 없이(감정은 자율신경의 영향) 대동맥에 아드레날린의 흐름을 유발할 수 있는 능력을 하나님께 부여받았다(인간 스스로 감정을 컨트롤할 수 없는 이유).[2] 육신은 36미터의 거리를 4.6초 만에 주파하는 세계기록을 남긴다.

이 오두막은 철도의 버팀목으로 지어져, 심지어 지붕까지도 요새와 같이 튼튼한 구조로 되어 있다. 또 덩굴로 덮여 있어서 건축의 구조를 알아볼 수가 없다. 안으로 들어가면 당신은 참나무로 만든 7cm 이상 되는 두께의 문을 세게 닫는다. 문 뒤의 틀에 거대한 나무 막대를 걸어 놓는 순간 당신은 오두막 안에서 안전해진다.

나무 막대를 문에 걸어 놓는 순간 당신의 발끝까지 쫓아오던 곰은 닫힌 문에 코를 부딪치고 만다. 곰은 완전히 멈추었다. 다시 일어난 곰은 조그마한 창문에 눈만을 겨우 들이대고 당신을 쳐다보며 격정에 휩싸인다. 이제 당신은 안심해도 된다. 나는 그 곰이 오두막 안에 들어가지 못하게 할 것이다.

이 지역에 대해 낯선 당신은 이 오두막의 건축 구조에 대해 아는 바가 없으며, 밖에 있는 덩굴과 오두막 안의 어둠으로 무슨 일이 생기지나 않을까 하고 공포로 떨며 오두막 벽에 달라붙어 있다. 그러나 잠시 기다려 보라. 기억하는가? 당신은 오두막 안에서 안전하다고 말했다. 당신은 지금부터 당분간 오두막 안에서 할 일이 없기 때문에 누워 말씀을 묵상할 수도 있고 앉아서 기도할 수도 있다.

그런데 문제는, 당신이 안전하다는 사실을 알지 못한다는 것이다. 감정은 의지에게 말한다. "나는 저 곰이 뚫고 들어와 나를 먹을 것처럼 느껴, 그리고 그 느낌의 정도는 14야!" 감정의 강도에 영향을 받은 마음은 다음과 같이 말한다. "이 상황에 대해 나는 너무도 강한 느낌을 받기 때문에 나는 내 감정이 사실을 말하고 있다고 믿어. 나는 곰에게 먹힐 거라고 믿는데 그 믿는 정도는 8이야!" 반대되는 입장이 전혀 없는 의지는 두뇌에게 근육으로 하여금 곰에게 잡아먹힐 것 같은 사람처럼 행동하라고 명령한다. 이제 당신은 벽지같이 딱 달라붙어 경직되어 있다.

당신은 안전한 오두막에서 얻는 이익이 하나도 없이 그곳에서 심장마비로 죽을 수도 있다는 사실을 아는가? 당신은 안전하지만 그것을 모르고 있다.

이러한 상황을 네 가지 단계를 통해 잘 조사해 보자. 첫째로 당신은 지금 오두막 안에서 안전하다.

1단계: (진리) 당신은 안전하다.

이것은 사실이다. 그러나 당신이 안전한 것을 알지 못하기 때문에 당신은 아직도 심장마비로 죽을 수 있는 가능성이 있다. 그렇다면 당신의 안전함이 어떤 유익을 주는가? 아무런 유익도 주지 않는다. 안전한 것만으로는 충분하지 않다. 당신은 안전하다는 것을 믿어야 한다.

이 이야기에서 결정적인 것은 '시간'이다. 시간이 지날수록 당신은 상황을 좀 더 관찰하고 궁극적인 결론에 도달하게 된다. '나는 이 오두막에서 안전하다고 믿는다.' 이것이 믿음이다.

1단계: (진리) 당신은 안전하다.
2단계: (믿음) 내가 안전함을 믿는다.

이것은 그리스도에 대한 믿음이 아니라 오두막에 대한 믿음이다.

당신은 오두막을 믿고 또한 당신의 필요를 채워 줄 오두막의 능력을 믿는 것이다. 당신이 내가 말하는 '감정적 육체'를 가지고 있다면 다른 사람보다 2단계에 도착하는 데 많은 시간이 소요될 것이다. 당신은 대개 감정이 말하는 것을 그대로 믿는 육체적 삶의 방식을 가지고 있다. 당신은 당신의 감정을 믿음으로써 '진리'에 다다른다. 당신은 그것을 믿음의 대상으로 만든다. 믿음은 마음의 기능이다. 이것은 어떤 것을 신용한다는 것을 의미하며, 반드시 그 대상이 있어야 한다. 당신이 행동을 취하는 것은 믿음에 근거해서지 감정에 근거해서가 아니다. 감정이 믿음의 대상이 되게 하는 것은 치명적인 실수다.

이제 2단계가 되었다. 당신은 다음과 같이 말한다. "참으로 감사하다! 이 오두막이 아니었다면 나는 이미 죽은 목숨이야!" 그런데 당신은 얼마나 당신이 안전한지를 말하면서도 아직 벽에 달라붙어 있다. 당신은 2단계에 다다르고도 아직도 믿음과 함께 심장마비로 죽을 수 있다는 것을 깨닫는가? 이 상태에서 믿음이 가져다주는 유익은 무엇인가? 아무것도 없다. 왜냐하면 이것은 행동 없는 믿음이기 때문이다. 적절한 행동이 없는 믿음은 당신에게 한 점의 유익도 가져다줄 수 없다. 당신은 아무런 믿음이 없는 것과 다를 바 없다(약 2:17).

당신은 안전하다는 것을 알면서도 왜 안전하지 못한 것처럼 행동하는가? 왜냐하면 감정은 아직도 '10'에 머물러 있는 반면에 (마음속에 있는) 당신의 믿음의 강도는 '2' 정도에 불과하기 때문이다. 의지는 무엇이 더 나은지를 알면서도 감정에 따라 상황 판단을 한다. 현재 감정의 추천은 마음의 제안보다 5배 정도 강한 힘을 발휘하고 있다. 의지는 감정의 위협 가운데 그 압력을 완화시키기 위하여 감정의 요구에 따라 선택하고 만다. 그러나 누가 실제 우두머리인지 기억해 보라. 의지는 선택이 흔들릴 정도로 아무리 강한 압력을 받더라도 감정이나 마음 혹은 그 모두를 동시에 통제할 수 있다. 그것이 의지의 책임이다.

🌿 구원받은 느낌

이 믿음과 감정의 불일치는 영적으로도 매우 직접적이고 중요한 의미가 있다. 내가 목회자로 사역할 때 많은 사람들이 찾아와 이렇게 말했다. "나는 예수님이 나를 구원하시도록 할 수가 없습니다. 그분께서 내 안에 들어오시도록 노력해 봤지만 한 번도 들어오시지 않았습니다. 나는 그분을 도무지 느낄 수가 없습니다. 내 생각에 한 번 정도는 내 안에 들어오셨던 것 같습니다. 그렇지만 곧 사라지고 말았습니다." 그들은 구원받은 느낌을 요구하고 있다. 이 사람들은 전형적으로 '감정적인 사람들'이다. 그들은 만일 뭔가를 느끼지 못하면 어떤 것도 실제로 받아들이기 힘들어한다.

그러나 하나님은 사람이 구원받은 것을 느낄 것이라고 말씀하신 적이 없다. 다만 이렇게 말씀하신다. "주 예수를 믿으라 그리하면 너와 네 집이 구원을 받으리라"(행 16:31). 구원받은 느낌을 얻을 것이라고 말씀하지 않았다. 전문기관의 통계에 의하면, 구원받을 때 느낌이 있는 자와 없는 자가 거의 반반이다(은사주의 신자들이나 아닌 사람들이나 비슷하다). 하나님은 어떤 사람들에게는 느낌을 주시고 어떤 사람들에게는 느낌을 안 주신다. 느낌을 주시고 안 주시고는 '하나님의 영역'에 속하는 것이라 생각된다.

그러나 비록 하나님께서 당신에게 그리스도인으로의 삶을 성장시키기 위해 활기찬 느낌을 주신다 하더라도, 이것은 약 3개월 정도의 보증밖에 되지 않는다. 언젠가는 사라진다. 하나님께서는 때때로 그러셔야 하는데, 당신의 감정에 지배받는 육체적 삶의 방식을 강화시키실 아무런 이유가 없다. "믿음이 없이는 하나님을 기쁘시게 하지 못하나니…"(히 11:6).

하나님은 당신이 성령 안에서 믿음의 삶을 살도록 훈련시키신다. 이 훈련에서 중요한 것은, 감정은 당신이 의지할 수 있는 것이 못 되며, 오직 당신이 의지할 수 있는 것은 하나님뿐이라는 것을 가르치는 것이다. 때때로 하나님은 당신이 조절할 수 있는 활기찬 느낌을 주시기도 하지만, 그것을 계속 지속시키지는 않으신다. 가끔 우리는 하나님이 여름 휴가차 화성으로 떠나신 것처럼 느낄 때가 있다. 하나님은 당신이 느끼는 것이 아니라 아는 것에 의해 삶을 살도록 훈련시키시려고 잠잠히 계실 때가 있다. 그러나 실제로 그때마다 당신을 떠나신 것일까? 아니다. 주님께서 어떻게 그러실 수가 있겠는가? 그분은 당신의 생명이시기에 만일 그분이 정말 당신의 육체를 떠난다면 당신은 죽게 되어 있다. 당신의 의무는 모든 것이 그분의 통제하에 있다는 것을 믿는 것이다. 이를 위해 하나님은 당신에게 시험 기간을 허락하신다. 염려하지 말고(빌 4:6) 당신이 아는 바를 따라 계속 나아가라.

☘ 행함

알래스카 오두막 이야기로 돌아가자. 당신은 이제 성경에서 말하는 '행함'의 3단계에 도착하게 된다. 그것은 행위, 활동, 행동 등을 의미한다. 당신이 믿음에서 유익을 얻으려면 그 믿음에 행동이 수반되어야 한다. 마음이 말한다. "저 곰은 이 오두막 안으로 들어올 수 없어! 지금 내 손은 땀에 젖었고 입술은 말라붙었으며, 두근거리는 심장과 떨리는 무릎으로 이렇게 벽에 붙어 있어. 만일 어떤 행동을 취하지 않는다면 나는 심장마비에 걸리고 말 거야. 벽에서 떨어져! 저 마루 위에 앉아서 진정해!"

감정 대신 마음(지성)의 제안에 따라 의지(will)가 행동하기 시작하며 감정을 조금씩 누르기 시작한다. 당신은 자신에게 말한다. "이제 진정해. 떨쳐 버려. 천천히 심호흡을 하고 눈을 감자. 곰을 보지 말자. 곰을 보면 감정이 다시 살아날 거야. 곰의 소리에 귀를 막고 꽉 다문 입과 천장에 붙은 혀를 풀자. 이제 긴장을 풀고 편하게 쉬자!"

당신은 지금 '안전한 사람처럼 살도록' 자신을 이끌어 가고 있다. 당신은 믿음에 따라 자신의 행동을 진리에 맞추어 가고 있다. 성경은 이것을 '빛 가운데 사는 삶'이라고 말한다. 당신의 마음이 자신의 안전한 상황에 대해 좀 더 많은 정보를 얻었기 때문에 감정의 추천에 반대하는 행동 양식을 선택할 수 있게 된 것이다. 아마도 믿음의 대상(오두막)에 대해 좀 더 알게 되면서 당신의 믿음이 증가되었을 것이다. 의지는 이제 마음의 연약한 제안에 더 호의를 갖고 감정의 강력한 추천을 통제하는 것이 지혜롭다고 결단했다. 따라서 당신은 3단계에 도달하게 되었다.

1단계: (진리) 당신은 안전하다.
2단계: (믿음) 내가 안전함을 믿는다.
3단계: (행함) 안전한 사람처럼 산다. 안전한 사람처럼 행동한다.

🌿 가장 강한 힘이 지배한다

의지가 감정을 제외한 당신 몸의 각 부분을 마루에서 휴식을 취하도록 몰아 가면서, 하나님께서 원래 의지에게 주신 권위를 행사함으로써 이제 4단계가 전개되기 시작한다. 우리는 이 4단계를 '감정'이라고 칭한다.

1단계: (진리) 당신은 안전하다.
2단계: (믿음) 내가 안전함을 믿는다.
3단계: (행함) 안전한 사람처럼 산다. 안전한 사람처럼 행동한다.
4단계: (감정) 결국 어느 정도 안전함을 느끼기 시작한다.

당신이 안전한 사람들의 행동 방식을 선택했기 때문에 당신의 감정은 서서히 이에 반응하기 시작한다. 4단계의 감정을 들어 보자. "나는 결국 어느 정도 안전함을 느끼기 시작한다." 다시 말하면, 당신은 감정을 완전하게 지배할 수 없다는 것이다. 이것은 사실이다. 당신은 어느 정도의 통제력을 행사할 수는 있어도 완벽하게 통제할 수 없다. 인간의 힘으로는 불가능하다. 하나님은 우리가 감정을 지배할 수 없도록 창조하셨다(감정은 자율신경의 영향을 받음). 구원받은 자로서 당신은 마음과 의지를 통제할 수 있지만 감정을 통제할 수는 없다. 하나님께서 원하시는 것은, 우리가 하나님을 믿고 우리가 어떤 느낌이든지 그분의 사랑과 보호, 권위에 복종하는 것을 선택하는 것이다. 결론적으로 말하면, 어떻게 느끼든지 간에 그 감정은 덮어 두라는 것이다.

🕊 예수님은 자신의 감정을 통제하지 못했다

　예수님은 이 지구상에 계시는 동안 자신의 감정을 통제하지 못하셨다. 이것에 대해 생각해 본 적이 있는가? 주님은 인간의 형상과 그에 따른 한계를 선택하셨다(빌 2:5-8, 인간의 몸을 입으신 하나님). 십자가 처형 전날 밤 동산에서의 모습을 생각해 보라. 성경은 "예수께서 힘쓰고 애써 더욱 간절히 기도하시니 땀이 땅에 떨어지는 핏방울같이 되더라"(눅 22:44)라고 묘사한다. 예수님의 육신이 피땀을 흘릴 때 감정은 어떠했겠는가? '리히터 수치 14'였다. 당신의 감정은 결코 그 정도까지 간 적이 없었다.

　당신이 주님과 함께 동산에 앉아 주님께 이렇게 질문했다고 하자. "죄송하지만 예수님, 지금의 상태(모습)는 주님께서 평소에 말씀하시던 평화를 잃어버린 모습이 아닌가요?" 그러면 주님은 다음과 같이 말씀하실 것이다. "그런 것이 아니다. 내게는 굉장한 평화가 있다. 그러나 이것은 인간의 이해를 넘어선 평화다. 내가 소유한 평화는 어떤 것을 아는 것이다. 이것은 마음(mind)의 기능이지 감정의 상태가 아니다. 하늘에 계신 내 아버지께서 모든 것을 통치하고 계심을 아는 것이다. 나는 인간의 형상을 입고 오기 전에 아버지와 내일 있을 사건을 놓고 이미 토의한 적이 있다. 시간이 다가올수록 나는 두려워져서 아버지께 다른 길이 없는지 여쭈어 보았으나 내가 받은 것은 그분의 침묵뿐이다."

　그리스도께서 침묵의 응답을 받으셨는지 내가 어떻게 알게 되었을까? 만일 하나님께서 "안 된다"라고 말씀하셨다면 주님은 계속해서 간구했을 것이고(주님은 세 번 기도하심), 그렇게 되면 반항하는 결과를 가져오게 되므로 예수님이 우리의 구세주가 될 수 없었을 것이다.

침묵은 승리하는 그리스도인의 삶에 있어 매우 정상적인 모습이다. 침묵이 흐를 때, 우리는 성경이 가르치는 우리를 위한 하나님의 의지를 믿고 계속 앞으로 나아가면 된다. 만일 침묵의 이유가 우리와 하나님의 잘못된 대화 통로에서 기인한 것이라면, 하나님께서 우리를 위해 올바르게 해주실 것임을 믿어야 한다. 나는 내 삶을 주님의 의지대로 살기 원하고 주님 또한 그러하시다. 내가 주님의 의지를 찾고 있는 가운데 만일 내가 주님이 바라시는 방향에서 조금 이탈했다면 이것은 그분의 움직임이다. 나는 주님께서 나를 인도하신다고 믿으면서, 내가 주님의 말씀과 주님께서 원하시는 삶의 방식을 이해하는 정도에 따라 행동하게 되는 것이다.

예수님은 계속해서 감정에 대해 말씀하실 것이다. "인간들은 종종 내가 말하는 평화를 이해하지 못한다. 왜냐하면 그들이 이해하는 평화는 전형적인 감정이기 때문이다. 그들은 평화롭다고 느끼기를 원한다. 그들이 마음에 충만한 평화가 있다고 네게 말하겠지만 사실은 그렇지 않다. 이것은 단지 그들의 기분이 좋은 것이고, 그들은 이 좋은 기분에 자신의 마음을 고정시킨 것뿐이다. 만일 고된 상황이 닥치면 그들은 금방 마음이 평화를 잃어버렸다고 말할 것이다. 그러나 그들의 마음에는 애초부터 평화가 없었다. 이것은 단순히 그들 감정의 리히터 수치 정도가 내려간 것뿐이었고, 지금은 그들이 얼마나 안 좋은 기분을 느끼는지에 마음을 두고 있는 것이다. 이것은 항상 마음의 평화가 아니라 감정(feel)의 평화였다."

감정을 통한 사탄의 속임과 하나님이 정하신 승리하는 길

이제 당신은 이해할 것이다. 사탄은 어떻게 해서든지 그리스도인이 처한 상황을 이용하여 그를 속이기 위해 자신의 사고방식을 집어넣으려고 최대한 노력한다. 간교한 책략은 그의 실체가 발각되지 않도록 낮은 자세를 유지하면서(심지어 1인칭으로 속임), 가능한 '옛사람'의 경험 가운데 자리 잡은 생각들에 매우 '익숙한' 생각들을 불어넣는 것이다. 일단 당신이 이러한 생각들을 받아들인다면 당신은 지금 자신의 생각을 통해 죄를 짓는 것이다. 당신은 그 생각들을 거절하는 데 실패했다. 이제 내적인 좌절들을 통해 나오는 명백한 행동들이 나타날 것이다. 이러한 행동은 다시금 그 사람의 독특한 육체적 삶의 방식을 나타내는 하나의 기능이 된다.

당신은 감정이 느끼는 것을 믿고 행동의 과정을 통해서 실제로 승리하는 그리스도인의 삶을 이룰 수 없다. 하나님께서는 계속해서 순간마다 일정하게 승리할 수 있는 유일한 길을 정해 놓으셨다. 그 길은 진리(사실)에 대한 믿음과 순종의 길이며, 결코 감정에서 비롯되지 않는다. 그 길은 성경적 단계들을 올바른 순서로 적용하는 데 있다. '진리, 믿음, 행동, 그리고 감정.' 만일 감정이 내키지 않는다면 그냥 덮어 두라. 주님께서 원하시는 한 감정 없이도 완전한 승리의 삶을 살아갈 수 있다. 처음 세 가지만으로도 승리는 가능하다. 하나님은 그렇게 할 수 있도록 은혜를 더하실 것이다. 그저 따라가면 된다. 하나님은 당신에게 믿음으로 성령님 안에서 사는 삶을 가르치신 후에 주님의 때를 따라 당신의 감정을 돌보실 것이다.

당신의 감정 상태는 당신이 승리의 길을 걷고 있는지 아닌지를 판단하는 기준이 절대로 될 수 없다. 믿음으로 하나님의 말씀 위에 서서 순종의 길을 걷는 것만이 당신이 신뢰할 수 있는 유일한 기준이다.

계속해서 순간마다 일정하게 승리할 수 있도록 하나님이 정하신 유일한 길의 첫 단계는 성경이 말하는 진리를 아는 단계이다. 성경에서 말하는 진리는 다음과 같다. 첫째, 그리스도인은 그리스도의 죽음, 장사됨, 부활, 그리고 하나님 우편에 앉아 계심을 통해 주님과 하나가 되었다. 둘째, 그리스도는 이 지구상에서 내 생명이자 삶이며, 그분의 의지는 나를 통해 사신다. 셋째, 나는 그리스도의 승리 가운데 그분 안에서 쉬고 있다(마 11:28-30).

다음 단계는 믿음의 단계다. 나는 당신이 이 단계를 수행할 만큼 충분한 믿음을 소유하고 있는지 궁금하다. 뛰어난 많은 성경공부 교사들은, 당신이 더 이상 승리할 수 없는 이유가 당신의 믿음 부족이라고 말할 것이다. 자, 간단한 퀴즈로 그 여부를 알아보도록 하자. 당신은 성경이 하나님의 말씀임을 믿는가? 아마도 "물론입니다"라고 대답할 것이다. 그렇다면 당신은 시험을 통과했다. 당신은 필요한 만큼의 충분한 믿음을 가지고 있으므로 좀 더 많은 믿음을 위해 구걸할 필요는 없다. 성령 충만한 가운데 살아 나가기 위해 필요한 분량의 믿음은 이미 다 갖고 있다(롬 12:3). 당신은 더 많은 믿음이 필요한 것이 아니라 믿음의 대상에 대한 더 많은 지식이 필요한 것이다.

하나님의 사랑과 신용은 언제나 의지할 만하다. 당신은 반드시 그분께 믿음을 두어야 한다. 그분은 당신에게 아름다운 믿음의 대상이 된다. 위대한 믿음이 필요한 것은 아니다. 그러나 믿음의 대상에 대한 좀 더 올바른 이해(앎)가 요구된다.

다음 단계는 행함의 단계다. '믿음을 가지고 있는 것'만으로는 충분하지 않다. 당신이 성령님 안에서의 삶을 살려면 당신의 믿음에 무언가를 더해야 한다. 당신은 믿음을 가지고 있는 것처럼 행동해야 한다. 당신을 통해서 그리스도께서 사시는 것처럼 행동해야 한다. 믿음을 따라 행동으로 나타내야 한다. "행함이 없는 믿음은 그 자체가 죽은 것이라"(약 2:17).

육체를 좇는 삶은 항상 '표적을 구함'으로써 하나님의 말씀 대신에 표적에 의지하고자 한다. 하나님께서 하신 말씀보다는 표적이 믿음의 대상이 되는 것이다.

마지막 단계는 감정이다. 믿음과 순종의 길을 계속 걸으면서, 내가 느끼는 것이나 혹은 하나님의 말씀을 거짓되게 만드는 '주위 환경적 증거'들에 마음을 두기보다는 사물이 어떤 것인지에 대한 실제 모습에 마음을 고정시킬 때, 하나님께서는 나의 '고착된 감정의 문턱'을 좀 더 낮추기 시작하실 것이다. 나는 마음을 새롭게 함으로 변화될 것이다(롬 12:2). 그러므로 우리는 마지막 단계를 완성하게 된다.

기억하라. 평안은 감정이 아니라 앎이다. 하늘 아버지께서 모든 것을 통치하신다는 것을 아는 것이며, 당신이 예수 그리스도 안에서 함께 천국에 앉아 안식을 취하고 있다는 것을 아는 것이며, 또한 그리스도께서 당신 안에 지금 살고 계심을 아는 것이다.

지금 아버지 하나님 앞에서 경배하라. 우리의 능력이 아닌 우리를 통한 그분의 능력으로, 이 세상이 주는 어떤 것이든지 직면할 수 있게 하는(은혜의 삶을 살게 하는), 환상적으로 혁신적이며 영광스럽고 은혜로운 계획을 꿈꾸게 하시는 그분을 찬양하라.

11장
왜 그리스도인이 죄를 짓게 되는가

성경은 사탄을 '속이는 자'라고 부른다(요이 1:7). 이번 장에서는 사탄이 당신을 하루에도 얼마나 많이 속이고 있는지 살펴볼 것이다(지피지기면 백전백승). 그는 우리의 선택에 영향을 주기 위해서 자신의 방법을 위장한다. 그러나 하나님은 창세기에 있는 말씀 속에서 속이는 자의 전략을 밝히 드러내 보이셨다. 그리고 그리스도인들이 이것을 이해하기 원하신다. 성령님만이 우리에게 지식을 주실 수 있다. 이 장을 통해서 성령께서 가장 강력하게 해방시키는 진리 가운데 하나를 당신에게 계시해 주실 것이다.

❦ 사탄의 위장물 아래쪽을 보라

많은 사람에게 내 말이 이상한 가르침인 것처럼 들릴 것이다. 왜냐하면 사탄은 어떻게든 많은 그리스도인을 속이려고 온갖 수단을 다 동원하기 때문이다. 그러므로 싫어도 내 이야기를 좀 더 들어 주기 바란다. 이 장을 읽다가 중도에 포기하지 말기를 거듭 부탁한다. 그렇게 하는 것은 마귀를 기쁘게 하는 일이 될 것이다.

성경은 '죄'라고 불리는 악한 세력이 사람 안에서 활동하고 있음을 가르쳐 준다. 내가 말하는 죄는 사소한 어떤 죄(a sin)를 말하는 것이 아니라 '죄'(sin)라 불리는 세력에 관한 것이다. 나는 이런 '죄'라고 불리는 세력이 우리를 대적하는 사탄의 비밀 병기라고 믿는다.

죄의 세력은 창세기에서 처음으로 그 추악한 머리를 쳐들었다. 창세기에서 하나님은 아벨을 살해할 것을 궁리하고 있는 가인에게 이렇게 말씀하셨다. "네가 선을 행하면 어찌 낯을 들지 못하겠느냐 선을 행하지 아니하면 죄가 문에 엎드려 있느니라 죄가 너를 원하나 너는 죄를 다스릴지니라"(창 4:7). 이 구절 안에는 우리를 속이는 마귀의 수단을 폭로하는 열쇠가 감추어져 있다. 이제 같이 한번 살펴보자. 창세기 4장 7절의 말씀에서 진하고 밑줄로 표시한 부분은 히브리 본문을 문자 그대로 번역한 것이다. "**죄**가 문에 엎드리고 있다. <u>그의</u> 소원이 네게 있으나 너는 그를 다스릴지니라." 여기서 하나님이 당신에게 무엇을 계시하시는지 알겠는가? 하나님은 우리에게 속이는 사탄의 수단을 밝히 드러내셨다.

하나님은 이 구절에서 죄라는 명사를 인격화하면서 우리에게 굉장한 비밀을 계시하셨다. '인격화한다'는 것은 사람이 아닌 사물이 인격과 생각을 갖게 하는 것을 의미한다.

이 구절에 나오는 '죄'라는 단어는 (행동을 나타내는) 동사가 아니다. 그것은 (사람, 장소 또는 사물을 나타내는) 명사다. 하나님이 '죄가 문에 엎드린다'라고 말씀하셨을 때 그 '죄'란 것은 행동이 아니라 어떤 인격이나 장소 또는 사물을 의미하는데, 이런 죄가 바로 가인과 우리를 손아귀에 넣고 싶어 한다. 그러나 이 죄는 다스릴 수 있는 것이다. 하나님은 죄를 명사로 인격화하셨다. 하나님은 '죄'라는 존재는 어떻게든 가인에게 영향을 미칠 수 있다고 말씀하셨다. 가인이 자신의 형제를 죽이려는 생각을 품고 있을 때, 하나님은 '죄'라고 칭한 어떤 세력이 중요한 역할을 하고 있음을 말씀하셨다.

나는 이것이 당신들 대부분에게 새로운 가르침이 되리라는 것을 실감한다. 이것은 내 상상력에 의한 허구가 아니며 헛소리를 하는 것도 아니다. 이것은 성경에 나타난 하나님의 계시다. 성령께서 당신에게 이 속임을 밝히 드러내 주시도록 신뢰하면서 천천히 이 부분을 반복해서 읽어 보라. 죄라고 불리는 어떤 것이 지금 가인의 마음과 전쟁을 벌이고 있다. 나는 우리가 전부 귀신에 사로잡혀 있다고 가르치는 것이 아니다. 그러나 이 구절은 우리가 내부에 파괴적인 동인(어떤 현상을 일으키거나 변화시키는 원인)을 가지고 태어났음을 말하고 있고, 당신은 이에 동의해야 할 것이다.

이것이 바로 하나님께서 말씀하신 우리를 속이는 능력을 가지고 있는 세력이다. 이번 장에서 우리는 신약성경을 통해 바로 그 세력이 당신을 어떻게 통제하고 있는지 알아보려 한다. 하나님은 창세기 4장 7절에서 다음과 같은 일을 시키는 것이 죄라고 묘사하셨다.

- 가인을 설득한다(persuade).
- 가인을 부추긴다(entice).
- 가인을 유혹한다(tempt).
- 가인이 자기 스스로 일을 감행하도록 이끈다(lead).

- 가인에게 하나님을 대항하여 반역함으로써 자신의 문제를 해결하라고 제안한다(suggest).
- 가인이 아벨을 죽일 것을 제안한다(suggest).

위에서 말한 모든 것들은 내가 말한 것이 아니라 하나님께서 암시하시거나 말씀하신 것이다. 하나님은 우리를 향한 사탄의 위장술을 꿰뚫어 보고 계신다. 신약성경을 보면, 하나님은 계속 사탄의 위장을 통찰하고 계심을 알 수 있다. 하나님이 '죄'라고 칭하신 이것은 동사가 아니라 명사다. 죄의 세력이 어떻게 가인으로 자신의 형제를 죽이게 했는지를 공부하면서 얻은 하나님의 통찰력을 가지고, 이제는 한 걸음 더 나아가 하나님께서 우리를 위해 준비해 두신 다음의 정보를 연구해 보자.

다음의 표는 우리의 진정한 선생이신 성령님의 특성과 죄의 세력이 갖는 특성을 비교한 것이다. 이것은 죄의 세력이 우리로 어떻게 악을 행하게 하고 하나님의 뜻을 행하지 못하게 하는지에 대한 훌륭한 지식을 줄 것이다.

하나님의 성령	죄의 세력
1. 진리를 가르치신다.	1. 거짓말을 가르친다.
2. 좋은 일에 대해서는 예수님과 하나님 아버지께 공을 돌리고, 악한 일에 대해서는 사탄을 나무라신다.	2. 우연, 환경, 운이 좋은 것을 믿고, 나쁜 일에 대해서는 하나님을 비난한다.
3. 하나님의 말씀을 해석하고 인준한다.	3. 성경 전부 혹은 일부의 유효성을 부인한다.
4. 하나님과 예수님의 실체를 확인해 주며 두 분에게 찬양과 영예를 돌린다.	4. 하나님을 무능하게 묘사하고, 예수님을 유약하고 여리고 비극적인 인물로 묘사한다.

5. 하나님의 말씀을 따르는 것이 사람에게 최상임을 가르친다.	5. '문화적으로 바른 것'이 사람에게 최상이라고 가르친다.
6. 우리가 죄에 대하여 민감하게 깨닫도록 하신다.	6. 죄에 대한 우리의 감각을 무디게 한다.
7. 우리의 영 안에 거하신다(고전 6:17).	7. 우리의 몸에 거한다(롬 7:23).
8. 우리의 마음에 생각을 주신다.	8. 우리의 마음에 생각을 준다.
9. 우리를 설득하신다.	9. 우리를 설득한다.
10. 우리를 의의 길로 인도하려고 애쓰신다.	10. 우리의 길을 불의의 길로 인도하려고 노력한다.
11. 우리가 죄를 지었음을 알게 하신다(convict).	11. 우리가 죄를 지었을 때 정죄한다.
12. 정당한 죄의식을 이용하신다.	12. 거짓된 죄책감을 사용한다.
13. 하나님을 사랑하는 아빠로 묘사해 주신다(갈 4:6).	13. 하나님은 불공정한 폭군으로 묘사한다.
14. 그리스도와의 친밀함을 증진시킨다.	14. 하나님의 무서운 면을 증폭시킨다.
15. 우리를 하나님께로 이끈다.	15. 하나님으로부터 우리를 소외시킨다.
16. 우리의 주변 여건을 하나님의 참된 지식에 따라 해석하신다.	16. 우리의 주변 여건을 하나님의 참된 지식에 반하게 해석한다.
17. 항상 진리를 말씀하신다.	17. 항상 거짓말을 하거나 진리를 왜곡한다.
18. 성경의 실제 상황(context)을 이용하여 성경을 해석하면서 우리를 인도하신다.	18. 성경의 실제 상황(context)과 분리시켜 성경을 해석하면서 우리를 인도하다.

나는 우리가 죄의 세력을 깨닫지 못하는 원인이, 사탄이 항상 우리에게 죄라는 영어 단어를 명사가 아닌 동사로 둔갑시켜서 알려 주기 때문이라고 믿는다. 영어로 그 단어는 꼭 같은 말처럼 보인다. 그러나 헬라어를 사용하는 문화권, 예를 들어 신약성경에 있는 교회들이 속한 문화 속에서는 '하마르티아'(hamartia)라는 명사와 '하마르타노'(hamartano)라는 동사를 구별하는 데 결코 혼란이 없을 것이다.

누군가 이렇게 말한 적이 있다. "영어가 포니 자동차 정도라면, 헬라어는 제니시스 자동차쯤 된다." 여기서는 영어가 속이는 자의 손에 이용된 꼴이다.

🍃 심오한 계시

'죄'라 불리는 이런 속이는 자의 동인은 죄인들과 성도들을 대적하여 전쟁을 벌인다. 로마서 7장은 우리에게 '죄'(he)라는 것이 어떻게 그런 일을 하는지에 대한 세부 내용을 전해 주고 있다.

로마서 7장 15절에 나오는 행위자를 세어 보라. "내가 행하는 것을 내가 알지 못하노니 곧 내가 원하는 것은 행하지 아니하고 도리어 (내가) 미워하는 것을 (내가) 행함이라." 당신은 이 구절 안에서 얼마나 많은 행위자를 발견하는가? 오직 하나, '나'다.

그러나 17절과 20절에서는 모두 두 명의 행위자가 있음을 나타낸다. 즉, '나'와 '죄'라고 하는 세력이다. "이제는 그것을 행하는 자가 내가 아니요 내 속에 거하는 죄니라"(17절). '나'와 '죄'라는 두 행위자를 주목하라. "만일 내가 원하지 아니하는 그것을 (내가) 하면 이를 행하는 자는 내가 아니요 내 속에 거하는 죄니라"(20절). 여기서도 다시 '나'와 '죄'가 나온다.

나는 매사에 우리가 '마귀가 내게 그 일을 하도록 시켰어'라고 생각하게 하는 몰상식함을 가르치려는 것이 아니다. 내가 지적하고자 하는 것은, 우리 삶의 시나리오에는 이제 '나'와 '죄'라는 두 개의 행위자가 있다는 점이다. 이 구절들은 죄가 되는 생각을 품거나 죄가 되는 행위를 범할 때, 나 혼자서 그것을 연출하고 있는 것이 아님을 지적한다. '죄'라고 하는 세력이 조연출을 하고 있는 것이다.

그러나 나는 죄가 되는 행위를 범하거나 죄가 되는 생각을 품을 때 그 책임은 전적으로 내게 있다는 점을 아주 분명히 해두고 싶다. 나는 죄를 신비하고 존재하지 않는 죄스러운 본질 탓으로 돌리면서 책임을 회피할 수 있다고 가르치는 것이 아니다. 그것은 책임 회피의 수단일 뿐이다. 그런 비성경적인 입장을 취하는 사람은 자신의 죄에 대한 비난을 이미 그리스도 안에서 죽어서 존재하지 않는 옛 사람에게 투사한다(롬 6:2-8). 그것은 거부다. 로마서 6장에서 8장에 이르는 본문 중 어디에서도 그것에 대한 문헌 상의 출처를 발견할 수 없다. 이런 오류는 그리스도인들이 사고의 영역에서뿐 아니라, 노골적으로 하루에도 수십 번씩 짓는 죄들이 대수롭지 않다는 잘못된 관념을 조장한다. 그런 속임은 거짓의 아비에게서 온 것이다.

하나님은 내가 죄를 짓는 바로 그 현장에 제2의 행위자가 등장하고 있음을 말씀하신다. 그것은 '죄'라고 하는 명사며, 창세기에서 하나님이 보여 주셨던 것과 동일한 세력이다.[1] 당신이 쉽게 찾도록 로마서 7장 15절을 다시 한번 써놓고 두 가지를 언급하고자 한다. "내가 행하는 것을 내가 알지 못하노니 곧 내가 원하는 것은 행하지 아니하고 도리어 (내가) 미워하는 것을 (내가) 행함이라."

1. 그리스도인은 속에서 내전하고 있는 것이 아니다

하나님께서 어떤 것을 단 한 번만 말씀하실 때도 최선을 다해 주의를 기울이는 것이 좋다. 그런데 만일 하나님이 어떤 것을 반복적으로 말씀하시고 있다면 우리는 그것을 메모지에 적어서 책장에 붙여 놓고 외워야 한다. 아주 중요한 것이기 때문이다.

로마서 7장 17절과 20절에 나오는 두 번째 행위자는 '죄'라는 명사다. 나는 주님께 물었다. "주님, 15절에는 단 하나의 행위자만 있는데 17절과 20절에는 두 개의 행위자가 있네요? 15절에서 사람이 타락할 때 죄가 사람 안에 들어왔기 때문에 죄가 사람 안에 있었다는 것은 알겠어요. 그러나 죄가 17절까지는 표면에 나타나지 않았거든요. 어떻게 15절에서 죄가 숨어 버렸을까요?" 이때 내게 성령께서 주신 것 같은 생각이 떠올랐다.

- 죄의 세력은 마음속에 1인칭 단수 인칭대명사(나는, 나에게, 나 자신, 나의 것 등)가 들어 있는 문장을 주입시켜 생각하게 함으로써, 우리 자신에 대해서 낮은 자아상을 갖게 만든다.
- 이렇게 주입된 생각들은, 우리가 죄의 세력에 대항하는 동안 우리 머릿속에 자리 잡고(뇌에 기억된) 있는 과거의 육적인 모형들을 통해 우리 마음에 떠오른다.
- 옛사람이 십자가에 못 박혀 죽었다는 것을 이해하지 못하는 그리스도인은 어수룩하게 그런 생각이 자신의 마음에서 생겨난 것이라고 믿으면서 받아들인다.

거기에 사탄의 비밀이 있다! 이것은 하나님으로부터 온 아주 강력한 계시다. 우리의 옛사람은 그리스도 안에서 십자가에 못 박혀 죽었으며(롬 6:6), 우리는 하나님과 올바르게 행동하고자 갈망하는(히 10:16), 말 그대로 새로운 피조물이 되었다(고후 5:17). 이것을 아는 것이 절대적으로 필요하다는 것을 당신은 이해하는가? 우리가 만일 이것을 주장하지 않으면, 우리는 자신을 마귀의 거짓말에 완전히 무방

비 상태로 노출시키는 꼴이 된다. 마귀는 우리가 두 가지 영적인 본질, 곧 의로운 본질과 죄악된 본질을 가지고 있는데, 이 두 가지 본질이 계속 서로 다툼을 벌이고 있다고 거짓말한다. 그것이 바로 사탄이 위장술로 속이는 관점이다. 어릴 적부터 배워 온 '선한 천사와 못된 악마가 우리 안에 함께 있다'고 하는 오래된 가르침은, 마귀가 연기를 피워서 진리를 거울처럼 희미하게 보이도록 하기 위해 만든 허튼수작이다. 성경은 옛사람은 그리스도 안에서 죽었으며 그와 함께 장사된 바 되었다고 분명하게 가르친다(롬 6:2-8).

당신의 옛사람은 당신이 거듭나기 전에 그리스도 안에서 십자가에 못 박혀 죽었다. 우리의 경험, 우리가 사고하는 삶의 영역, 그리고 우리의 감정을 토대로 보면 옛사람이 십자가에 못 박혀 죽었다는 것을 믿는 것이 비논리적인 것처럼 보일지 모른다. 그러나 하나님의 말씀은, 그리스도 안에 있는 새로운 피조물은 그리스도 안에서 십자가에 못 박혀 죽었기 때문에 어떤 죄의 본성도 가지지 않는다고 가르친다(롬 6:6과 그 밖의 여러 곳).

제발 NIV(New International Version) 영어 성경을 인용해 가면서 내가 잘못되었음을 증명하려고 하지 마라. 좋은 뜻을 가지고 NIV 성경을 번역했던 신학자들은 헬라어 단어 '사르크스'(sarx)를 '죄의 본질'(sinful nature)로 번역함으로써 그들 마음대로 비성경적인 번역이 되었다(NIV 성경에서 롬 7:18과 그 외의 구절들을 보라). 그것은 번역이 아니다. 그것은 종교적인 전통이요, 인간적인 견해다. 그들은 정직한 실수를 한 셈이다.

나는 이 번역본의 다른 모든 장점들에 대해서는 기꺼이 번역자들을 칭찬하고 싶다. 그러나 당신이 로마서 6장에서 8장을 주석할 생각이라면 이 성경은 이용하지 말라고 권하고 싶다. 왜냐하면 당신은 이 성경에서 옛사람이 십자가 죽음에서 되살아나는 기적적인 능력이 있다고 묘사하는 것을 발견할 수 있기 때문이다. 우리가 옛사람을 '십자가에 매달아 놓고' 있어야만 한다는 것은 어불성설이다. 옛사람은 십자가 위에서 이미 돌처럼 굳어져 버린 죽은 목숨이다. 그 옛사람은 단 한 번 십자가에 매달렸다. 그 후에 하나님은 그를 장사 지내셨다. 성도의 세례(침례)를 통해서 우리는 이 진리의 사실성을 정기적으로 기념한다. 세례란 우리의 옛사람이 그리스도와 함께 십자가에 죽고 장사 지낸 바 된 것과, 그리스도의 부활과 더불어 새롭게 태어남을 묘사하는 하나의 행위다.

"그러나 최 목사, 나는 여전히 죄를 짓고 있는데 어쩌나? 내가 어떤 생각을 하고 있는지 자네는 믿지 못할걸세. 내 속에서는 항상 전쟁이 벌어지고 있지. 그런데도 자네는 어떻게 내가 죄악된 본성을 가지고 있지 않다고 주장할 수 있단 말인가?" 그리스도인은 죄악된 본성을 가지고 있지 않다는 말이, 우리가 죄와 맞서는 전쟁에서 싸우지 않는다는 것을 의미하는 것은 아니다. 우리는 모두 마음속에서 계속 전쟁이 진행되고 있다는 것에 동의한다. 성경은 이것을 이렇게 기록하고 있다. "내 지체 속에서 한 다른 법이 내 마음의 법과 싸워 내 지체 속에 있는 죄의 법으로 나를 사로잡는 것을 보는도다"(롬 7:23).

그러나 당신이 사과를 따고자 하는 본성이 없이도 사과를 딸 수 있고, 돼지고기를 먹고자 하는 본성이 없어도 돼지고기를 먹을 수 있는 것처럼, 당신은 죄의 본성이 없어도 죄를 지을 수 있다. 본성이란 '기본적인 특성'으로 정의된다. 죄인들은 죄를 사랑한다. 성도들은 죄를 미워한다. 죄인들은 죄를 지을 수 있는 더 나은 방법을 찾기 위해 앞서서 계획한다. 성도들은 그것을 극복하는 법을 배우기 위해서 세미나에 참석한다. 우리의 기본적인 특성은 죄짓는 것을 피하는 것이다(그리스도인이 왜 죄를 짓는지 다루겠다).

성경은 우리의 싸움이 옛사람과 새사람 사이에 벌어지는 것이라고 기록하고 있지 않다. 성경은 우리의 싸움이란 새사람이 죄의 세력에 대항하여 벌이는 싸움이라고 묘사한다(롬 7:23). 당신과 나는 지금 우리 자신을 대항해서 전쟁을 하고 있는 것이 아니다. 우리는 내전을 하고 있는 것이 아니란 말이다. 설령 그것이 내전인 것 같아 보여도 우리는 성경을 믿어야 한다. 우리는 좋은 사람들이 나쁜 놈들과 벌이는 전쟁에 참여하고 있는 것이며, 여기서 우리는 좋은 사람들, 성도들 편에 서 있는 것이다.

2. 선한 당신이 죄(죄의 권세)와 싸운다

로마서 7장 15절은 통상적으로 성도들이 두 가지 본성(선하고 악한)을 가지고 있다는 것을 증명하는 구절로 인용되고 있으나 실제로는 그 반대를 증명한다. 즉, 우리가 선하다는 것을 증명한다. 바울은 악한 일을 행하면서 짜릿한 전율을 맛보고 있는 것일까? 그의 태도가 마치 "그래 어때, 죄를 지어도 하나님이 용서해 주실 텐데 뭐 정말 대단한 관계야!"와 같은 식의 막무가내일까? 절대로, 절대로, 절대로 아니다.

로마서 7장 18절을 보자. "내 속 곧 내 육신에 선한 것이 거하지 아니하는 줄을 아노니…" 주의하여 보라. 그는 자신이 선하지 않다고 말하지 않는다. 그러나 그의 육체 안에 선한 것이 거하지 않는다고 말한다. 그의 육신(body)에는 성령께서 거하시며 그분은 당연히 선하시다. 그러므로 바울은 육신이란 말을 과거의 고착된 사고와 감정의 방식인 육체적인 삶의 의미로 사용하고 있는 것이며, 이 육체적 삶 안에는 진정으로 선한 것이 거하지 않는 것이라고 했다.

그러나 그가 자신이 선하지 않다고 말하지 않는 것에 주의하라. 위 구절의 하반부를 보면, "원함은 내게 있으나"라고 말한다. 그는 자신의 선함을 따라 '살아 나갈' 수 있는 능력을 찾을 수 없는 선한 사람이다.

많은 그리스도인들의 생각은 "내 속 곧 내 육신에 선한 것이 거하지 아니하는 줄"이라는 구절을 온전히 이해하지 못함으로써, 내 속에 선한 것이 거하지 않는다는 말을 '증거' 삼아 우리가 100퍼센트 악하고 0퍼센트 선하다는 것이다.

물론 내 육체(과거 육체적인 삶) 방식들에는 선한 것이 없다. 그러나 그리스도 안에 있는 사람은 지금 선한 일을 하기 원하는 사람이다. 우리는 선한(성도, 의인) 사람들이다.

바울은 그 안에 있는 자신의 거룩한 본성에 맞춰 그의 행동을 이룰 수 없기 때문에 비참하다. 즉 그는 죄에 대해서 승리할 수 없기 때문에 비참하다. 이 사람은 선을 행하기를 열망한다. 그는 죄를 지은 후에 그것을 몹시도 미워한다. 그러나 그는 자신이 왜 그것을 그만두지 못하는지 납득하지 못한다. 한편 만일 이 사람이 성경에도 기록되어 있지 않은 신비로운 두 본성을 가지고 있는 것이라면 로마서 7장 15절은 이렇게 읽혀야 한다.

"내가 행하는 것을 나 자신이 아주 잘 아노니, 곧 원하는 것을 행함이라 나는 죄를 짓고 싶을 때 죄를 짓고 죄짓는 매 순간을 사랑한다. 나는 하나님께 순종하고 싶을 때 또한 순종한다. 나는 순간마다 내가 하고 싶은 것을 하며 그것에 대해 대단히 행복해한다. 우리가 천국으로 가는 도상에 있다는 것을 아는 일은 재미있지 않은가?"

어떤 사람이 축구를 하는 것과 농구를 하는 것을 똑같이 좋아하는데 어느 것을 먼저 할지 고민하는 것처럼, 바울도 똑같이 고민하고 있는 것으로 보일 것이다. 그의 문제는 오늘 어떤 것을 하는 것이 더 나을지 선택하는 것이다. 바울은 자신의 선한 의도를 실행하는 것이 불가능하다는 것을 발견했기 때문에 처참했다. 그는 철두철미하게 거룩했다.

이제 이 정도로 이야기했으면 이 구절이 신비로운 '당신 안의 악'이 '당신 안의 선'(선한 것만이 당신이다)과 싸우고 있다고 묘사하는 주장은 마귀의 허튼수작임을 충분히 알 것이다. 그것은 죄의 세력이 선한 당신을 대항하여 싸움을 벌이고 있음을 묘사한다. 17절과 20절이 그것을 증명한다. 당신이 만일 그리스도 안에 있는 새로운 피조물이라면 당신은 새로운 신성한 본성을 부여받게 된다.

사탄은 우리를 속여서 악을 행하게 하거나, 죄의 세력을 이용해 우리가 선한 계획들을 끝까지 관철시키는 것을 방해한다. '죄'라고 불리는 세력이 1인칭 단수 인칭대명사를 사용해서 당신의 머릿속에 아직도 둥지를 틀고 있는 예전의 삶의 양식을 통하여 당신의 마음을 폭격하면, 당신의 결의는 약해져서 결국 죄를 지을 것이다. 설사 당신이 죄를 범하지 않는다 해도 그런 생각들과 영상들이 계속해서 당신의 마음을 찰거머리처럼 공격할 것이다. 그러는 사이 속이는 자는 당신이 하나님의 평강을 경험하지 못하게끔 힘쓸 것이다.

로마서 6장 14절에서 바울은 "죄가 너희를 주장하지 못하리니"라고 쓰고 있는데, 여기서 죄는 명사다. 반면에 바로 다음 절(15절)에서, "그런즉…우리가…죄를 지으리요"라고 말할 때는 동사, 곧 행위를 나타내는 단어로 쓰이고 있다. 로마서 5장부터 8장 사이에서 죄라는 단어는 41회 나오는데, 단 1회만 동사로 쓰이고 있으며, 40회는 모두 명사로 쓰이고 있다. '죄'라고 불리는 세력에 대한 승리를 논하고 있는 이런 결정적으로 중요한 장들에서, 오직 한 번만 범하는 '행위'를 의미하는 말로 죄가 사용되고 있다. 그러므로 만일 당신이 로마서 5장부터 8장에 나오는 죄라는 단어를 동사로 해석한다면 당신은 승리하는 삶을 사는 데 너무도 중요한 이 장들을 제대로 이해하지 못한 것이다.

우리는 '죄'라는 단어를 행위를 나타내는 단어로 이해하도록 길들어 왔다. 그렇기 때문에 우리는 성경에서 그 단어를 읽을 때 '앗, 여기를 읽을 때 내가 잘못 속아 넘어간 적이 있지'라는 생각을 해야 한다.

로마서 5장 21절, 6장 12, 14, 17절, 7장 11, 14, 17, 20, 23, 25절과 히브리서 12장 4절, 야고보서 1장 15절의 하반절에서는 죄가 명사로 쓰인다. 그리고 이 명사로서의 죄를 의인화하여 죄라는 인격체가 지배하고 있는 것으로 표현하고 있다. 인격적인 존재로서 그것은 당신의 마음에 여러 가지 생각들을 제시하면서 한번 고려해 보라고 한다. 그것은 그런 생각들이 마치 당신 자신의 것인 것처럼 보이게 함으로써 당신을 속인다. 죄의 세력은 바로 사탄의 비밀 병기다.

🕊 그리스도인의 마음속에서는 독백이 아닌 대화

 죄가 당신의 마음속에 1인칭 단수 인칭대명사를 사용하여 꾸역꾸역 집어넣는 생각들을 경험하면서, 당신은 '아하, 옛사람이 다시 살아났구나' 하고 단정 지을 것이다. 당신의 마음속에서 당신과의 독백이 계속되고 있다고 생각하겠지만, 사실 죄와 대화를 하고 있는 것이다(롬 7:17, 20). 그것은 왜 아직도 많은 그리스도인이 옛사람을 살아 있는 것으로 가르치는지를 설명해 준다. 그들은 하나님의 말씀보다는 그들의 경험을 사실로 믿는다. 로마서에서 분명히 잘 설명해 주고 있는데도 죄의 세력은 '옛사람은 이미 십자가에서 죽었다'는 문제에 대해서 계속 우리의 마음을 속이려 든다.

 로마서 5장에서 8장까지를 한 구절 한 구절씩 꼼꼼히 해석해 보아도 '옛사람'이 살아 있다는 것을 증명하는 것은 불가능하다. 하나님은 로마서에서 "그는 죽었다"고 단정적으로 말씀하셨다. 오직 하나님만이 부활시킬 수 있는 능력을 가지고 계시므로, 옛사람은 부활한 것이 아니다. 그리스도인은 옛사람, 소위 말하는 죄악된 본성과 전쟁하고 있는 것이 아니다. 그러므로 우리는 하나님의 말씀을 열심히 상고해야 한다. 우리가 모두 경험하는 이러한 내적 전투 가운데서 하나님이 우리의 대적을 누구로 판단하고 계신지를 살펴보자. 로마서 5장부터 8장은 그것을 '죄'라는 세력이라고 말한다.

 "내 지체 속에서 한 다른 법이 내 마음의 법과 싸워 내 지체 속에 있는 죄의 법으로 나를 사로잡는 것을 보는도다"(롬 7:23). 먼저 하나님은 우리의 대적자, 곧 '죄의 법' 혹은 '죄의 세력'이 우리 생각이 만들어지는 마음(mind) 속에 거하는 것이 아니라 몸(body) 안에 거한다고 말씀하고 계심을 주목하라. 하나님은 인간이 타락할 때 세상에 들어온 악한 자의 세력과 당신의 마음이 전쟁을 벌이고 있다고 말씀하신다(롬 5:12).

모든 전쟁에는 적어도 서로 맞서는 두 편이 있어야 한다. 죄의 세력은 항상 사탄의 계획을 지지한다. 로마서 7장 23절은 당신의 마음이 이런 세력에 대항하여 싸우고 있음을 말해 준다. 당신의 마음은 어느 편을 대변해야 하는가? 하나님의 편인가, 아니면 사탄의 편인가? 당신이 하나님의 편이 아니라면 이런 내적인 전쟁은 없을 것이다. 왜냐하면 당신과 죄는 같은 팀에 속해 있을 것이기 때문이다. 당신이 불신자였을 때가 그러했다. 그리스도인들은 한번 생각해 보기 바란다. 이 부분을 이해할 때까지는 다음으로 넘어가지 말기 바란다. 이것을 가르쳐 달라고 성령께 구하라. 지금 당신의 마음속에 하나님의 법이 있기 때문에 죄의 세력에 맞서 싸우고 있는 것이다(히 10:16을 보라).

당신은 하나님께 순종하기 원한다. 비록 죄를 짓도록 유혹받지만 죄를 짓고 싶어 하지 않는다. 우리는 그리스도의 마음을 가지고 있다(고전 2:16). "또 내 영을 너희 속에 두어 너희로 내 율례를 행하게 하리니 너희가 내 규례를 지켜 행할지라"(겔 36:27). 히브리서 10장 15-16절은 이 예언이 이미 그리스도 안에 있는 새로운 피조물을 위하여 성취되었음을 가르쳐 준다. 당신은 하나님께 순종하고자 하는 깊은 내적 갈망이 있다.

다시 한번 강조한다. 당신과 나는 내전을 하고 있는 것이 아니다. 우리는 두 편으로 나누어서 싸우는 전쟁에 참여하고 있는 것이며, 하나님 편에 속해 싸우고 있는 것이다.

🌿 당신의 육신(몸)은 아직 구원받지 않았다

바울은 더 나아가 선언한다. "내 속사람으로는 하나님의 법을 즐거워하되"(롬 7:22). 그는 자신의 진정한 신분 안에 있는 하나님의 법을 갈망하고 이에 사랑을 가지고 전적으로 동의한다.

"내 지체 속에서 한 다른 법이…나를 사로잡는 것을 보는도다"(롬 7:23). 그렇다! 이제 우리는 문제의 위치를 파악하였다. 죄는 아직도 내 몸 안에 거하고 있고 혼이나 영 안에 있지 않다. 이 두 가지는 의롭게 된 의로운 사람이다(고후 5:14-21). 그러나 실질적으로 몸은 아직 구원받지(부활) 못했다. 편지(로마서)의 뒤로 가면 바울은 우리도 "속으로 탄식하여…우리 몸의 속량을 기다리느니라"(롬 8:23)라고 말한다. 몸은 아직 땅에 속하므로 먼지로 돌아가게 되어 있다. 그러나 부활의 날에 구원받을 것이다. 우리 몸은 새롭게 영화된 몸으로 바뀔 것이다(고전 15:42-44).

우리의 몸은 악은 아니지만 땅의 것이다(그리스도인은 땅과 동시에 하늘나라에 속함, 엡 2:6; 골 3:3-4 참조). 나는 몸을 '연약한 매개물'이라고 부른다. 즉, 우리가 사탄에게 복종하면 사탄에게 사용되고 마는 연약한 것이다.

계속해서 로마서 7장 23절에서 말한다. "…내 마음의 법과 싸워 내 지체 속에 있는 죄의 법으로 나를 사로잡는 것을 보는도다." 어떤 법이 '마음의 법'인가? 거룩한 것인가, 아니면 악한 것인가? 거룩한 것이다. 당신의 마음은 이 싸움의 상태에서 정결하고 선해야 한다. 만일 싸움이 계속되면 상대방이 서로의 편에 설 수 있을까? 그렇지 않다. 그들은 서로 절대적으로 반대 입장에 있다. '그리스도 안에 있는 새사람'은 '신성한 본성에 동참하는 자'다(벧후 1:3-4). 그는 자신의 마음에 하나님의 법을 새겼다. 이 사람의 마음은 선하다. 그는 '좋은 마음'을, '그리스도의 마음'을 지니고 있다. 즉 갈등과 싸움이 존재하지 않는다.

"오호라 나는 곤고한 사람이로다 이 사망의 몸에서 누가 나를 건져내랴"(롬 7:24). '곤고하다'는 단어는 악하다는 뜻이 아니다. 이것은 불행하다는 의미다. 이 사람은 이렇게 사는 것이 너무도 불행하다고 말하는 것이다. 거룩한 본성을 가졌으나, 그리스도 안에서 자신의 진정한 신분을 선포하지 못한 사람은 누구나 이렇게 말할 것이다. 그러나 하나님을 찬양하자. 로마서 7장 25절에서 그는 이렇게 말한다. "우리 주 예수 그리스도로 말미암아 하나님께 감사하리로다." 그는 자유하다. 그러나 그가 육체를 좇는 삶을 산다면 그는 이것을 체험하지 못할 것이다. 오직 성령님 안에서 살 때만이 가능하다. 그리스도의 죽음, 장사, 그리고 부활에 동참할 때 그는 자유할 수 있다.

"그런즉 내 자신이(좋은) 마음으로는 하나님의 법(사랑의 법)을 육신(과거 삶의 방식)으로는 죄의 법을 섬기노라"(롬 7:25).

사탄은 사기꾼

성경에 나오는 이름들은 중요하다. 그것들을 연구하면 종종 놀라운 진리를 깨닫게 된다. 사탄은 '사기꾼', '유혹하는 자', 그리고 '참소자' 등으로 불린다. 사기꾼이란 무엇인가? 사기꾼은 당신으로 하여금 거짓이 사실인 것처럼 믿게 하는 사람이다. 또 실제 사실을 그렇지 않은 것처럼 믿게 하는 것이다. 그들은 당신에게 어떤 부분을 속이고자 하는가? 바로 당신의 지성이다.

성경은 "사탄도 자기를 광명의 천사로 가장하나니"(고후 11:14)라고 말한다. 성경에서 '광명'이란 무엇을 의미하는가? 진리를 말한다. 사탄은 당신에게 '진리', '계시', '실제에 대한 통찰'의 모습으로 올 수 있다. 그러나 어떻게 이러한 모습으로 오는가? 그것은 간단하다. 사탄은 당신의 지성에 하나의 생각을 불어넣고, 이것이 마치 당신의 생각인 것처럼 가장한다. 당신은 "그가 어떻게 이런 일을 할 수 있나요?" 하고 물을 것이다. 이것은 바로 당신에게 1인칭 대명사(나, 나를, 나의, 나에게, 나 스스로)로 말함으로 가능하다. 이뿐 아니라 사탄은 당신의 성별에 따른 목소리와 똑같이, 그리고 소리의 음색과 말의 톤까지 동일하게 함으로 당신을 속인다.

죄의 권세는 당신의 지성에 말할 때 '너'라는 대명사를 쓰지 않고 '나'라는 대명사를 사용한다. "네가 가서 그녀에게 네 생각을 전해 주렴!"이라고 말하지 않고 다음과 같이 당신의 지성에 말한다. "자, 나는 그녀에게 좋은 생각 하나를 말해 줘야겠어. 나는 그렇게 할 거야." 그리고 당신은 종종 '당신이 증오하는 바로 그것을 하게' 된다. 당신은 생각을 떠올리고 이것을 행동에 옮긴다. 그러면 당신은 죄를 범하는 것이다. 그렇다. 당신은 악한 일을 했다. 비록 그것을 하기는 했지만, 그것의 근원은 죄의 권세지 당신(영혼)이 아니었다(그래서 당신은 죄인이 아니라 죄를 짓는 의인이다).

이 영적 전쟁이 당신에게 어떻게 일어나는지 도면을 통해 알아보자.

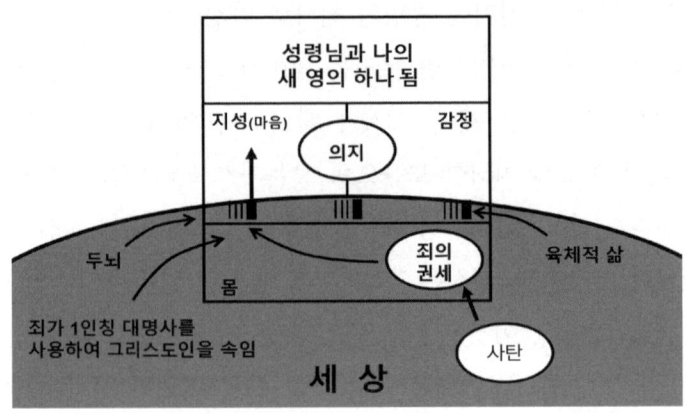

〈그림 11-1〉

그리스도인의 마음에 통로가 되는 죄의 권세

〈그림 11-1〉에서 검은 바탕 부분은 땅의 모든 것을 의미한다. 곡선으로 된 표면은 지구의 굴곡을 표시하며, 수평선 밑에 있는 모든 것은 땅에 속해 있다. 이것이 전부 악한 것은 아니다. 그저 세상의 것일 뿐이다. 이것은 세상의 차원에 속해 있다. 현재 당신의 육신은 이 범주에 속한다. 형상의 변화 없이는 하나님의 임재 안으로 들어갈 수가 없다. 성령께서 내주하고 계신 당신의 육신(몸)은 악한 것이 아니다. 이것은 절대로 선하거나 악하지 않고 중립적이다. 이것은 참나무와도 같다. 성전의 강대상으로 쓰일 수도 있고 토템(자연신) 상의 기둥으로 사용될 수도 있다.

사탄의 왕국은 이 세상에 있다. 인류의 타락 이후, 사탄은 하나님과 그분의 백성에 대항하여 전쟁을 일으킬 수 있는 권리를 획득했다. 사탄의 목표는 하나님의 계획을 파괴하고 자신을 위해 주님의 나라와 영광을 강탈하는 것이다. 사탄은 자기중심적 존재다. 도면에서 세상에 사탄의 위치를 놓아 보라.

사탄은 자신의 목표를 달성하기 위해 세상(의 체제), 육체적 삶, 죄(의 권세) 등을 포함하여 자신과 함께 일하는 대행자들을 통해 움직인다. 육체적 삶과 죄를 도면에서 성경적인 위치에 설정해 보자. '육체적 삶'을 '과거의 방식들'로 정의할 때, 우리는 이것들을 두뇌에 있는 고착된 감정과 사고방식 안에 넣을 수 있다. 이러한 것들은 기억의 흔적이며, 과거의 습관과 행동 양식으로서 당신의 컴퓨터에 있는 소프트웨어들이다. 만일 당신이 이 소프트웨어 안에 잠겨 머물러 있어야 한다고 속는다면 당신의 두뇌는 반복하여 같은 프로그램만을 돌릴 것이다.

죄의 권세는 마찬가지로 몸(육신) 안에 위치한다. 로마서 7장 23절은 이 위치를 매우 분명하게 설정한다. "내 지체 속에서 한 다른 법이 내 마음의 법과 싸워." 죄는 인격이나 영이 아닌 몸(육신) 안에 거한다. 당신의 혼과 영은 성령님과 함께 밀봉되었다. 이것들은 지금 거룩하다. 내 추측으로 죄는 두뇌 안에 위치한다. 그러나 도면을 어지럽게 하지 않기 위해서 나는 이것을 몸에 그렸다.

하나님은 당신을 필요를 느끼는 존재로 창조하셨다. 필요는 좋은 것이다. 하나님은 이 필요로 인해 피조물인 우리가 창조주인 하나님께 기울여지고, 완전히 의존하며, 경배하고, 사랑하고, 함께 교제하며, 당신을 위한 그분의 계획에 협력하게 하려는 것이다. 이 협정의 일부는 "너희 모든 쓸 것을 채우시리라"(빌 4:19)라는 하나님의 약속이다. 그러나 사탄의 전략은 당신이 스스로 필요를 채우기 위해 노력하며 살아가게 만드는 것이다. 사탄은 당신이 이것을 목표로 삼도록 당신을 속이려고 한다. 그러므로 사탄은 당신의 필요에 대한 공급을 채우기 위해 당신의 '과거 방식'인 '2차 계획'을 제시한다. 이것이 죄에 대한 모든 것이다. 바로 하나님으로부터 독립이다(롬 14:23; 고전 3:10-15 참조).

죄(죄의 권세)가 그리스도인을 지배하는 방법

성적 욕구를 예로 들어 보자. 이 욕구에 대한 창조는 하나님의 생각이었지 사탄의 생각이 아니었다. 자, 이제 우리의 도면에 곡선미가 흐르는 여인 하나를 그려 넣어 보자(〈그림 11-2〉 참조). 당신은 백화점 앞에 주차하였다. 그 여인이 걸어가는 것을 볼 수 있도록 당신의 육신(몸)에 눈을 만들어 놓자. 햇빛은 그녀의 육신을 비추어 당신의 눈을 통해 뇌에 있는 시신경에 이르고, 당신은 이곳에서 곡선미의 여인에 대한 인쇄물을 만들게 된다. 당신을 헌신된 기독교 남성이라 가정하고, 다만 성적 욕망이 8차선 고속도로(감정과 사고의 고착된 과거 방식)와 같이 뻗어 나가고 있다고 생각해 보자. 이것은 도면에서 당신의 두뇌 안에 있는 굵은 선을 말한다.

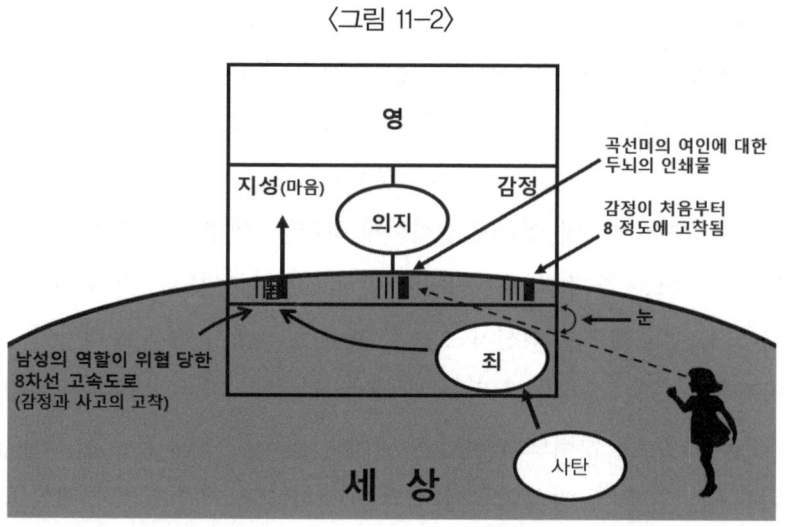

〈그림 11-2〉

당신은 지금 구원받았다. 당신은 남성다움을 느끼고자 하는 욕구를 채우기 위해 아직도 여인을 매혹시키려는 유혹에 젖어 들었지만, 그것을 원하지 않는다. 당신은 그것을 극복하고 승리하기를 원한다. 당신의 소원은 당신의 유혹과는 다른 것이다.

여기에서 곡선미의 여인이 유혹이 아니다. 그녀는 유혹의 대상이다. 유혹은 당신을 지배하려는 사탄의 대행자인 죄(의 권세)로부터 온다. 당신은 다른 사람들처럼 인간의 욕구를 육체적 방식을 통해서 만족하도록 유혹받는 죄인이 아니라 성도다. 당신은 자연적인 욕구 충족을 위해 행동하는 죄송스러운 죄인이 아니다. 당신의 신분에 대해 당신이 믿고 있는 바가 차이점을 만든다. 당신은 당신의 진정한 자아, 당신의 진정한 신분에 대해 믿는 대로 살게 될 것이다.

죄는 단순히 당신의 두뇌에 있는 시각 화면에 곡선미의 여인이 인쇄되어 등장할 때까지 기다린다〈그림 11-2〉. 그런 다음 당신의 마음(지성)이 이 자극을 생각하게 되면, 죄는 당신의 두뇌에 있는 과거의 감정과 사고의 고착된 방식을 이용하여 마음에게 말한다. "아, 내가 어떻게 하면 저 여인을 침대로 데려올 수 있을까?"

깨어 일어나라. 1인칭 대명사인 '내가'를 잘 보라. 사실 경건한 성도인 당신에게 '증오하는 바로 그것을 하게 하는' 것은 사탄의 대행자인 죄(죄의 권세)다. 도면에 사탄으로부터 죄로, 죄로부터 두뇌로, 당신의 성적 욕구와 마음(생각)을 향한 육체적 방식의 통로를 그려보았다. 당신은 이 아이디어를 생각할 수 있도록 제시받았을 뿐, 이 아이디어의 기원자가 아니다. 이것은 죄의 권세가 만들었다. 그러나 만일 당신이 이것을 채택한다면 당신은 당신의 생각 가운데 죄를 짓는 것이다. 하나님께 대해 온전히 유죄이다. 당신은 죄인이 아닌데 이와 같이 행동한다. 성경은 우리가 '신성한 성품(신의 성품)에 참여하는 자'(벧후 1:4)라고 말한다. 그렇기 때문에 하나님께 대항하여 반발하기를 원하지 않는다.

그러나 설명을 위해 당신이 죄의 생각을 받아들인다고 하자. 당신이 이 생각을 채택할 때 내가 앞 장에 사용한 방울뱀 예화가 실제로 시작된다. 감정은 곡선미의 여인과 죄의 욕망적 생각 모두의 자극에 반응하기 시작한다. 그러나 기억하라. 당신은 이 싸움에서 모든 수치(10)와 상대하고 있는 것이 아니다. 당신의 감정은 이미 8에 위치하고 있다(고착된 감정). 아니면 성적 욕구를 채워 주지 않는 아내의 하나님 권위에 대한 불순종 때문에 더 높을 수도 있다. 그러므로 일단 당신의 감정이 증가하기 시작하면 10이 되기까지 얼마나 걸릴 것 같은가? 그녀가 당신의 차 옆을 지나가는 것보다 더 짧은 시간에 10이 될 것이다.

이제는 죄(죄의 권세)가 당신의 욕구를 채우기 위한 온갖 생각들로 당신의 마음을 때리고, 당신의 감정은 욕구 충족을 종용하며 당신의 선택 의지를 강하게 자극한다. "나는 그래야만 할 것 같아! 나는 이것을 도저히 거부할 수 없을 것처럼 느껴! 나는 무력감을 느껴!" 앉아 있으면서 순간 이런 쓰레기 같은 것들을 집어먹는 당신은 싸움에서 지고 만다. 당신은 다이너마이트와 상대하고 있는 것이다.

첫 번째 생각을 삼키면 죄는 다음 것으로 바로 따라온다. "나는 나가서 백화점까지 그녀를 쫓아가야 한다고 생각해. 흥미진진한 추적이군!" 여기서 대명사를 다시 보라. '나는'은 마치 과거 옛사람이 살아나 능숙하게 활동하고 있는 것처럼 보인다. 만일 그렇다면 하나님의 말씀은 진실이 아니다. 사탄의 전략은 당신으로 하여금 당신의 옛사람이 죽음에서 부활한 것처럼 생각하게 해서 자신(사탄)을 숨기는 것이다. 그러나 옛사람은 부활의 능력이 없다. 옛사람은 부활할 수 없다. 하나님은 옛사람을 일으키지 않으셨다. 사탄은 그렇게 할 수 없다. 그러나 죄는 당신의 생각 가운데 옛사람을 흉내 내어 당신을 충분히 속일 수 있다. 이것이 정확히 죄(죄의 권세)가 그리스도인을 지배하는 방법이다.[2]

당신의 승리는 그리스도 안에서 성도(의인, 하나님의 자녀, 천국 백성)로서 진정한 신분을 인정하고 소유하는 데 있다. 당신은 유혹에 반대하여 다음과 같이 선언해야 한다. "아니다. 나는 그것에 대해 이미 죽었다. 그것은 내 생각이 아니다. 나는 그 전략을 알고 있다. 내 성적 욕구를 만족시켜야 하는 것은 사실이다. 그러나 그보다 간절한 소원은 하나님께서 나를 돌보시는 것이다. 주님, 이것은 당신의 문제이지 제 문제가 아닙니다." 그러고 나서 당신에게 다가오는 죄의 생각들에 대해 당신은 죽은 것처럼 행동하라. 당신은 죽은 사람을 자극할 때 어떠한 반응을 기대하는가? 죽은 사람은 반응하지 않는다. 그저 누워 있을 뿐이다.

다른 한편으로 당신은 살아 있다. 당신은 죄(의 권세)에는 죽었으며 예수 그리스도 안에서 하나님께는 살아 있다. "너희 지체를 불의의 무기로 죄(의 권세)에게 내주지 말고 오직 너희 자신을 죽은 자 가운데서 다시 살아난 자같이 하나님께 드리며 너희 지체를 의의 무기로 하나님께 드리라"(롬 6:13). 〈그림 11-3〉에서 '죄에 대해 죽음'은 지성(마음)의 테두리 안에 두었음을 눈여겨보라.

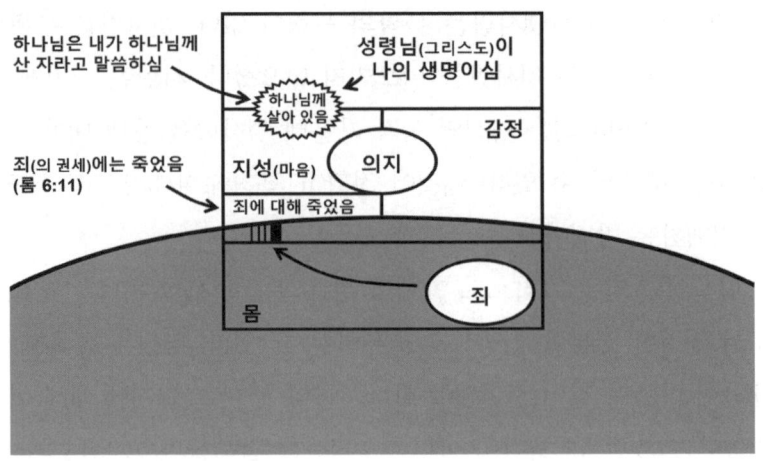

〈그림 11-3〉

이것은 지성(mind)과 의지(will)에 대해 선택된 믿음의 태도다. 바울은 자신이 죄에 대해서는 죽었고 그리스도 안에서 하나님께 대해서는 살았다고 말한다(롬 6:11-13). 그래서 나는 이러한 상황에서 그리스도께서 나를 통해 사시는 것처럼 행함으로써 죄에 대해 죽은 자처럼 행동할 것이다. 나는 마음을 정했다. 그리스도께서 시험을 이길 수 있는 그분 자신의 승리의 삶을 나를 통해서 나타내시며, 이것이 사실인 것처럼 행동한다.

나는 기도한다. "예수님, 제가 이 상황에 대해 죽었고 주님께서 저를 통해 이곳에서 살고 계심을 아는 것이 참으로 좋습니다." 그리고 나는 사탄에게서 피한다(딤후 2:22). "아, 주님, 백화점 창틀들이 참 재미있군요. 나는 그것들이 몇 개의 모양으로 만들었는지 궁금합니다. 맞아요. 10개군요. 재미있지 않나요?" 당신의 육체에 어떤 조그마한 틈도 주지 말라.

죄에 지배당하는 그리스도인의 삶 (채널 1)

성경적 관점에서 보면 알겠지만, 각 그리스도인의 육체적 삶은 근본적으로 그가 반항하며 잃어버린 자로서 인생을 살면서, 또한 구원 후에도 사탄에게 사기 당하고 지배받고 살면서 갖게 된 자아상이다. 만일 당신이 과거의 죄의 본성에 속한 생각들에 계속 귀를 기울인다면, 당신은 사탄의 손에 볼모로 잡힌 상태와 같다. 이러한 상태가 계속된다면 당신은 영적 전쟁에서 무력하게 될 것이다.

〈그림 11-4〉는 내주하는 죄에 지배당하는 신자의 삶을 그리고 있다. 나는 신자의 육신과 두뇌 안에 있는 육체적 삶(과거의 삶의 방식들), 그리고 지성(마음)에게 죄의 권세를 행사하는 권위를 갖고 있는 사탄이라는 존재에 큰 원을 그렸다. 이 사탄은 자신의 권위를 사용하여 ① 그리스도인을 속이고, ② 그의 의지에게 선택하게 하며, ③ 그의 지성(마음)을 속이고, 그럼으로써 ④ 감정을 고조시키는 결과를 가져온다. 이것은 ⑤ 의지에 대한 압력을 높이고, 결국 ⑥ '하기 싫어하는 바로 그것을' 선택하도록 만든다. 사탄은 이 행위를 반복함으로써 계속 그리스도인을 자신의 지배 아래에 둔다. 그러나 기억하라. 우리는 이제 우리에게 관계없는 이러한 생각들에 따라 행동할 필요가 없다. 우리는 더 이상 죄의 지배 아래 있지 않다.

나는 이것을 '채널 1'이라고 부르겠다. 채널 1에 고정하면 속게 되는데, 이것이 자기에게 두 가지 본성이 있다고 믿는 그리스도인에게 사탄이 하는 방법이다. 사탄은 추악하거나 칠칠치 못한 행위를 한 그리스도인에게 그의 실패를 정당화하도록 생각을 통해 이야기할 수 있다. "과거의 죄의 본성이 나를 속여서 또다시 일을 저지르고 말았어. 그러나 이러한 일은 우리 그리스도인에게 보통 있는 일이야." 사실 이런 일은 그리스도인에게 정상적인 일이 아니다. 그러나 불행하게도 이것은 대부분의 그리스도인에게 통상적으로 일어나는 일이기도 하다.

슬프게도 많은 유명한 그리스도인들이 쓰러지고 그리스도의 이름에 큰 해를 끼친다. 그들이 자신이 가르치는 승리를 '실제로 만들어' 내는 데 무능력해 보인다. 어쨌든 그들의 기독교는 제 기능을 다하지 못한다. 이런 일이 자주 발생하는 이유는, 그들이 본인들의 참 신분을 이해하지 못하고 승리하는 그리스도인은 산 제물(내주하신 주님의 생명이 나를 통해 사시도록 허락한 나)로서 어떻게 사는지 깨닫지 못하는 데 있다.

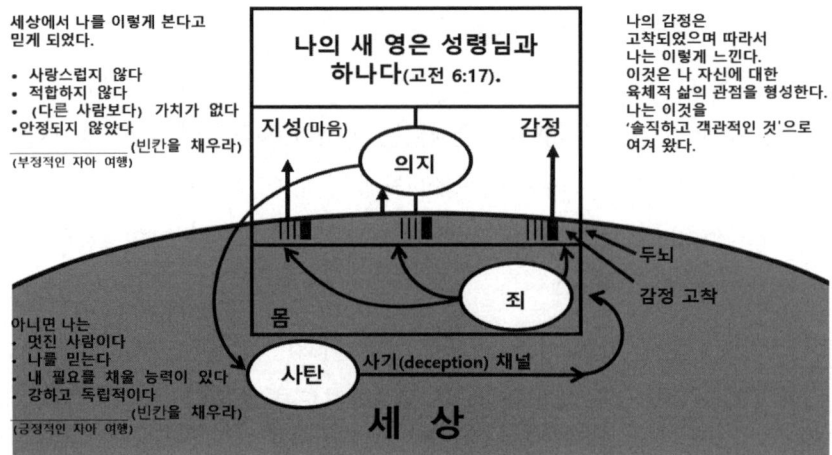

〈그림 11-4〉

🍃 마음(mind)은 영적 전쟁의 최전방이다

우리는 영적 전쟁에 대해서 많이 듣기도 하고 말하기도 한다. 그렇다. 우리는 이 땅(세상)의 삶이 끝날 때까지 사탄(죄의 권세, 세상, 율법)과 영적 전쟁 중에 있다. 그러나 당신은 당신의 마음이 영적 전쟁의 최전방이라는 사실을 알고 있는가?

그리스도인의 '채널 1' 삶에서 보았듯이 죄라는 능력이 공격하기 위해서 첫 번째 치고 들어오는 것이 우리의 마음(지성)인데 이것은 내 것, 나 자신, 나의, 나라는 1인칭 단수로 겨냥해서 공격해 온다. 또한 우리의 몸인 뇌에 기억된 '과거 방식'인 '2차 계획'을 제시함으로 선한 우리를 공격하여 죄를 짓게 한다. 이 영적 전쟁에서 승리의 열쇠는 우리 마음의 생각이 누구로부터 왔는지를 분별하여 아는 것이다.

우리 마음에 생각을 주는 주체는 먼저 살아 계시고 우리 안에 사신 거룩한 하나님(성자, 성령)이시다. 다음은 예수를 믿음으로 이제는 의인이고 성도인 우리의 생각이다. 다음은 죄의 권세(사탄)가 우리를 유혹하여 넘어지게 하려는 생각이다. 그렇다면 문제는 간단하다. 우리 마음의 생각이 누구로부터 왔는지를 분별하여 하나님으로부터 온 생각이거나 우리의 생각이면 생각 그대로 살면 된다. 그러나 사탄으로부터 온 생각이라면 우리의 마음에서 내치고 진리의 말씀으로 채우면 된다.

그러면 우리가 어떻게 어떤 생각이 하나님과 우리의 생각인지, 아니면 죄의 권세(사탄)의 생각인지를 분별할 수 있을까? 우리가 시도하지 않아서 그렇지 이것은 어렵지 않다(하나님의 뜻에 대해 관심이 있고 알고자 한다면 주를 참고).[3] 우리 마음의 생각이 경건하고, 하나님 말씀에 부합하고, 우리의 가정과 교회에 덕이 되고, 우리의 양심에 부끄럽지 않고, 우리 가족에게 유익하고 무엇보다 하나님께서 기뻐하시는 일이면 우리를 사랑하시는 아버지 하나님의 생각이고 주와 합한 우리의 생각이다. 이럴 때는 주저하지 말고 주님께서 나를 통해 하시는 일로 믿고 행위를 더하라. 그러면 복이 될 것이다.

하지만 우리 마음의 생각이 위와 반대가 될 때는 이것은 사탄이 죄(의 권세)를 통해 준 생각이다. 그럴 때는 "예수님의 이름으로 명하노니 사탄이 주는 생각은 내게서 떠날지어다!" 하고 내치라. 그러면 사탄의 생각은 우리의 마음에서 떠나고 주님의 평안과 능력으로 채워질 것이다. 이러한 영적 전쟁의 삶은 계속된다. 그러나 이 영적 전쟁에서 우리는 승리하게 되어 있다(롬 8:37).

12장
그리스도인이 새로운 신분으로 사는 승리의 삶

이 책을 읽다 보면 그리스도인의 새로운 신분에 대해서 매우 강조하고 있다는 것을 알게 될 것이다. 왜냐하면 우리는 '내가 누구인가?' 스스로 믿는 그 자아상을 결국 살아가기 때문이다. 만약에 '나는 외식하는 사람이야! 죄인이야!'라고 생각한다면 당신은 외식하는 사람으로 살아가고 여전히 죄를 짓고 산다. 그런데 많은 그리스도인이 자신들을 '구원받은 죄인'으로 알고 있다. 그러나 성경은 그렇게 말하고 있지 않고 '죄를 지을 여지가 있는 의인'이라고 말한다. 우리 중에 얼마나 많은 사람이 진리(진실)에 근거하여 삶을 살고 있는가? 예수 그리스도를 믿는 우리는 누구인가? 우리는 거룩하고 의롭다. 우리는 받아들여졌고 흠이 없다. 우리는 이미 천국에 있고 온전하다. 그리고 우리는 전적으로 용서받았다. 우리는 사탄을 정복한 사람이다.

우리는 앞에서 그리스도인이 어떻게 실족할 수 있는지에 대해서 알아보았다. 이어서 우리가 그리스도 안에서 받은 새로운 신분으로 사는 삶을 알아보겠다. 기대되지 않는가?

그리스도인이 진정한 신분으로 성령님을 좇는 삶을 택할 때 그는 사랑의 법(성령의 법, 은혜의 법)을 섬기는 것이다. 그러나 육체를 좇는 삶을 산다면, 그는 죄의 법을 섬기는 것이다. 그리스도인은 죄를 지을 필요가 없으나 주님 안에 거하는 삶을 통해 하나님께 순종하는 것은 그의 자유다.

바울은 그리스도 안에 거하는 새로운 백성인 우리가 어떻게 하나님과 그분의 대적인 사탄이 싸우는 전쟁터가 되는지를 로마서 8장에서 설명한다. 이 장에서 얼마나 많은 구절이 죄와 하나님, 성령님과 육체 등을 맞서게 하는지 모른다. 그러나 그리스도인인 당신이 실수하지 말기를 바란다. 우리에게는 하나님께 순종할 수 있는 자유가 있다. "이는 그리스도 예수 안에 있는 생명의 성령의 법이 죄와 사망의 법에서 너를 해방하였음이라"(롬 8:2). 그러므로 이제 그리스도 예수 안에 있는 자에게는 결코 정죄함이 없다(롬 8:1).

당신은 주님 안에서 완전히 새로운 사람이다. 예수님을 사랑하고 그분의 왕권에 복종하기를 깊이 갈망하는 좋은 사람이다. 하나님의 나라가 우리 안에 임하였다. 죄에는 죽고 하나님께는 살아서 주님이 우리 안에서 자유롭게 사시도록(통치) 해야 한다.

🌿 하나님의 명령에는 선택권이 없다

본질적으로 하나님은 골로새서 3장 1-4절을 통하여 다음과 같이 말씀하신다. "자, 이제 내 아들(딸)아, 나는 네가 너의 참 신분을 이해하고 그것에 따라 살 수 있도록 내가 미리 마련해 놓은 방법을 이해하기 원한다. 네가 그리스도와 함께 일으켜졌다면 그리스도가 계시는 위의 것을 찾아라. 왜냐하면 너도 거기에서 그리스도 안에 있고 함께 하나님의 우편에 앉아 있기 때문이다. 땅의 것이 아니라 위의 것에 네 마음을 두어라."

'위의 것'이 무엇이라고 생각하는가? 금으로 장식된 거리나 맨션에 마음을 두지 말라. 그러한 것들은 당신을 바꿀 수 없다. 오히려 그리스도 안에서 푹 쉬고 있는 당신을 보라. 당신의 모든 필요는 충족되었다. 당신의 하늘 아버지께서 모든 것을 그분의 통제하에 두셨다. 그분은 당신을 전적으로 받아들이고 사랑하신다. 당신은 하늘 아버지의 영원한 가족 안에서 아들(딸)이다. 당신은 그분 안에서 거룩하고 흠이 없다. 당신은 '신성한 본성'의 동참자다. 이러한 것들을 잘 생각해 보라. 이 진리를 당신의 마음에 계속해서 주입하라. 이것은 실제 상황이다.

"우리 생명이신 그리스도께서…"(골 3:4). 그렇다! 그분은 당신의 생명이시다. 이제 그분만이 당신이 가지고 있는 유일한 생명이다. 만일 그분이 당신을 떠난다면 당신은 그것을 바로 느낄 것이다. 당신의 육신이 곧 쓰러져 죽을 것이기 때문이다. 당신의 혼과 영은 그분의 생명 없이 육신 안에 거할 수가 없다. 왜냐하면 당신의 과거 삶이 갈보리 언덕 위의 주님 안에서 죽었기 때문이다. 당신의 구원은 잃기에는 너무 큰 것이다.

그리스도가 당신의 생명이므로, 주님께서 당신을 통해 그분의 삶을 표현하시도록(사시도록) 하는 것이 지극히 정상 아니겠는가?(은혜의 삶) 예수님은 성공적인 삶을 사신 유일한 분이다. 그리고 성령님만이 지금 당신을 통해 그 삶을 나타내실 수 있다(성령 충만한 삶). 당신이 아담 안에 있었을 때 또 하나의 아담이었던 것처럼, 당신 없이는 또 하나의 예수님이 있을 수가 없다. 당신은 지금 아담의 자기중심적인 삶과 그 생명 대신에 그리스도의 타인 중심의 삶과 생명을 가지고 있다. 우리에게 있는 것은 그분의 생명이지 인격이 아니다.

반면에 주님께서 당신을 통하여 사시도록 하지 않는다면 '당신의 지체를 불의의 무기로 죄의 권세에게' 주는 것이다(롬 6:13). 이러한 동기의 삶은 당신의 필요를 채우는 데 급급하여 당신은 자신에게 의지할 것이다. 그것은 구원받지 못한 사람들이 사는 '삶'과 똑같은 삶이다.

그러나 그리스도께서 당신을 통해 사시는 것이 당신을 수동적으로 만들 것이라고는 생각하지 말라. 당신은 그분이 당신을 소유하신 것을 느낄 때까지 앉아 있을 필요가 없다. 예수님은 이 땅에 사실 때 자신의 육신과 인격을 통해 사신 것과 똑같이, 하나님께 순종하는 삶을 당신을 통해서 사실 것이다(하나님이 계획하신 그리스도인의 삶-은혜의 삶).[1] 우리는 믿음으로 그리스도께서 우리를 통해서 일하신다는 것을 확신하면서 행동으로 옮겨야 한다.

그러기 위해서는 첫째로, 그분의 삶은 스스로 명백히 드러나야 하며, 당신의 집에서 가족들에게 굉장히 주목받아야 한다. 다음으로, 그 삶은 주 안에서의 형제자매들에게 분명히 나타나야 한다. 예수님은 말씀하셨다. "너희가 서로 사랑하면 이로써 모든 사람이 너희가 내 제자인 줄 알리라"(요 13:35). 마지막으로, 그 삶은 구원받지 못한 자들에게 보여야 한다. 당신이 친가족이나 영적 가족과 살아가면서 상호작용하는 가운데 당신 안에서 그리고 당신을 통해서 그리스도가 구원받지 못한 잃어버린 영혼들에게 나타나지 않으면, 당신이 그들에게 무슨 말을 해도 그것은 그저 울리는 징에 불과할 것이다. 그리스도께서 당신을 통해서 사시도록 하면 할수록 당신은 실제로 이런 것들에서 승리할 수 있다.

잘 듣기 바란다. 이러한 승리하는 삶의 기회가 당신에게 열려 있다. 하나님은 사실상 모든 그리스도인이 '자신의 마음'을 실제 있는 그대로의 모습으로 정하도록 명령하고 계신다. 당신은 선택권이 없다. 하나님께서는 당신에게 직접 명령하고 계신다. 생각하고, 묵상하고, 경청하고, 주의하고, 그리고 심사숙고하라. 당신은 이 지구상에 있는 동시에 천국에서 안식하는 새사람이다. 그리스도께서 당신을 통하여 주님의 사랑의 삶을 나타내고 계신다(정상적이고 진정한 그리스도인의 삶이다). 우리는 이 '마음의 설정'을 '채널 2'라고 부를 것이다.

이 '채널 2'는 우리가 실제로 살아가는 모습이다(〈그림 12-1〉 참조).

〈그림 12-1〉

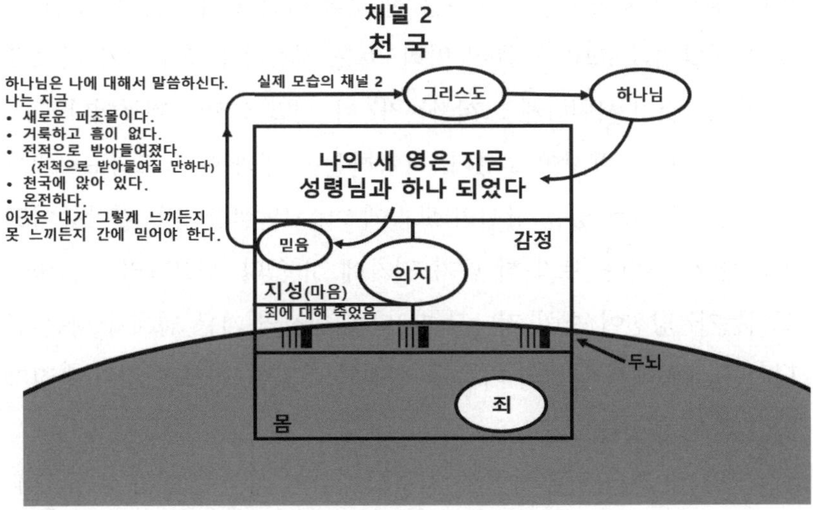

채널 2
천 국

하나님은 나에 대해서 말씀하신다.
나는 지금
- 새로운 피조물이다.
- 거룩하고 흠이 없다.
- 전적으로 받아들여졌다.
  (전적으로 받아들여질 만하다)
- 천국에 앉아 있다.
- 온전하다.
이것은 내가 그렇게 느끼든지 못 느끼든지 간에 믿어야 한다.

실제 모습의 채널 2 → 그리스도 → 하나님

나의 새 영은 지금 성령님과 하나 되었다

믿음   감정
지성(마음) 의지
죄에 대해 죽었음

두뇌

몸   죄

어떻게 당신의 마음을 설정할 것인가

'당신의 마음을 설정하는 일'은 반드시 실행될 수 있는 것이다. 그렇지 않다면 하나님께서 당신에게 그것을 하라고 명령하시지 않았을 것이다. 좀 더 자세히 설명하자면, 당신이 시골의 자갈길을 걷고 있다고 상상해 보자. 그 그림에 길을 따라 흐르는 멋진 시내를 그려 넣어라. 졸졸 흐르는 물줄기 소리가 들리는가? 5월의 어느 이른 아침이라고 가정해 보라. 한 그루의 나무에 빨간 새 한 마리를 그려 놓고 노래하게 하라. 길을 가로지르는 풀밭에서 피어오르는 옅은 안개를 상상해 보라. 이제 목초지에 한 쌍의 젖소를 그려 넣어라. 자주 쉽게 이 장면에 당신의 마음이 사로잡힐 것이다.

이제 마음에 그린 상상의 그림을 바꾸어 보겠다. 스낵코너에서 당신이 좋아하는 햄버거를 먹고 있는 장면을 상상해 보자. 소스를 약간 친 다음, 자 이제 한 입 먹어 보라. 아, 한결 맛이 더 좋아졌을 것이다. 당신이 좋아하는 음료수를 한 모금 마셔 보라. 지금은 정말 더운 여름날이다. 그리고 목이 말라 죽을 지경이다. 음료수가 목으로 넘어가는 것이 시원하게 느껴지는가? 아, 정말 신선한 기분이다.

장면을 다시 바꾸어 보겠다. 사랑하는 아내와 함께 고속도로에서 드라이브를 하고 있는 당신의 모습에 마음을 설정하자. 한밤중이고 적막한 시골이다. 트럭 한 대가 길가에 서 있다. 너울거리는 불빛이 보이는가? 당신이 스쳐 지나갈 때 디젤 엔진의 기름 냄새가 나는가? 당신은 계속해서 당신의 마음을 설정하고 있다. 바로 이것이 우리가 매일 하는 일이다.

〈그림 12-2〉를 공부하면서 지구상에서의 삶을 직면하는 동시에,

당신을 통해 주님의 삶이 나타나도록 허락(위임)하며 천국에서 안식하고 있는 당신을 그려 보기 바란다. 이것이 실질적인 의미에서 '당신의 마음을 위에 두고 있는' 모습이다. 당신은 거룩하고, 흠이 없으며, 의롭고, 받아들여졌고, 당신의 모든 필요(욕망이 아님)를 공급받았다고 믿어야 한다.

동시에 그리스도께서 당신을 통해 매일 처한 환경 가운데서 주님의 삶을 나타내시는 모습을 그려 넣기 바란다. 당신과 나는 인생에 대해 걱정할 것이 없다. "아무것도 염려하지 말고"(빌 4:6). 이것은 느껴야 하는 뭔가가 아니라 당신의 마음을 설정하는 행동이다. 당신이 감정을 설정할 수는 없다. 그러나 그 감정이 당신의 것이 아닌 하나님의 문제가 되게 하자.

〈그림 12-2〉

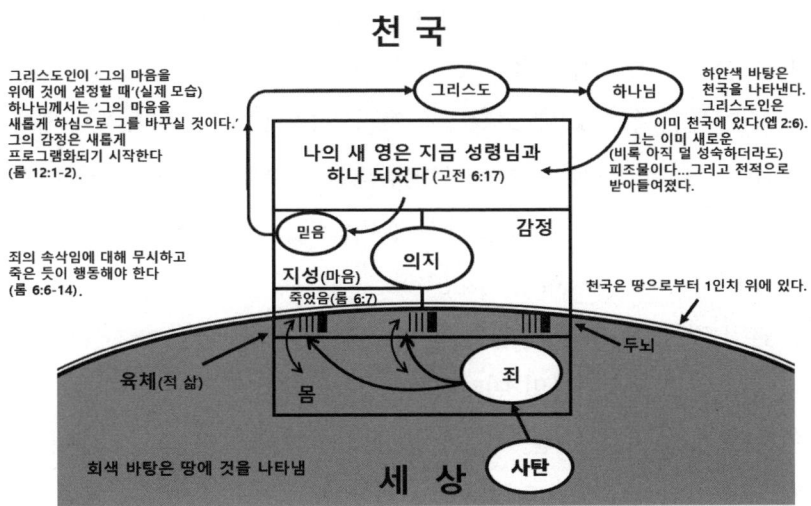

이제 천국을 묘사한 우리의 새 그림을 그려 보자. 당신은 천국에 있다. 당신은 하나님 아버지의 오른쪽 팔꿈치 가까이에 있는 그리스도 안에서 안식을 취하고 있다. 당신은 그곳에서 얼마나 많은 문제를 안고 있는가? 얼마나 긴장하고, 얼마나 깊은 감정의 상처를 받았는가? 또 어떻게 거부당했는가? 내일 무슨 일이 생길지 몰라서 얼마나 고민하고 있는가? 그곳은 평화롭지 않은가? 그곳에서 쉬는 동안 하나님 아버지께서 강한 오른팔로 당신을 끌어당기고 가슴까지 꼭 껴안는 모습을 상상해 보라. 그분의 옷이 얼마나 깨끗한지 그 냄새를 맡을 수 있는가? 옷의 감촉이 당신의 뺨에 느껴지는가?

자, 이제 내가 그리는 그림을 매우 불편하게 느끼는 당신의 고착된 감정을 가지고 나오라. 만일 당신의 감정이 내키지 않는다면 덮어 두라! 아무튼, 이 그림에 당신의 마음을 고정시켜라. 하나님께서 그분의 좋은 시간에 당신의 고착된 감정을 돌보시게 하라. 그리고 당신의 마음을 이 장면에 고정시켜라. 왜냐하면 이것이 '채널 2'로 실제 모습이기 때문이다. 잠시 모든 것을 멈추고 5분 동안 순전히 '당신의 마음을 위의 것에 고정'시켜 보라. 그렇게 하라! 죄가 당신에게 지금 막 "싫어. 그게 무슨 소용이야"라고 말했다. 그러나 지금 내가 당신에게 부탁한 것을 꼭 실행하기 바란다. 그러면 당신은 당신 안에 일어날 일을 사랑하게 될 것이다.[2]

만일 지금까지 내가 설명한 실제 모습에 당신의 마음을 하루에 서너 시간씩 고정시킨다면 어떠하겠는가? 한꺼번에 하는 것이 아니라 여기서 15초, 저기서 1분, 이렇게 조금씩 합해서 말이다. 당신에게 무슨 일이 일어나겠는가? 당신의 마음을 새롭게 함으로 변화를 받을 것이다(롬 12:2). 왜냐하면 당신이 알 수 있듯이, 이 과정으로 인해 '채널

1'에 마음을 두는 시간을 서너 시간씩 줄이게 될 것이기 때문이다. 이렇게 함으로써 당신의 사고와 감정이 고착된 길에는 무슨 일이 생길까? 당신은 고등학교 때 배운 수학을 어떻게 잊어버렸는가? 더 열심히 공부해서 완전히 '정복함으로써' 잊어버렸는가, 아니면 졸업 후 단순히 다른 것에 '마음을 두게 되어' 자연스럽게 잊어버렸는가?

당신의 육체적 삶을 극복하고 승리할 수 있는 중요한 열쇠 중의 하나는 당신의 '마음'을 계속해서 '채널 2'의 실제 모습에 '고정'시키는 것이다. '채널 1'에 마음을 두는 것에 대항하려고 힘을 쏟지 말라. 그것은 당신을 생명에서 격리시키고 '사망'으로 이끄는 일이다. 당신은 '채널 1'의 삶에 대해 죽었다. 맞서서 싸우려 하지 말고 단지 그것에 죽은 것처럼만 행동하라.

그러나 죄에 대해 죽은 것만으로는 충분하지 않다. 동시에 당신은 하나님에 대해서는 살아 있다. 승리하는 길은 온전한 마음으로 '채널 2'의 생각을 생성하는 데 힘을 다하고 집중하는 것에 있다. 지금 시작하라! 이 상황 가운데서 안식하며 그리스도 안에 앉아 있는 당신을 보라. 사랑받으며, 전적으로 받아들여지고, 경건하며, 거룩한 당신을 보라. 이것이 당신의 생명이요 삶이다. "이는 너희가 죽었고 너희 생명이 그리스도와 함께 하나님 안에 감추어졌음이라"(골 3:3). 진리에 대한 당신의 순종은 어둠을 정복하는 결과로 나타날 것이다. 이것은 세상의 체제가 아니며, 적극적 사고방식의 허위적 능력도 아니며, 동양 종교의 명상도 아니다. 이것은 성경이다. 당신의 입장에서 스스로 주님의 역할을 좀 더 효과적으로 수행하도록 하기 위해 성경 말씀을 곁들인 인간이 만든 심리 치료도 아니다. 이것은 하나님의 말씀이다. 하나님은 당신의 마음을 설정하는 데 선택권을 주시지 않았다. 그분은 당신에게 이것을 하라고 명령하셨다. 그리고 당신이 이것을 실천한다면 당신은 실제로 그 모습으로 살아갈 것이다. 만일 우리가 그렇게 하지 않는다면, 우리는 속임수 가운데 살아가게 되며, '채널 1'에 있는 사탄의 생각에 지배당하고 만다.

✿ 감정의 프로그램이 재구성되기 시작하다

당신의 마음(지성)이 실제 모습(채널 2)에 설정되고 고정되도록 하라. 그러면 성령께서 점차적으로, 그리고 초자연적으로 고착된 감정의 문턱을 좀 더 정상적인 위치로 낮추어 가실 것이다. 이렇게 되면 당신은 감정의 리히터 수치의 한계점에 다다르기까지 남은 점수를 더 벌어 놓을 수 있다(〈그림 12-3〉 참조). 따라서 당신은 이전에 영적으로 패배하던 때보다 훨씬 더 많이 인내할 수 있게 될 것이다.

〈그림 12-3〉

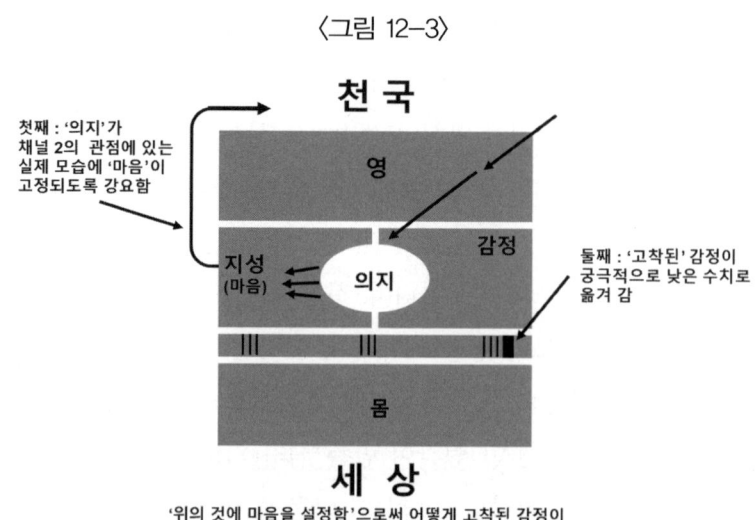

'위의 것에 마음을 설정함'으로써 어떻게 고착된 감정이
풀려 갈 수 있는지 설명하는 도면

❦ 진짜 위선자를 가려 보자

하나님께서 '채널 2'의 관점이 진리라고 말씀하셨다면, '채널 1'의 관점은 어떻게 해서 만들어지는 것일까? 바로 속임수에 의해서 만들어진다. 이것은 옛사람이 죽음에서 부활하여 어떻게 해서든지 새사람과 전쟁하고 있다는 잘못된 전제에 근거한 것이다.

만일 '채널 1'의 삶을 인정하고 그렇게 살고 있다면, 당신은 속아 살고 있는 것이다. 당신은 마치 '채널 1'이 실제 모습이고, '채널 2'는 '실제로 이루어질 수 없는' 이상적인 꿈의 모습인 것처럼 여기고 행동하고 있는 것이다. 그러므로 당신은 '채널 2'가 당신의 진정한 신분인데도 마치 '채널 1'이 당신의 신분인 것처럼 '자처하며' 살고 있는 것이다. 당신은 자신이 아닌 모습을 당신의 신분이라고 자처하고 있다. 이런 사람에게 하나님은 뭐라고 말씀하시는지 아는가? 하나님은 위선자라고 말씀하신다.

- 위선자에 대한 하나님의 정의: 당신이 아닌 모습을 마치 자신의 실제 모습인 것처럼 자처하는 것
- 위선자에 대한 사탄의 정의: 당신이 느끼는 것에 반대되는 행동을 하는 것

사기(속임수)에 대한 사탄의 정의는 전적으로 우리의 감정 상태를 근거로 하는 것이다. 당신이 이것에 동의한다면, 당신은 절대로 그리스도 안에서 진정한 신분을 누리는 삶을 살 수 없다. 비극적인 것은 모든 세상적인 상담 방법론이 사탄의 정의를 따르고 있으며, 많

은 기독교 상담가들까지도 그 정의를 따르고 있다는 것이다. 대부분의 상담가들이 사람들의 감정에 초점을 둔다. 만일 그들의 상담술이 상담을 받는 사람들로 하여금 좀 더 기분이 나아지게 한다면 그들은 피상담자들이 '나아졌다'고 언급한다. 그러나 어떤 사람이든지 '빛(진리) 가운데의 삶'을 살 때만 나아질 수 있다. 우리는 하나님의 말씀에 근거해서 진리의 여부를 결정하는 것이지, 우리의 감정 상태를 기준으로 하는 것이 아니다.

당신이 느끼는 것에 반대로 행동해 보면 사탄이 당신의 마음속에서 당신이 속고 있다고 비난할 것이다. 왜냐하면 그는 본질상 '형제들을 참소하는 자'(계 12:10)이기 때문이다. 그러나 이것은 스스로 자신을 고소하는 것처럼 들린다. 이전에 우리가 논의했듯이 사탄은 1인칭 대명사를 사용하여 죄의 권세를 가지고 당신의 마음에 이러한 생각을 불어넣기 때문이다. "왜 내가 아내한테 그렇게 느끼지 않으면서 사랑한다고 하며, 나를 위한 그녀의 모든 헌신에 고맙다고 말해야 하지? 그것이야말로 나를 위선자로 만드는 거야!"

그리스도인들은 이 생각이 참소자에게서 왔다는 것을 모르기 때문에 그것에 동의하게 된다. 대부분의 사람들이 이 속임수를 깨고 승리의 삶으로 나아가지 못하고 있다. 그들은 하나님께서 어떻게 해서든지 자신들의 감정을 바꾸셔서 자신들이 '위선자가 되지' 않고 적절히 행동할 수 있게 해 달라고 희망하면서 그 자리에 앉아 기다린다. 이것은 정확히 '채널 1'의 삶이다.

이제 만일 당신이 육체를 좇는 삶을 무시하고 아내와 아들에게 사랑과 격려, 그리고 부드러움이 가득 찬 대화로 일관함으로써, 그리스도께서 그분의 삶을 당신의 인격과 몸을 통해서 나타내시는 것처럼 믿음으로 행동한다면 어떻겠는가? 그러면 당신은 마치 그리스도께서 실제로 당신의 생명이며 삶인 것처럼 행동하게 될 것이다. 진정으로 진실된 것을 행동으로 보일 것이다. 안 그런가? 당신이 위선자가 되는 것인가, 아니면 당신의 실제 모습을 행동으로 옮기는 것인가? 당신은 하나님의 말씀에 믿음으로 순종하는 삶을 사는 것이다. 당신의 진정한 신분에 맞지 않는 마음을 형성하게 한 비난과 감정을 무시하라. 그리스도께서 그분의 삶이 당신의 인격을 통해 표출되게 함으로써 당신의 생명과 삶이 되시는 그리스도께서 영광을 받으시고 동시에 당신은 그리스도를 체험하고 그분을 알게 될 것이다.

🌿 사느냐(생명)와 죽느냐(죽음)의 선택

당신의 마음을 진리에 고정시켜라. 당신의 의지로 머리(두뇌)를 통해 침입하는 죄의 생각들을 거부하고, 당신의 마음에 성경적이고 타당하며 생산적이고 진실한 생각들을 받아들여라. 이것을 죄를 생각하는 '공격'이 사라질 때까지 5분이든 10분이든 필요한 시간만큼 의지적으로 강행하라. 만일 사탄이 다시 공격을 시작하려 한다면 당신도 다시 그에 반대되는 생각들을 끌어들이기 시작하라. '채널 2' 안에 당신의 마음을 고정시키면 '채널 1'에 대한 죽음을 체험하게 될 것이다. 이전에도 언급했지만, 당신에게 일어나는 죄의 생각들을 경계하며 그것들을 물리치는 데 집중하는 것은 치명적인 실수다. 이것은 당신을 생명으로부터 격리시키고 죽음에 초점을 두게 한다. 즉, 죄 자체에 몰두하지 말고, 치유하는 성경적인 진리들을 생각하며 당신의 마음을 고정시켜라. 이것이 세상과 육체를 좇는 삶에서 벗어나 마귀를 이기고 승리하는 길이다.

그렇게 하면 당신은 마음을 새롭게 함으로 변화를 받는(롬 12:2) 삶을 살 수 있다. 그리스도 안에서 이미 변화된 당신은 성숙해 가는 생활을 하기 시작할 것이다. 당신의 감정은 정상적인 그리스도인들의 수준으로 안정되어 가고, 궁극적으로 성숙해진 경건한 인격을 형성하는 결과를 가져다줄 것이다.

당신은 이 책에 있는 진리들을 믿을 수 있다. 그러나 그것들이 당신에게 그저 하나의 정보 자료로만 남아 있을 수도 있다. 만일 당신이 이 정보 자료를 지식으로 전환시키려면 당신은 순종해야 한다(하나님의 말씀을 믿기로 결단하고 삶을 조정하면 하나님이 나를 통해 사심). 이를 꽉 물고 예수님과 함께 옛사람이 죽었다는 사실을 놓고 축하해야 한다.

그리고 당신의 마음을 그리스도께 고정시키기 시작하라. 당신의 인격이 그분의 성품으로 변할 것이다. 성령의 열매가 당신의 순종의 자연스러운 산물로 나타나기 시작할 것이다. 포도나무의 가지는 포도를 생산하기 위해 긴장하고 신음하지 않는다. 그것은 그저 붙어 있을 뿐이며, 나무의 생명이 열매를 맺는 것이다. 이 모습이 당신 안에 계신 그리스도의 생명이 당신을 통해 사실 때 당신에게 일어날 일이다.

그리스도인을 향한 하나님의 궁극적인 목적

어느 날, 하나님의 사랑과 은혜로 나는 그리스도 안에서 새로워진 의로움으로 인해 흥분하며 기뻐했다. 구원 이후 그리스도인이 되었지만 나는 스스로의 힘으로 살기 위해 몸부림치는 인생이었다. 예수님께서 나를 위해 이미 승리해 놓으신 전쟁을 스스로 수년 동안 싸워 왔다. 이제 나는 자신의 승리가 스스로의 힘으로 획득하는 것이 아니라 주님께서 이미 이루어 놓으신 과업을 믿음으로 주어진다는 것을 발견했다.

그런데 이어서 다음과 같은 질문이 생겼다. "내가 만일 하나님의 말씀 안에서 이미 거룩하고, 흠이 없고, 받아들여졌으며, 의롭고, 또한 그밖에도 많은 훌륭한 모습을 갖게 되었다면, 왜 여기서 살아야 하지? 나를 본향으로 데리고 가지 않고 여기에 계속 두시는 목적이 무엇인가?"

당신은 이것이 훌륭한 질문이며 대답 또한 주님의 영광을 드러내기에 충분하다는 생각이 들지 않는가? 지금부터 당신이 본향으로 돌아가기까지의 시간 동안 당신 앞에 놓여 있는 환상적인 기회를 보라! 당신과 나는 하나님께서 계획해 놓으신 천국의 질서를 따라 미래의 역할을 감당하기 위해 준비하는 특권을 받았다.

이 세상은 대학원 과정이나 축구 교실과 아주 비슷하다. 우리는 이미 그리스도 안에서 승리자이지만 영원한 지도자의 역할을 위해 단 한 번의 훈련 기회를 가지고 있으며, 그 훈련은 바로 이 지구상에서 이루어진다.

🕊 왜 하나님은 아직 '우리를 영원한 하나님 나라로 올리지' 않으시는가

하나님은 왜 스타트랙 영화에 나오는 것처럼 '우리를 빛으로 들어올리지' 않으시는지 설명하기 위해서는 하나님 계획의 거대한 그림을 봐야 하며, 그러기 위해 우리는 당신의 육체적 출생으로부터 시작할 것이다.

당신이 태어났을 때, 하나님은 당신의 뒤에 있는 문을 닫아서 문턱 뒤로는 다시 돌아가지 못하게 하셨다. 하나님은 우리가 건널 수 없는 이 한계를 설정해 놓으셨다. 욥기 14장 5절에서 말하기를, "그의 날을 정하셨고 그의 달 수도 주께 있으므로 그의 규례를 정하여 넘어가지 못하게 하셨사온즉"이라고 기록하고 있다. 우리의 하나님은 문을 지키는 파수꾼의 역할을 하신다. 그분께서 문을 닫으시면 그것은 닫히고 만다.

당신을 향한 하나님의 계획은 당신을 그분께로 이끄시는 것이다 (벧후 3:9). 이것을 성취하기 위해, 그분은 당신의 주위에 한계를 설정하셔서 당신이 주님께 복종하는 결정을 하도록 '밀어붙이신다.' 이것은 당신을 거칠게 다루는 것이 아니라 당신을 자신의 신부로 삼고자 사랑을 호소하는, 아름다운 주님의 사랑 이야기다.

아마도 당신도 과거에 죄짓는 와중에서 고통스러운 경험과 함께 동기 부여되어, 이러한 삶에서 180도 회전하고 변할 것을 다짐하며 스스로 열심히 노력하던 장면을 떠올릴 수 있을 것이다.

당신을 위한 하나님의 한계에 부딪히면서 구원에 이르는 예수 그리스도를 만날 때까지 당신의 여정은 계속된다. 한편 어떤 이들은 자신들의 죄 가운데서 죽음을 맞이하고 만다. 이것은 하나님의 은혜를 낭비하는 비극이다.

당신이 회개하기를 선택하고 예수 그리스도를 구주로 영접했다고 가정해 보자. 당신이 일단 한번 결정하고 나면, 하나님은 당신 뒤에 있는 또 하나의 문을 닫으신다. 육체적으로 태어나지 않을 수 없었듯이 영적으로도 태어날 수밖에 없었다고 믿는다. 그를 계속 이 위치에 묶어 두는 것은 하나님께서 하실 일이고, 그분은 이것을 능히 하실 수 있는 분이다(빌 1:6).

지금 고백해야 할 사실은, 위로부터 진정으로 거듭났으면서도 아직도 맨 밑바닥에서 사는 것처럼 생활하는 사람들이 있다는 것이다. 하지만 그들이 그렇게 할 때에 하늘에 계신 우리 아버지께서는 그들이 새롭게 태어난 사람처럼 행동하기 시작할 때까지 주위 환경을 어렵게 함으로써 그들을 훈육하실 것이다(히 12:9).

이 모든 것들을 통한 하나님의 목표는 로마서 8장 29절에 명백하게 나타나 있다. "하나님이 미리 아신 자들을 또한 그 아들의 형상을 본받게 하기 위하여 미리 정하셨으니 이는 그로 많은 형제 중에서 맏아들이 되게 하려 하심이니라."

하나님의 계획은 우리가 그리스도의 형상을 본받는 것이다. 이외에 다른 어떤 것이 우리의 마음을 흥분시킬 수 있겠는가? 그분은 이것을 우리가 죽은 후에 육신이 변화의 주체가 되어 성취하게 하시는 것이 아니라, 여기 이 세상에 사는 동안 성령님이 변화의 주체가 되도록 하심으로 주님의 형상을 이루신다.

'예정되었다'(미리 정하셨으니)라는 단어에 주의해 보라. 이 말은 하나님께서 당신에게 행하시겠다는 것을 의미한다. 당신은 이제껏 사랑의 장애 코스에 배치되어 왔다. 나는 이것을 '세상 대학'이라고 부른다. 하나님은 이 '세상 대학'을 통해 당신을 순응시키고자 열심히 일하고 계신다. 더욱이 그분께서 시작하신 일을 다 마치겠다고 말씀하신다(빌 1:6).

하나님은 그분의 목표를 달성하기 위한 두 가지 계획을 갖고 계신다. 첫째는, 당신이 성경 말씀 가운데에서 진리를 보고 믿음과 순종으로 반응하는 것이다. 그런데 내 생각에는 대부분의 그리스도인이 지적으로 느린 것 같다. 우리는 "쉬지 말고 기도하라"(살전 5:17)와 같은 구절을 보면, '내가 어떻게 그렇게 할 수 있겠는가? 내 일을 다 성취하면서 동시에 계속해서 기도할 수는 없어'라고 반응한다. 따라서 하나님께서는 두 번째 계획인 로마서 8장 28절로 되돌아가신다. '모든 것들'이 조금씩 인생에 들어오기를 허락하시는 것이다. 그분은 좀 더 주님만을 의지하도록 주위 한계들로 죄어 들어오게 하신다. 고린도후서 12장 9절은 다음과 같이 말한다. "내 은혜가 네게 족하도다 이는 내 능력이 약한 데서 온전하여짐이라."

하나님은 자립을 싫어하신다. 그분은 당신이 예수님처럼 그분께 의지하기를 원하신다. 그래서 그분은 자족적 생활이 갑자기 어려워지게 해서 우리 안에 있는 그리스도의 충분한 능력을 대안으로 선택하도록 하신다. 이렇게 감당할 수 없을 것 같은 어려움을 통하여 우리는 쉬지 않고 기도하면서 동시에 자신의 일을 성취하는 방법을 배운다. 그리고 사실상 이것이 오히려 삶을 쉽게 사는 길임을 깨닫게 된다. 그는 자신의 일을 주님을 통해 성취하기 위해 그리스도를 믿음으로써 '하나님의 안식으로 들어가게' 되는 것이다.

예수 그리스도는 그 누구보다 가장 의존적인 삶을 사신 분이었다(요 5:19, 30, 8:28, 14:10).[3] 많은 사람들이 이것을 발견하지 못하고 있다. 그들은 실제로 주님께서 전적으로 의존적인 삶을 사셨음에도 불구하고 그분이 이 땅에서 자족적 생활을 하신 것처럼 생각하고 있다. "아버지께서 내 안에 계셔서 그의 일을 하시는 것이라"(요 14:10)라고 예수님은 말씀하신다. 우리의 하늘 아버지는 우리가 그리스도의 형상을 본받게 하는 것에 헌신하셨기 때문에 이 세상에서의 환경들은 그리스도인들로 하여금 그들의 자족적 생활을 끝내게 하기 위해 설계되었다. 이 환경들은 '세상 대학'에서 당신이 최고로 영원히 좋은 것을 얻게 하기 위해 계획되고 준비된 수업 과정임을 깨닫기 바란다.

형제자매들이여, 이제 싸움을 멈추라. 용납받고 인정받기 위해 집착하던 당신의 모든 '권리들'(재능, 능력, 은사 등등)을 포기하라. 당신은 이로 인해 생긴 결과들을 사랑하게 될 것이다. 주님께서 당신의 재능과 능력과 은사와 인격을 통해 그분 자신을 나타내실 때에 '생명'을 발견할 것이다. 이것이 예수님이 걸어가셨던 길이기도 하다. 예수님은 자신을 통해 하늘 아버지께서 일하시도록 하셨다(그런 예수님은 우리를 통해 살기를 원하신다).

많은 사람들이 깨닫지 못하고 있는 것은, 예수님이 스스로 부활하신 것이 아니라 하나님께서 그를 일으키셨다는 것이다. 성경은 예수님이 하나님에 의해 일으켜졌다는 내용을 직설적으로 40개 이상의 구절을 통해 가르치는 반면, 그 자신이 일어났다는 내용은 단지 세 구절을 통해 비유적으로만 묘사하고 있다(이 성전을 헐라 내가 사흘 동안에 일으키리라). 예수님은 하늘 아버지께서 그를 위해 일하시기 전까지 사흘 동안 무덤에 머물러 있는 것에 순종하셨다. 성경 말씀을 통해 확인해 보라. 당신을 위한 그분의 자발적인 죽음은 그 이상의 가치를 지니고 있다. 당신의 죄 때문에 십자가에 달려서 "아버지여! 왜 나를 버리시나이까?"라고 외치며 하늘 아버지로부터 거부를 경험해야 했던 주님을 생각해 보라. 그런데 그는 더 나아가 아버지의 완전무결함이 그를 다시 일으킬 것을 믿으면서, 거기 머물러 있다가 죽어 지옥으로 내려가기까지 헌신하셨다.

한 단계 한 단계씩

성숙함이란 한 번의 큰 도약으로 이루어지는 것이 아니라 점진적이고 연속적인 하나의 과정임을 말할 필요도 없다. "우리가…주의 영광을 보매 그와 같은 형상으로 변화하여 영광에서 영광에 이르니…"(고후 3:18). '영광에서 영광에'이지 '쓰레기 같은 것에서 영광에'가 아님을 주의하라. 당신은 이미 그리스도 안에서 거룩하다.

사람이 한 번 거듭나면 그의 본성은 이미 그리스도와 같게 되지만 성숙함에 있어서는 갓난아기 수준에 불과하다. 우리는 새 본성을 가지고 믿음과 순종으로 행동함으로써 점점 더 예수님같이 보이게 된다.

물론 그리스도인이 '육체를 좇는 삶'을 살아가면서 자신의 진정한 본성에 완전히 반대되는 성품을 이루어 갈 수도 있다. 이런 것은 그리스도의 심판 보좌(고전 3:10-15; 고후 5:10)에서 모두 불타 없어지겠지만, 우리가 앞서 살펴보았듯이 그의 구원만은 남아 있을 것이다.[4] 따라서 나이가 들면서 그의 성품은 자신의 신성한 본성에 반대되는 모습으로 이루어질 것이다. 이러한 사람은 장차 천국에서의 지도력을 위해 훈련을 제대로 받을 수 없다. 왜냐하면 그는 평생 육체를 좇는 삶을 신뢰하며 살았기 때문이다. 그는 "손으로 지은 것이 아니요 하늘에 있는 영원한 집"(고후 5:1)에서 성숙한 나무가 아닌 어린 묘목으로 거할 수밖에 없다.

연약함을 통해 강함을 배우는 수업 과정을 놓치고 '사회적으로 보기 좋고 잘 받아들여진' 육체적 삶을 사는 사람도 같은 경우에 처한다. 천국이 아니라 이 땅이 의존적 삶을 배우는 장소다. 이 땅에서 그것을 이루지 못한 사람은 천국에서 의존적 삶을 자동적으로 살게 되겠지만 상급은 없다.

이 땅에서 그리스도인으로서의 성품을 가꾸어 나간 사람들은 천국에서 우리의 창조적인 하늘 아버지께서 계획하신 장차 영원한 그 나라의 체제에 따른 지도자의 지위를 부여받는다. "네가 적은 일에 충성하였으매 내가 많은 것을 네게 맡기리니"(마 25:23)라고 예수님께서는 이러한 사람들의 미래에 대해 말씀하셨다.

한 단계 한 단계씩 성숙하여 우리는 온전한 헌신에 이르게 된다. 온전한 헌신이란 그리스도인이 그의 신분에 맞는 삶을 살고, 자신과 하나님 사이에 아무것도 두지 않기를 결단하는 단계에까지 가는 것이다. 나는 기도했다. "주님, 저는 제 아내를 주님께 바칩니다. 주님은 저와 제 아내의 사이에 좋다고 생각되는 것은 무엇이나 하셔도 됩니다. 아내는 제 소유가 아니라 주님의 것입니다. 소유자만이 자신의 것에 대해 무엇이든지 할 수 있는 권리가 있습니다." 이러한 기도를 모든 것에 대해 해야 한다.

"주님, 여기에 모든 것이 있습니다. 제 아내와 자녀들, 저와 식구들의 건강, 저 자신과 집, 재산, 목회(직업), 외모, 저의 의지 등, 이 모든 것들! 저와 하나님 사이에는 아무것도 없습니다. 저는 하나님께만 모두 바칩니다." 당신은 이제 온전히 헌신되었다. 이것은 당신의 의지로 이를 악물며 행하는 단 한 번의 결정이다. 이제는 이렇게 결정한 것을 실제로 체험하도록 인생의 환경들을 지휘하고 구성하는 하나님의 역사가 따라온다(빌 1:6, 2:13 참조).

❦ '날마다 제 십자가를 지고'의 의미

나는 하나님께서 마지막으로 중요한 관문이 무엇인지 보여 주셨다고 생각한다. 그것은 십자가를 요구한다. 주님께서 "날마다 제 십자가를 지고 나를 따를 것이니라"(눅 9:23)라고 하신 말씀은 당신이 목회자나 선교사가 되어야 한다는 의미가 아니었다.

반복해서 설명하지만 당신이 스스로 십자가에 못 박히려고 시도하는 것이 아니며, 또 당신이 '자신을 죽이려고' 노력해 보는 것도 아니다. 이것은 잘못된 것이다. 하나님의 말씀에는 그런 가르침이 없다. 당신은 어떤 것에게든지 죽지 않는다. 당신이 이미 갖고 있는 하나님의 말씀에 단순히 동의하는 것뿐이다. 그러나 이것은 어떠한 개념에 지적으로 동의하는 것이 아니라 결혼만큼이나 중대한 것이다. 때문에 가벼운 발걸음으로 들어갈 수가 없다. 이를 악물며 "주님, 정말이라니까요"라고 말해야 한다. 어떤 사람들은 굴복하기 전에 집이 무너지는 듯한 소란을 겪는다. 또 어떤 사람들은 조용히 동의하고 따른다. 어떤 경우든 당신이 새로운 신분의 삶을 살고자(온전한 헌신) 할 때 그리스도 안에서 당신의 진정한 신분을 선포하는 곳까지 들어가게 된다.

그리스도인의 새로운 신분의 삶(헌신)에는 매번 믿음의 결단을 위한 갈등의 순간이 동반된다. 이 믿음의 결단에는 당신의 새로운 신분에 맞는 삶에 어떻게 반응할지를 하나님께서 결정하시는 것이 아니다. 당신이 하나님의 뜻에 따를 것인지 아닌지를 결정하는 것이다. 하나님은 기다리고 계시다가 당신이 주님의 뜻을 따르기로 믿음으로 결단하고 인정하며 당신의 삶을 조정하면, 순종으로 간주하고 그때부터는 주님께서 당신을 통해 일하고 성취하며 전적인 영광을 받으신다. 그리고 당신은 승리와 함께 새롭게 하나님을 경험하는 기회를 갖는다.[5]

나는 이러한 믿음의 결단을 할 때 일어나는 갈등의 순간들이 당신이 십자가 결단을 내린 후 그리스도의 형상을 본받아 가는 과정 가운데 겪는 '날마다 제 십자가를 지는 삶'이라고 생각한다. 이것은 매일매일 당신이 '채널 1의 삶'을 택할 것인지 아니면 '채널 2의 삶'을 택할 것인지 결정해야 할 때마다 겪는 선택의 순간들을 의미한다. 당신은 사탄의 속임수에 넘어가 십자가를 버릴 수도 있고, 아니면 다음과 같이 말할 수도 있다. "나는 이 속임수가 어디에서 오는지 알고 있다. 나는 너에게 죽었다. 떠나가라!" 그렇게 하면 당신은 진리로 채워지고 당신의 십자가를 지는 것이다.

✷ 그리스도인의 순종적 시각(時刻)

우리가 성경을 읽거나 설교를 듣고 깨달을 때면 그 말씀의 순종은 우리의 몫이라는 생각을 한다. 그래서 설교를 듣고 '아멘'한다. 그런데 어떤가? 그 말씀에 우리가 순종할 수 있는가? 대부분은 실패를 경험한다. 그래서 말씀을 읽고 설교를 듣는 것이 마음에 무거운 짐이 될 때가 많다. 그런 까닭에 하나님의 말씀을 읽고 묵상하는 일과 주와 함께 교제하는 시간이 줄고 주님과의 관계는 멀어져만 간다.

하나님은 그리스도의 십자가의 죽음과 부활로 우리를 죄와 사망에서 은혜로 구원하셨을 뿐만 아니라 우리가 이 땅에 사는 동안 지옥 같은 삶에서도 구원하시기로 계획하셨다. 왜 그렇게 하셨다고 생각하는가? 하나님은 우리 스스로는 이 세상의 삶을 살아갈 수 없다는 것을 아셨기 때문이다. 그래서 하나님은 그리스도를 통해 우리를 구원하시고, 또 성령을 우리 안에 보내셔서 우리를 통해서 사심으로 세상의 삶에서도 구원하신다. 이것이 바로 은혜의 삶이다.

은혜의 삶이 하나님이 계획하신 우리의 삶이라면 궁금한 것이 한 가지 있다. 그리스도인의 삶이 생명이신 그리스도께서 나를 통해서 사시는 삶이라면, 하나님의 말씀에 최종적으로 순종하는 대상은 우리일까, 그리스도이실까? 당신은 어떻게 생각하는가? 나는 "우리가 순종하는 시각(시점)이 언제일까?"라는 의문이 생겼다. 당신은 그런 의문이 들지 않는가?

많은 그리스도인은 하나님의 말씀에 자신이 최종적으로 행동하는 것을 순종으로 알고 있다. 그런데 성경의 가르침은 그렇지 않다. 성경은 "우리가 하나님의 말씀에 순종하고자 함으로 그러한 삶에서 실패한다"라고 말한다. 그래서 많은 경우 "하나님의 말씀에 순종해야 한다"라는 말이 우리의 무거운 짐이 된다. 대부분의 설교하는 사람들도 그렇게 말씀을 적용하고 있다. 많은 훌륭한 목회자들도 말씀을 잘 분석하여 은혜롭게 전하신다. 그런데 그 말씀 순종의 몫을 교인들에게 맡긴 채로 설교를 맺는다(갈 2:20).

당신은 기억하는가? 하나님의 말씀에 온전히 순종할 수 있는 분은 오직 그리스도뿐이라는 사실 말이다. 이 말은 우리가 스스로는 절대 하나님의 말씀을 따를 수 없고, 그리스도께서 우리를 통해서 사실 때만 순종할 수 있다는 의미를 포함한다. 그래서 그리스도께서는 그의 영, 성령을 약속대로 보내시고 예수 그리스도를 믿는 이들 안에 내주하신 것이다(오순절).

은혜의 삶을 아는 목사께서 말씀을 전한다면 이렇게 설교를 마칠 것이다. "살아 계신 주님께서 당신을 통해서 이 말씀대로 사시겠다고 하십니다. 여러분! 어떻게 하시겠습니까? 위임(맡김)하시겠습니까? 주님을 믿고 의지한다면 그분께서 이루실 것입니다." 바로 이것이 예수님이 말씀하신 "내 멍에는 쉽고 내 짐은 가벼움이라"(마 11:30)라는 말씀의 뜻이다.

나는 은혜의 삶을 깨닫고 '그리스도인의 순종적 시각의 문제'로 말씀을 묵상하고 기도했다. 나는 성령님의 인도하심으로 믿는 데 헨리 블랙가비(Henry T. Blackaby)의 책 『하나님을 경험하는 삶』이 큰 도움을 주었다. 그는 이 책에서 하나님의 뜻을 알고 행하는 데 첫 번째 고비는 '믿음의 갈등'이라고 말한다. 그는 "우리는 하나님께서 우리를 그분의 일로 초청하실 때 우리가 할 수 있는 일로 부르신다고 생각하기 쉬우나 만약 그렇다면 그 사명은 하나님이 부르신 것이 아니다(예외도 있으나)"라고 말한다. 성경을 보면 하나님이 주시는 사명(일)들은 항상 하나님 크기의 것들이다. 하나님은 그분의 사람들과 그분을 주시하고 있는 세상을 향하여 그분의 본질, 힘, 공급하심, 그리고 자비를 나타내기 원하시기 때문에, 하나님이 주시는 일(사명)들은 항상 사람이 할 수 있는 범위를 넘어선 것들이다.

이때 우리는 믿음의 갈등을 한다. '내가 가진 것과 힘으로는 할 수 없는데 왜 하나님께서 이 일을 나에게 하도록 하시지? 나는 도저히 할 수 없어! 이 일은 내가 할 수 있는 일이 아니야!' 그러나 하나님은 그런 갈등 과정을 바라보시며 기다리고 계신다. 그리고 하나님은 그 과정을 통해서 전지전능하신 그분을 바라고 알게 되기를 원하신다. '그래! 나는 할 수 없어! 그러나 나를 통해 하나님이 하시면

할 수 있어! 할렐루야!' 하나님에 대한 믿음이 없이는 이 첫 번째 전환점에서 잘못된 결정을 내릴 것이다. 그러나 우리는 하나님을 믿고 그 일(사역)을 받기로 결단하고 행동하기로 한다.

이렇게 해서 하나님의 뜻을 알고 행하는 두 번째 전환점에 이른다. 우리가 우리의 삶을 하나님께로 조정하는 것도 고비다. 하나님을 일단 믿었다면, 다음은 당신의 행동이 당신의 믿음을 나타낼 때다. 이 행동이 획기적인 조정 중의 하나다. 이 단계가 고비가 되는 것은 조정과 순종이 당신과 당신의 주위 사람들에게 값비싼 대가를 치르게 할 수도 있기 때문이다. 그러나 믿음은 행동을 통해서 표현되어야 하고, 그 행동이 당신의 인생을 하나님께로 조정한다.

그리스도인이 하나님의 말씀을 순종하는 것은 살아 계시고 전지전능하신 하나님을 믿고 의지하여 자신의 삶을 그분께로 조정(위임, 양도)하는 것이다. 이 순간이 바로 그리스도인의 순종적 시각(시점)이다.

당신이 이 단계까지 이르게 되면 이제는 최종적으로 하나님께서 그 일을 그분의 일로 여기시고 당신을 통해 모두 행하여 이루신다. 당신이 그 일을 하는 것이 아니라 당신 안(영)에 계신 그리스도의 생명(성령)이 당신(영혼과 몸)을 통해서 그 일을 마치신다.

하나님께서 위임받아 일을 완성하심으로 당신은 하나님을 경험하여 더욱 알게 되는 복(믿음 성장)을 받고 땅의 기름진 것도 함께 받는다. 동시에 살아 계신 하나님은 당신을 통해 영광을 받으신다. 이러한 삶이 바로 은혜의 삶(성령 충만한 삶)이다.

헨리 블랙가비의 놀라운 깨달음은 하나님의 사명자나 사역으로 부르심을 받고 순종하는 경우(모세, 다윗, 교회)를 설명한다. 그렇지만 그의 깨달음은 우리가 하나님의 말씀을 순종하는 마지막 주자가 아니라 하나님께서 그분의 말씀 성취의 최종이 되신다는 것이다. 나는 얼마나 큰 소리로 "와우!" 외치며 하나님을 찬양했는지 모른다. 당신은 놀랍지 않은가? 나도 빈손으로 부름을 받아 모든 소원을 주님께서 이루심을 경험한 목회자로, 내가 산 것이 아니라 주님께서 사신 것을 인정한다. 하지만 헨리가 간과한 것이 있다. 그는 우리가 감당할 수 없는 일로 우리를 부르실 경우를 중심으로 글을 쓰고 있다.

그는 하나님께서는 우리의 모든 삶에서 그분이 우리를 통해서 사시기를 원하신다는 것을 생각하지 못했다. 하나님은 우리의 작은 일, 즉 라면을 끓이는 일이나 세수하는 일까지도 우리 스스로 하는 것을 원하지 않으신다. 우리는 '우리가 열심히 배우고 노력해서 하나님 도움 없이도 일을 스스로 잘하면 하나님께서는 다른 사람들을 도울 수 있어서 좋으시겠지!'라고 생각한다. 그런데 하나님은 말씀하신다. "아니다. 틀렸다. 그것은 일을 네게 쌓아 놓은 거잖아! 나는 네 힘과 자족함으로 스스로 너 혼자서 하는 것을 기뻐하지 않는다. 나는 그 일을 내게 맡기기를 원하고 내가 하기를 기뻐한다." 그렇다. 하나님께서는 우리가 할 수 있는 작고 사소한 일까지도 하나님께서 우리를 통해서 하시기를 원하신다.

그러니까 우리의 마음과 생각을 통해서 하고 싶은 어떤 일이 있을 때 어떻게 하면 될까? 먼저, 그 생각이 하나님과 그분의 자녀인 우리의 생각이고 경건하고 하나님께서 기뻐하시는 일인지를 분별하고, 다음으로 그 일과 생각을 주님께서 우리를 통해서 하시기를 원하시는구나 믿고 우리의 삶을 조정하여 그리스도께서 나를 통해 일하신 것처럼(것을 믿고) 우리가 행하면 된다. 우리의 영혼과 몸이 실지로는 행하고 있으나 우리 영(靈) 안에 계신 그리스도의 영이 주도하심으로 일을 이루신다(고전 6:17).

이러한 삶이 그리스도인의 삶이라면 그리스도인의 순종적 시각 (시점)은 그리스도의 생명이 우리를 통해 일하시기 시작 전, 우리가 믿음의 결단을 갖고 삶을 조정하는 순간이라고 할 수 있다. 그 후에 하나님께서 우리의 순종을 인정하시고 살아 계시고 전능하신 주님께서 친히 그 일을 다 이루신다.

❦ 새 신분의 삶 유형 만들기

급한 심방이 있어 교구장, 구역장과 함께 심방을 가는 길이었다. 나의 마음은 심방하는 가정의 상황과 전할 말씀에 가 있었다. 우리는 동호대교를 건너 올림픽대로로 우회전해야 했다. 그런데 곧바로 직진하고 있는 것이 아닌가! 아뿔사! 이 무슨 멍청한 짓인가. 이곳은 정말 차가 막히는 지역이기 때문에 이제 약속된 시간에 도착하는 것은 물건너갔다.

어떻게 이런 일이 일어날 수 있는가? 이유는 간단하다. 나는 이 길을 수도 없이 운전했다. 내 머릿속에는 이 길이 각인되어 있어서 습관적으로 오가도록 몸에 배어 버렸다. 내 마음이 온통 심방에 있는 사이, 나는 새롭고 덜 익숙한 길을 따라 운전하기보다는 평소에 습관대로 차를 몰았던 것이다. 심리학에서는 그런 것을 '자동적인 원위치'라고 부른다.

그리스도인의 삶에도 이와 유사한 것이 있다. 당신의 기억 저장소에 완전히 각인되어 있는 오래된 삶의 유형(육체의 삶)은 이미 자리 잡고 앉아 있다. 그러나 당신의 육체적인 습관들은 얼마나 오랜 세월을 거치면서 형성된 것인가? 1~70년 동안 만들어진 것은 아닌가?

당신은 새롭고 성화된(그리스도인의 새 신분) 삶의 유형, 곧 그리스도께서 당신 안에 그분의 생명을 드러내는 삶의 유형을 세우기를 원한다.

당신의 차는 자동변속기를 달고 있는 승용차이며, 당신은 자동변속기를 단 차를 타고 여러 해 동안 수만 킬로미터를 운전한 주행 경력이 있다고 하자. 그런 경우 아침에 차를 타고 막 나가려 할 때 자동차 키를 꽂는 구멍이 어디 있는지 기억해 내려 애쓸 필요가 있을까? 당연히 없다. 습관에 따라 당신은 어둠 속에서도 그 구멍을 찾아낼 수 있다. 시동을 걸고 차를 앞으로 가도록 할 때 기어를 옮겨야 한다는 사실을 자신에게 상기시켜야 할까? 말도 안 되는 소리다. 습관에 따라 그냥 자동적으로 기어를 옮긴다. 또 갑자기 정지해야 하는 상황이 발생했을 때 당신은 곰곰이 생각해야 하는가? 물론 아니다. 당신의 뇌는 훈련된 사냥개처럼 수년 동안 쌓아온 습관으로 자동변속기 차를 숙련되게 몰도록 길들여 있다.

당신이 평소에 갖고 싶어 했던 차가 폭스바겐 비틀(Beetle)이라고 하자. 그 차는 수동변속기 차다. 당신이 갖고 싶어 하던 차를 구입했다. 그러면 당신은 어떻게 하겠는가? 새로 구입한 차의 매뉴얼을 꼼꼼히 살펴볼 것이다. 그리고 익숙한 운전을 위해서 한적한 곳에서 연습하지 않겠는가? 그래야 그 차를 타고 출근하고 더 나아가 가족과 함께 고속도로를 주행하며 행복을 누리지 않겠는가? 이것은 당연한 사실이다. 한적한 곳에서 많은 연습을 하고 차를 운전한다 해도 여러 번 기어 변속으로 인해 시동이 꺼지는 위기의 순간을 맞아 놀라는 일이 생기고 함께 여행하는 사람들에게 못된 소리도 많이

들을 것이다. 그러나 거듭된 연습과 오랜 시간 동안 운전하다 보면 예전 자동변속기 차처럼 익숙하게 된다.

성령님께서 당신을 통해서 그리스도의 생명이 나타나도록 하시며, 그리스도 안에 있는 당신의 정체성에 따라서 당신이 자신에 대해 생각하도록 이것을 대입시켜 보자.

자동변속기 차를 운전하던 습관은 당신의 옛 삶의 방식, 곧 빌립보서 3장 3-7절에서 말하는 '육체'(육체적 삶)를 의미한다. 당신은 이런 방식을 독립적으로 살면서 발전시켰다. 그런데 새로운 삶의 방식은 그리스도를 생명으로 신뢰하며, 당신의 정체성을 그분 안에서 찾는 것이다.

폭스바겐을 운전하는 것을 이런 삶과 같은 것이라 치자. 당신이 그리스도를 생명으로 신뢰할 때도, 당신이 가진 옛 삶의 방식 중 어떤 것은 여전히 유효할 수 있다. 그리스도의 영이 당신을 통해 생명을 드러낼 때 그런 것이 함께 나타날 수 있다.

히브리서 5장 14절은 "단단한 음식은 장성한 자의 것이니 그들은 지각을 사용함으로 연단을 받아 선악을 분별하는 자들이니라"라고 말하고 있다. 일단 성령에 의해 당신의 영적인 눈이 열려 그리스도 안에 있는 당신의 정체성이 갖는 굉장한 진리를 이해하게 되면, 당신은 성경에 있는 많은 말씀들이 당신에게 새로운 의미로 다가오는 것을 발견하고 놀랄 것이다. 이것은 마치 폭스바겐의 핸드북이 당신에게 새로운 의미를 주는 것과 마찬가지다. 당신이 잘못 해석했거나 이해하지 못하고 스쳐 지나쳤던 구절이나 문단들이 아주 흥미롭게 새로운 방식, 곧 우리를 은혜로 충만케 하며 자유롭게 만들어 주는 방식으로 해석될 것이다. 그러나 얼마간의 조정이 필요하다. 이것은 거룩한 행동을 습관으로 만드는 것이다.

연구에 따르면, 새로운 습관에 익숙해지는 데 보통 6주 정도의 시간이 걸린다고 한다. 그런데 당신은 평생을 오직 자신의 육신만을 돌보는 데 공을 들이며 살아오지 않았는가? 세상에서 살아가기 위해 그저 독립적인 습관만을 키워 왔다. 그러나 이제 하늘 아버지께서 그리스도의 생명이 당신을 통해 나타나게 하심으로써, 그리스도께서 당신 안에서 당신이 예전에 육체를 쫓아서 하던 생각, 감정, 행위의 유형들을 극복할 수 있도록 기회를 주시는 것이다. 당신은 그리스도 예수 안에 있는 생명의 성령의 법(은혜의 법)[6]이 당신을 죄의 법에서 해방시켰음을(롬 8:2) 알게 될 것이다.

✎ 시기를 잘못 택한 연습

믿음의 아름다운 삶을 사는 한 여집사가 성경공부를 통해서 마침내 자신의 무기력한 삶 속에서 상실되어 있던 요소를 발견하였다. 그 집사는 그리스도께서 자신의 생명이 되시고 자신을 통해서 생명을 나타내시기를 원하신다는 것을 알았다.

불행하게도 그녀는 함께 살기에 너무 힘든 예수를 믿는 남편과 살고 있다. 지금 남편은 회사 일로 출장 중이다. 그래서 그 집사는 수고하고 남편이 왔을 때 자신이 새롭게 발견한 거룩한 그리스도인의 삶의 비밀을 말해 주면 그가 얼마나 놀랄까 하는 일만 생각했다.

드디어 남편이 집에 도착했다. 그런데 남편은 집에 도착하자마자 일곱 살 먹은 아들의 자전거가 차고 앞을 떡 하니 가로막고 있는 것을 발견하고는 큰소리를 지르며 자전거를 던지고 화를 냈다. 아내는 그런 줄도 모르고 차고의 문이 열리는 소리를 듣고 예수님의 생명이 그녀를 통해 나타나기를 고대하면서 얼른 차고로 뛰어나갔다. "여보, 잘 다녀오셨어요!" 그녀는 정답게 인사를 건넸다. 그러자 남편은 "여보는 무슨 여보, 내가 꼭 집 안에서 일어나는 일까지 챙겨야 해?" 하며 버럭 화를 냈다.

"당신이 뭘 안다고! 잘 알지도 못하면서 웬 트집이에요!" 아내는 소리 지른다. "당신은 회삿돈으로 멋진 호텔에서 나흘 동안 머물면서 좋은 식당에서 잘 먹고 지내다 집에 온 거지만, 나는 집에서 애들 돌보느라 뼛골이 빠질 지경인데 무슨 염치로 나한테 소리 지르고 야단이죠? 이 멍청한 양반아, 여기서 당신 차 다시 빼서 부산으로 가시지 그래요!" 그러고는 쏜살같이 부엌을 지나 침실로 가서는 문을 쾅 닫고 침대에 몸을 던져 흐느껴 운다.

"하나님, 왜 저를 이렇게 비참하게 만드세요?" 그녀는 괴로워서 흐느껴 울면서 부르짖는다. "아무것도 변하지 않았네요. 예수님, 저를 버리셨군요. 저는 주님을 믿었는데. 왜 주님이 하실 일을 하지 않으시는 거죠?"

도대체 이 여집사의 새로운 계획에 무슨 잘못이 있었던 것일까? 왜 그리스도께서 그녀를 통해 나타나시지 않은 것인가? "왜 믿음의 여집사는 자신이 계획한 대로 그리스도께서 이 상황을 다루시도록 맡기지 않았는가?" 하고 묻는 편이 낫겠다.

새로 산 폭스바겐에 적응되어 가는 과정에 비추어 볼 때, 왜 그녀가 와장창 무너지면서 불끈 성질을 부렸는지 당신은 알겠는가? 그녀는 예수님이 그녀를 통해서 사시도록 하려는 시기를 잘못 택했다. 가장 험악한 상황이 연출될 수 있을 때(남편이 출장에서 돌아오는 날),

어쩌면 한 주 동안 스트레스를 가장 많이 받는 사건이 터질 수도 있는 때를 택한 것이다. 아내는 수동변속기를 단 새로 구입한 폭스바겐을 연습 한 번 제대로 하지 않고, 매뉴얼도 한 번 들춰 보지 않은 채 고속도로로 끌고 나가 주행하려고 하는 것과 마찬가지의 일을 저지른 것이다.

그녀의 삶에서 수동변속기를 단 폭스바겐을 연습할 수 있는 비어 있는 장소는 어디인가? 그녀가 잠자리에서 일어날 때, 샤워하고 화장하고 머리를 매만지고, 오늘 무슨 옷을 입을까 고민하고, 아침상을 차리고, 딸아이를 위해 만든 새 블라우스를 손볼 때, 그리고 직장에 출근할 때다. 그렇다. 이 모든 일을 하는 바로 그곳이 그녀의 삶에서 비어 있는 장소이다. 남편이 차를 몰고 들어올 때만 그리스도가 그녀의 생명이 되시는 것이 아니다. 그리스도는 그녀의 생명이다. 그것이 전부다.

그녀는 쉬워 보이는 구체적인 삶의 문제들은 자신 안에 있는 자동조정 장치를 믿고 거기에 맡겼다. 그렇기 때문에 그런 간단한 일들은 항상 자신의 힘으로(independently, 이것이 바로 죄를 짓는 것이다) 처리해 온 것이다. 그러고는 인생의 거대한 문제 덩어리가 덤벼들 때면 그리스도께서 처리해 주시기를 기다렸다. 그녀는 순간순간마다 자신 안에서 생명 되시는 그리스도의 실체를 실천해야 한다. 그렇게 할 때 그녀는 하나님과 친밀해지는 새로운 삶의 습관을 만들 수 있을 것이다.

당신은 승리할 수 있다

사탄은 하나님 앞에서 낮이나 밤이나 그리스도인들을 참소한다(계 12:10). 당신이 만일 하늘로부터 거듭났다면 당신은 그 많은 대화의 주제다.

욥, 베드로, 그 밖의 성경 인물들의 경험을 바탕으로 어떤 대화들이 오고 갈지 추론해 보자. 하나님께서는 "내 아들(딸) ○○(당신의 이름)을 생각해 봤니? 나는 그가 참으로 자랑스럽다. ○○ 같은 자녀만 있다면 이 세상의 교회가 달라졌을 것이야!"라고 말씀하신다.

참소자가 반응할 것이다. "아, 그래요? 제가 아는 ○○에 대해서 말해 보겠습니다. 그가 당신을 찬양하는 오직 한 가지 이유는 보상이 있기 때문입니다. 그가 '자신의 임무를 이행하는 한' 당신께선 그의 삶이 순조롭게 진행되도록 하셨죠. 제가 그 부분을 건드리게만 해주십시오, 당신의 손으로부터 나왔으며 당신께서 그에게 주셨고 그것 없이는 살맛이 안 난다고 느끼는 것 말입니다. 제가 그것을 공격하게 해주시면 당신에게 ○○의 실체를 증명해 보이겠습니다. 그는 당신을 거부할 것입니다."

이것은 하늘 아버지께서 계획하신 시간이다. 당신이 비로소 '영광에서 영광으로' 이르는 단계로 옮기게 되는 순간이다. 못 자국 난 손을 지닌 분께서 보호 장벽에 이르는 열쇠를 끼워 넣으며 "너는 이렇게 하고 이런 것은 하지 말라"라고 말씀하신다. 그분은 사탄에게 육체적 삶을 공격하도록 한 번 허락해 주신다. 하나님께서는 사탄이 당신이 이전에 신뢰하던 '의로움'(받아들여짐)을 손상시켜서, 결국 예수 그리스도 안에서 믿음을 근거로 한 하늘에서 오는 의로움을 선택하도록 하시는 것이다.

이 가르침으로부터 물러서지 않도록 하라. 요즘 유행하는 '기복신앙'으로 대치하지 말라. 이것은 잘못된 것이다. 그것은 하나님께서 그리스도 안에 있는 모두에게 주시는 진정한 부에 미치지 못하게 한다. 하늘 아버지의 사랑으로 비롯된 단련 과정을 차버리지 말라. 그분께서는 환경을 통하여 당신이 자신의 신분을 선택하게 하신다. 당신은 그리스도 안에서 새사람으로서 정말로, 진정으로 아름다운 사람이다. 이러한 당신을 바라보라. 하나님의 말씀을 통해 당신에 대한 이 비전을 확인해 보라. 믿음으로 받아들이고 당신의 것으로 만들어 보라. 당신을 통해서 그리스도께서 그분의 삶을 나타내시도록 할 때 당신은 다시 가라앉을 수 없는 자존감을 얻게 될 것이다.

그리스도인 여러분! 당신은 승리할 수 있다. 나는 당신을 한 번도 본 적 없지만 그리스도 안에서 한가족이 된 당신을 진심으로 기뻐하고 자랑스럽게 생각한다. 사랑스러운 예수님의 영광을 위해 현재 삶에서 위대한 승리를 이루시도록 기도한다. 우리 모두가 주님으로부터 "참 잘하였도다"라는 칭찬을 들을 수 있도록 우리의 시선을 그리스도의 심판 보좌로 모으자. 올림픽 시상대에 우뚝 서 있는 젊은 챔피언들에게 하듯이, 그리스도께서 당신에게 명예를 수여하시는 모습을 생각하면 나는 기쁨의 눈물이 흐른다. 주님께 영광을 돌리기 위해 그분으로 삶을 채울 당신을 생각하면 너무나도 자랑스럽다.

"한 지체가 영광을 얻으면 모든 지체가 함께 즐거워하느니라"(고전 12:26). 나는 당신을 응원한다. 계속해서 전진해 나가라! 하나님의 사랑과 은혜로 당신은 해낼 수 있다. 하나님은 신실하시다. "그가 세움을 받으리니 이는 그를 세우시는 권능이 주께 있음이라"(롬 14:4).

2장

1) Gillham, Bill. *What God Wishes Christians Knew About Christianity*.『하나님이 원하시는 크리스천』, 편집부 옮김, 서울: 도서출판 NCD, 2006, pp.19-20.
2) 스티브 맥베이는 그의 책『은혜 영성의 파워』에서 신약성경에 그리스도인을 성도라고 63회나 기록하고 있다고 한다.

3장

1) Gillham, Bill. *Lifetime Guarantee*.『하나님이 주신 보장된 삶』, 유상훈 옮김, 서울: 도서출판 NCD, 2001, p.94.
2) 이 책에서는 아담과 같이 자신의 독립선언문을 선포하고 자신만의 조그마한 왕국을 세워 '자신의 범주 안에서의 하나님'임을 선포한 사람을 '왕초'라고 표현했다.
3) Gillham, Bill. *What God Wishes Christians Knew About Christianity*.『하나님이 원하시는 크리스천』, 편집부 옮김, 서울: 도서출판 NCD, 2006, p.107.
4) 우리가 공동체 예배에 참여하는 또 다른 이유는 신앙 공동체를 통해 일하시는 하나님을 보고 찬양하며 공동체 안에서 주님께서 나를 통해 하실 일에 참여함으로 주님을 더 알고자 함이다.

4장

1) 빌 길햄(Gillham, Bill) 목사님의 '자연적 영성 컨퍼런스'에서 가르침을 참고했다.
2) Gillham, Bill. *What God Wishes Christians Knew About Christianity*.『하나님이 원하시는 크리스천』, 편집부 옮김, 서울: 도서출판 NCD, 2006, p.91.

5장

1) 그리스도인이 믿음으로 산다는 것은 표현이 다를 뿐이지 의미의 면에서 생각하면 생명이신 그리스도 께서 그분을 믿는 사람들을 통해서 사시는 은혜의 삶(은혜 영성의 삶)과 같다.
2) Charles Price. *Stop Trying to Live for Jesus: Let Him Live Through You*. 『예수님 위해 살려고 하지 말라…예수님이 내 안에 살게 하라』, 허창범 옮김, 서울: 생명의 말씀사, 2003, p.200.

6장

1) 성경이 말하는 은혜의 시대는 예수 그리스도께서 약속하신 성령이 오순절에 임하심으로 시작되었고, 지금 우리는 은혜의 시대를 살고 있다. 이것을 다른 말로 은혜의 법(그리스도 예수 안에 있는 생명의 성령의 법-롬 8:2) 아래 살고 있다고도 말한다.
2) Charles Price. *Stop Trying to Live for Jesus: Let Him Live Through You*. 『예수님 위해 살려고 하지 말라…예수님이 내 안에 살게 하라』, 허창범 옮김, 서울: 생명의 말씀사, 2003, p.154.
3) 나는 성령님이 일하시는 사역을 설명하기 위해 갈망이라는 단어를 매우 조심스럽게 선택했다. 어떤 것을 갈망한다는 것은 그것을 필요로 하고 원한다는 의미이다. 갈망은 만족하는 마음이 아니라, 어떤 것을 간절히 사모하는 것이다. 예수님은 이 단어를 "의에 주리고(영어로는 'hunger'로서 '갈망하다'와 같은 단어임) 목마른 자는 복이 있나니"(마 5:6)라고 말씀하실 때 사용하셨다. 예수님은 "의로운 자 는 복이 있나니"라고 말씀하신 것이 아니라 "의에 주리고 목마른 자는 복이 있나니"라고 하셨다. 예수님은 의에 주리고 목마른 자들이 만족을 얻게 될 것을 약속하셨다.

7장

1) 빌 길햄 목사님이 내한해서 실시한 '자연적 영성 컨퍼런스'에서 발췌한 것을 기록하였다.
2) 그리스도인이 예수 그리스도를 믿을 때 몸과 혼과 영혼이 구원받았다. 그러나 혼과 영은 부활하여 구원을 받았으나 몸은 아직 부활하지 못한

상태이므로 구원을 향하여 간다. 몸이 구원받은 시각은 우리 몸이 이 땅에의 삶을 마칠 때(개인 종말)나 예수 그리스도의 재림하실 때(역사적 종말)이다. 이때 우리 몸은 하나님께서 지으신 하늘에 있는 영원한 집으로 바뀐다(고후 5:1-5). 이 문제로 인해 그리스도인들이 신앙생활에 많은 오해를 갖기도 하나 아직 변하지 않은 몸은 이 땅의 삶에서 중립적이다. 한때는 하나님의 의의 종으로, 다른 때는 사탄의 종으로 살기도 한다(롬 6:12-14). 그래서 그리스도인은 땅과 천국에 동시에 산다(엡 2:6; 골 3:3-4).

8장

1) Andrew Farley. *God Without Religion*.『복음에 더할 것은 없다』, 안지영 옮김, 서울: 터치북스, 2013, pp.22-23.
2) 우리나라는 교회도 많고 교인들도 많다. 그런데 그 교회가 있는 나라와 사회에는 죄와 악이 만연하다. 왜 그런지 생각해 보았는가? 교인들은 구원받아 거룩한 성도가 되었는데도 여전히 구원받은 죄인으로 살고 있고, 교회와 기독교 방송에서 선포되는 대부분의 설교가 율법적인 설교들이다. 나는 이러한 문제들을 교회가 많은데도 사회에 악이 편만한 이유 중 하나라고 생각한다.
3) Andrew Farley. *God Without Religion*.『복음에 더할 것은 없다』, 안지영 옮김, 서울: 터치북스, 2013, pp.64-65.

9장

1) Andrew Farley. *God Without Religion*.『복음에는 더할 것은 없다』, 안지영 옮김, 서울: 터치북스, 2013, p.86. 빌 길햄 목사도 그의 책『하나님이 원하시는 크리스천』에서 이와 같은 주장을 하고 있다.
2) Gillham, Bill. *What God Wishes Christians Knew About Christianity*.『하나님이 원하시는 크리스천』, 편집부 옮김, 서울: 도서출판 NCD, 2006, p.217.
3) 의의 공식에 따른 두 가지의 차원으로 해석하지 않으면 그리스도인의 성화와 의롭게 됨을 이해할 수 없다. 그리스도인은 대부분 정체성보다는 행위만을 강조하여 뭔가 더 잘하고 더 많이 헌신하려 는 행위 중심

(율법주의) 신앙으로 흐르게 된다.

10장

1) 빌 길햄 목사님이 내한해서 실시한 '자연적 영성 컨퍼런스'에서 발췌한 것을 기록했다.
2) 감정은 자율신경의 통제를 받는다. 자율신경은 대뇌의 직접적인 영향을 받지 않으며 우리 몸의 기능을 자율적으로 조절하는 작용을 하는 신경계로 간뇌, 뇌줄기, 척수가 중추이다. 교감 신경과 부교감 신경으로 구성되고, 그 말단이 각종 내장 기관과 혈관에 분포되어 소화, 순환, 호흡 운동, 호르몬 분비 등 생명 유지에 필수적인 기능을 조절한다. 하나님께서는 우리 스스로 감정을 다스리도록 허락하지 않으셨다. 그래서 육신을 입고 오신 예수님도 겟세마네 동산에서 보이신 모습을 볼 때 감정을 다스리심에 실패하셨다.

11장

1) Gillham, Bill. *What God Wishes Christians Knew About Christianity*. 『하나님이 원하시는 크리스천』, 편집부 옮김, 서울: 도서출판 NCD, 2006, p.143.
2) 이것이 예수 그리스도를 믿어 거룩하고 의로운 그리스도인들이 죄를 짓게 되는 경우이다. 그러나 그리스도인인 우리가 죄를 짓는 것이 아니라 죄의 권세가 부활하지 않는 몸을 통해 죄를 짓는 것이다. 그러므로 그리스도를 믿는 우리는 죄인이 아니라 의인이다.
3) 그리스도인이라면 많은 관심을 갖는 것이 하나님의 뜻이다. 예수님이 나를 통해 사시는 은혜의 삶을 인정하고 믿는다면 하나님의 뜻은 예수 그리스도이다. 주님은 성령과 성경, 환경, 다른 지체(교우, 가족, 친구, 동료, 이웃), 그리고 기도를 통해서 말씀하시고 우리를 통해 주님이 사시고자 하는 일을 알게 하고 인도하신다. 특히 성령과 기도를 통해 말씀하실 때는 마음에 생각을 주시는데 그때도 이와 같은 방법으로 주님의 뜻을 분별하면 된다. 그리고 예수님께서는 나를 통해서도 일하시지만 다른 그리스도인들을 통해서도 일하시며, 심지어는 예수 그리스도를 믿지 않는

사람들까지도 주님의 일을 하게 하신다. 또한 주변 환경을 통해서도 일하시는데, 우리가 주님께서 일하시는 것을 알거나 발견하게 되면 나를 그분의 일로 초청하시는 것으로 믿고, 나의 삶을 조정하여 순종하면 주님께서 친히 일하심으로 주님의 일을 이루신다. 그래서 하나님께서 홀로 영광을 받으시고 우리는 경험함으로 하나님을 알고 경험하는 복과 삶의 복도 받는다.

12장

1) 마치 예수님이 2,025년 전 유대 땅에서 육신(몸)을 입고 사역하시고 사신 것처럼 오늘도 그분의 영(성 령)으로 그분을 믿고 거듭난 그리스도인인 우리의 영과 하나 되셔서 우리의 혼과 몸을 통해 사신다. 바로 이러한 삶이 하나님께서 그리스도인들을 향해 세우신 계획이고 은혜의 삶이며, 그러한 삶이 우리가 하나님께 순종하는 삶이다. 이러한 삶이 곧 믿음으로 사는 삶이고 성령 충만한 삶이며, 그리스도인들이 흔히 말하는 기적의 삶이다.
2) 그리스도인의 마음의 설정에 대한 방법은 로렌스 형제의 책 『하나님의 임재 연습』을 참고하면 많은 이해와 도움이 될 것이다.
3) 요한복음을 읽고 말씀을 묵상하다 보면, 예수께서는 자신의 말과 사역과 심판, 그리고 구원의 모든 일을 아버지 하나님께서 자신을 통해서 하신 일이라고 자주 말씀하신다. 이것이 예수 그리스도의 영성이다. 그러면 그리스도인들의 영성은 무엇일까? 그리스도께서 나를 통해 사시는 삶이 은혜의 삶이고 그리스도인의 영성이다. 이런 생각을 갖고 요한복음을 한번 읽어 보라. 그러면 이 사실을 당신도 알게 될 것이다. 그렇게 사신 예수님께서 이제 그분을 믿고 그분의 신부, 친구, 형제가 된 우리를 통해 살기를 원하신다. 그러기 위해서 십자가에 죽으시고 부활하사 죄와 사망에서 우리를 구원하여 거듭나게 하시고 성령으로 우리 안에 임하신 것이다.
4) M. R. De Haan. *Law or Grace*. 『율법이냐 은혜냐』, 이용화 옮김, 서울: 생명의 말씀사, 1991, pp.254-264. 그리스도인들은 요한계시록 20장 12절에 있는 백보좌 심판에 대해서는 잘 알고 관심이 많으나 그리스도의 심판

(고전 3:10-15, 4:5; 롬 14:10; 고후 5:10)에 대해서는 간과하고 있다. 그러나 성경은 이 두 심판을 가르치고 있다. 백보좌 심판의 대상은 예수 그리스도를 믿는 나(신분)이지만 그리스도의 심판의 대상은 내가 아니라 나의 행함과 언어와 그 결과이다. 여기에서 행함은 무엇을 많이 행하거나 드린 것이 아니라 그리스도와 함께한 일인지, 내가 스스로 한 것인지에 대해서 말한다.

5) 헨리 블랙가비의 책 『하나님을 경험하는 삶』에서 '믿음의 갈등'을 다루면서 이를 설명하고 있는데 나는 이를 동의하고 참고했다.

6) 사도 바울은 로마서 8장 2절에서 "그리스도 예수 안에 있는 생명의 성령의 법이 죄와 사망의 법에서 너를 해방하 였음이라"라고 말한다. 사도는 율법 아래서 행위로 자신을 의롭다 하려는 시도(죄와 사망의 법)와 반대되는 말로 '생명의 성령의 법'이라고 쓰고 있다. 그런데 왜 사도는 '생명의 성령'이라고 하지 않고 '생명의 성령의 법'이라고 표현함으로 '법'이라는 용어를 복음을 말하는 뜻으로 사용했을까? 로마서 3장 26-27절을 읽으면 간단하게 대답할 수 있다. 여기서 '믿음의 법'이라는 말은 로마서 3장 23절 이하에서 언급한 그리스도 안에 있는 새로운 구원 방식이다. 그것은 '믿음으로 말미암은 하나님의 의'를 말한다. 사도는 '믿음의 법'을 말하면서 '법'이라는 문자를 복음의 문맥에서 사용하고 있다. 로마서 5장 20-21절에도 사실상 같은 개념이 있다. '율법'에 대한 반대는 '은혜'이며, '은혜의 왕 노릇'은 '죄의 왕 노릇'과 대조되어 있다. '왕 노릇'과 '법'이 라는 말은 같은 말이다. 우리를 통치하는 것을 '법'이라고 묘사할 수 있다(롬 6:14). 그래서 사도는 로마서 8장 2절에서 "그리스도 예수 안에 있는 성령의 법"이라 말하는 것이다. 우리는 죄와 사망의 법(율법) 아래 있지 않고 자유케 하는 법, 생명의 성령의 법(은혜의 법) 아래 있다.

참고문헌

Brother Lawrence. 하나님의 임재 연습. 윤종석 옮김, 서울: 두란노, 1996.
Kyle Idleman. 나의 끝, 예수의 시작. 정성묵 옮김, 서울: 두란노, 2016.
Henry T. Blackaby. 영적 리더십. 윤종석 옮김, 서울: 두란노, 2002.
John Sttot. 예수님이 이끄시는 교회. 윤종석 옮김, 서울: 두란노, 2004.
_____. 로마서 강해. 정옥배 옮김, 서울: IVP, 1996.
Timothy Keller. 예수, 예수. 윤종석 옮김, 서울: 두란노, 2017.
_____. 탕부 하나님. 윤종석 옮김, 서울: 두란노, 2019.
Henry T. Blackaby. 하나님을 경험하는 삶. 문정민 옮김, 서울: 요단출판사, 2003.
Max Lucado. 예수님처럼. 윤종석 옮김, 서울: 복있는사람, 2003.
Stephen Crosby. 율법주의 행위신앙. 조계광 옮김, 서울: 생명의 말씀사, 2007.
Martyn Lloyd Jones. 복음의 핵심. 이중수 옮김, 서울: 양무리서원, 1992.
_____. 로마서 강해 1~6권. 서문강 옮김, 서울: 기독교문서선교회, 1982.
_____. 에베소서 강해 1~8권. 서문강 옮김, 서울: 기독교문서선교회, 1981.
_____. 산상설교 I.II. 문창수 옮김, 서울: 정경사, 1984.
Charles Stanley. 성령 충만, 그 아름다운 삶. 최원준 옮김, 서울: 두란노, 1997.
M. R. De Haan. 율법이냐 은혜냐. 이용화 옮김, 서울: 생명의 말씀사, 1971.
Charles R. Swindoll. 은혜의 각성. 정진환 옮김, 서울: 죠이선교회, 1992.
Steve McVey. 내게 찾아오시는 하나님의 은혜. 신호균 외 옮김, 서울: 예영, 2000.
_____. 은혜 영성의 파워. 우수명 옮김, 서울: 도서출판 NCD, 2002.
_____. 당신을 향한 은혜의 초대. 편집부 옮김, 서울: 도서출판 NCD, 2000.

_____. 은혜 안에 머무는 삶. 우수명 옮김, 터치북스, 2011.
_____. 은혜의 비밀. 이선희 옮김, 터치북스, 2014.
_____. 교회에서 가르치는 거짓말. 김소희 옮김, 서울: 도서출판 NCD, 2012.
Gillham, Bill. 하나님이 원하시는 크리스천. 편집부 옮김, 서울: 도서출판 NCD, 2006.
_____. 하나님이 주신 보장된 삶. 유상훈 옮김, 서울: 도서출판 NCD, 2001.
Charles Price. 예수님 위해 살려고 하지 말라…예수님이 내 안에 살게 하라. 허창범 옮김, 서울: 생명의 말씀사, 2003.
Andrew Farley. 복음에 더할 것은 없다. 안지영 옮김, 서울: 터치북스, 2013.

서철원. 복음과 율법과의 관계. 서울: 도서출판 엠마오, 1987.
이윤석. 성화란 무엇인가. 서울: 부흥과 개혁사, 2017.
유기성. 나는 죽고 예수로 사는 사람. 서울: 규장, 2008.

하나님이 계획하신 그리스도인의 삶

온전한 복음과 은혜의 삶

1판 1쇄 인쇄 _ 2025년 8월 5일
1판 1쇄 발행 _ 2025년 8월 11일

지은이 _ 최병태
펴낸이 _ 이형규
펴낸곳 _ 쿰란출판사

주소 _ 서울특별시 종로구 이화장길 6
편집부 _ 745-1007, 745-1301~2, 747-1212, 743-1300
영업부 _ 747-1004, FAX 745-8490
본사평생전화번호 _ 0502-756-1004
홈페이지 _ http://www.qumran.co.kr
E-mail _ qrbooks@daum.net / qrbooks@gmail.com
한글인터넷주소 _ 쿰란, 쿰란출판사
페이스북 _ www.facebook.com/qumranpeople
인스타그램 _ www.instagram.com/qrbooks
등록 _ 제1-670호(1988.2.27)
책임교열 _ 박은아·이화정

© 최병태 2025 ISBN 979-11-94464-96-9 93230

책값은 뒤표지에 있습니다.
이 출판물은 저작권법에 의해 보호를 받는 저작물이므로 무단 복제할 수 없습니다.
파본(破本)은 구입처에서 교환해 드립니다.